John Koch

Die Siebenschläferlegende

John Koch

Die Siebenschläferlegende

ISBN/EAN: 9783944349299

Auflage: 1

Erscheinungsjahr: 2013

Erscheinungsort: Bremen, Deutschland

Die Siebenschläferlegende,

ihr Ursprung und ihre Verbreitung.

Eine mythologisch-literaturgeschichtliche Studie

von

John Koch.

Leipzig

Verlag von Carl Reissner.

1883.

Vorwort.

Nicht zum ersten male trete ich mit der vorliegenden schrift an eine untersuchung der Siebenschläferlegende. Bereits in meiner 1879 erschienenen ausgabe des Anglonormannen Chardry, der ein gedicht, Li Set Dormanz, verfasst hat, lag es mir ob, mich mit diesem thema zu beschäftigen. Doch eine abschliessende arbeit hierüber zu liefern, konnte nicht dem plane des herausgebers eines kritisch hergestellten textes angehören. Weitere publicationen über diese legende, besonders ein aufsatz Erwin Rohdes im Rheinischen Museum regten mich zu eindringlicher forschung an, über welche ich im November vorigen jahres in der hiesigen Gymnasial- und Realschullehrergesellschaft einen vortrag hielt. Aber neues material floss mir zu, und von befreundeter seite ermutigt, entschloss ich mich das ganze zu veröffentlichen.

Je weiter ich jedoch fortschritt, desto klarer trat mir die schwierigkeit vor augen, eine derartige aufgabe allseitig befriedigend zu lösen. Denn nicht allein in fast allen europäischen sprachen sind bearbeitungen dieser legende geschrieben worden, sondern es waren auch bei den völkern des Morgenlandes viele überlieferungen derselben im umlauf. Konnte ich mich nun wohl in ersteren zurechtfinden, so wäre meine unkenntnis des arabischen und syrischen bald ein ernsterer hinderungsgrund geworden, da die ausgaben von schriften in diesen sprachen nicht immer mit lateinischer, französischer, englischer oder deutscher übersetzung versehen sind. Ferner fühlte ich, dass meine belesenheit in der sagenliteratur nicht bedeutend genug war, um alle stoffe, welche in diesen mythencomplex gehören, selbst zusammenzusuchen.

Doch für alle diese mängel fand ich freundliche abhilfe. Zunächst bewies mir herr prof. Zupitza gütige teilnahme; herr prof. Sachau unterstützte mich durch einige nachweise aus dem gebiete der orientalischen sprachen; herr studiosus B. Moritz und herr dr. Oscar Bähr leisteten mir bei der übertragung gewisser syrischer und arabischer texte schätzens-

werte dienste; herr R. Köhler hatte nicht allein die gefällig-
keit, mir neues material zuzuführen, sondern übersandte mir
auch seltenere werke, welche auf den hiesigen bibliotheken nicht
vorhanden sind: allen diesen herren, wie auch einigen freunden, die mir gelegentlich stoff übermittelte, sage ich hier öffentlich meinen aufrichtigsten dank.

Aber trotz dieses beistandes maasse ich mir nicht an,
überall den wahren sachverhalt erfasst, die richtige deutung
gefunden zu haben: das gebiet, welches ich zu durchforschen
hatte, ist zu gedehnt, als dass ein einziger in allen gegenden
gleich gut bescheid wissen könnte. Und diejenigen zu umgehen, die mir bisher fremd oder wenig bekannt waren, hielt
ich für untunlich, da ich durch ausweichen meinen weg gänzlich verloren oder nur aufs geratewol fortsetzen gekonnt hätte.
Bin ich dennoch hie und da in die irre gegangen, so hoffe ich,
dass kenner meine versehen nachsichtig beurteilen werden.

Andere werden mir vielleicht vorhalten, dass ich die ausführung meines themas zu einem umfange habe anwachsen
lassen, der zu der wichtigkeit des stoffes ausser verhältnis steht.
Aber es kommt hier ja nicht allein darauf an, dem ursprung
der Siebenschläferlegende und deren verbreitung nachzuforschen,
sondern eine solche untersuchung zeichnet gleichzeitig ein
bild vom werden und von der erweiterung mythischer anschauungen überhaupt; sie zeigt uns das gemeinsame fühlen des
ganzen menschengeschlechtes; sie lehrt uns, wie gewisse dichterische vorwürfe nach dem charakter der verschiedenen nationen,
nach dem geschmacke der verschiedenen zeitperioden, nach der
örtlichen beschaffenheit der länder eine andere gestalt und
färbung annehmen. Wer eine derartige studie von einem
solchen allgemeinen gesichtspunkte aus betrachtet, wird auch
manches scheinbare zuviel richtig zu schätzen wissen.

Weniger fürchte ich tadel dafür zu erhalten, dass ich so
ausführlich in erklärungen und in angaben von personalien
gewesen bin. Denn was dem orientalisten wohl bekannt ist,
weiss der neuphilologe in vielen fällen nicht, und was diesem
ganz geläufig scheint, ist neu für den, der sich mit den classi-
schen sprachen beschäftigt. Überdies hat nicht jeder die hilfs-
mittel bei der hand, um aus andeutungen sich eine klare vorstellung zu entwickeln.

Im übrigen möge das buch sich selbst rechtfertigen.

Berlin im Juli 1882.

                                                  J. K.

———————

Inhalt.

I. Kapitel.

Die Überlieferung der Siebenschläferlegende.

Eine untersuchung, welche sich im wesentlichen mit dem inhalt einer sage beschäftigt, muss für diesen zunächst eine form als ihre grundlage feststellen. Die wahl einer solchen für die Siebenschläferlegende ist jedoch nicht ohne schwierigkeiten, da die überlieferungen derselben von einander mehrfach und nicht unwesentlich abweichen. Das natürlichste möchte nun scheinen, auf die älteste gestalt zurückzugehen. Doch ist dies nicht ohne bedenken, da die früheste mit einiger sicherheit zu datierende aufzeichnung, welche uns erhalten ist, die des Syrers Jacob von Sarug[1], mehrere von den andern abweichende züge enthält, so dass sie nicht als das gemeinsame original der späteren gelten kann.[2] Sehr alt ist gleichfalls eine syrische prosa, die in einem manuscript des siebenten jahrhunderts erhalten ist, doch noch dem vorhergehenden angehören dürfte.[3] Allein ihre überlieferung, besonders in der uns zu gebote stehenden ausgabe, ist eine stellenweise so mangelhafte und ungewisse, dass wir sie mit vorsicht zu be-

---

[1] † 521. s. Bickell, Consp. Rli Syr. Lit. s. 25 f.

[2] auf einzelheiten unterlasse ich hier einzugehen, da ich später ausführlicher über die verschiedenen redactionen zu handeln habe (s. kap. IV ff.), überdies manches in den noten zum folgenden texte erwähne.

[3] bei Land, Anecdota Syriaca I 38 u. ö, III, IX etc.

nutzen haben. Gregor von Tours weist in seiner kürzeren
bearbeitung ebenfalls auf ein syrisches original zurück, behandelt jedoch auch in der zweiten ausführlicheren, die legende
noch zu kurz, als dass man seine version zur basis wählen
könnte. Von grösserem interesse ist dann eine version des
Syrers Dionysius Telmaharensis (Chronici lib. I, ed. Tullberg, Ups. 1850), welche, wie man leicht erkennen kann, auf
derselben vorlage beruht, wie die ältere syrische prosa. Durch
mehrere ausdrücke, die in ihnen haften geblieben sind, erweisen sie sich beide als unabhängige übersetzungen aus dem
griechischen. Leider ist aber der text des Dionysius nur zur
hälfte abgedruckt worden, und über den letzten teil haben wir
nur spärliche nachrichten bei Assemani (Bibl. Orient. II, 98, ff.,
344 ff.), so dass wir an ihm keine ausreichende stütze erhalten.
Da bietet nun die nötige aushülfe eine ursprünglich griechische
bearbeitung, die dem Simeon Metaphrastes zugeschrieben
wird, allgemein jedoch nur in der lateinischen übersetzung des
Laurentius Surius,[1] mit einigen lesarten aus einem
griechischen und ein paar lateinischen codices in den Actis
Sanctorum (Julius VI, 27.) wieder abgedruckt, zugänglich ist.
Sie stimmt ziemlich genau mit den vorerwähnten syrischen
versionen überein, zeigt jedoch auch einige lücken und verwirrungen, welche man als solche durch einen vergleich mit
jenen und einigen ausführlichen texten in lateinischer und
andern abendländischen sprachen erkennt. Ich hebe hier neben
Gregor von Tours noch den Jacobus a Voragine[2],
ein altnordisches fragment (bei Unger, Heilagra Manna
Søgur II. 236 ff) und den von mir herausgegebenen Anglonormannen Chardry hervor. Es ergiebt sich aus diesem ver-

[1] In der ausg. Col. Agripp. 1573 Tom. IV, 364—70, in der
ausg. von Gastaldi (Turin, 1875) VII, 520, nur nach Greg. v. Tours,
de gloria Mart. I, 95.
[2] Er stimmt mit Vincentius Bellovacensis in dessen Spec.
hist. fast wörtlich überein, so dass es genügt, einen von beiden zu
citieren; da die ausgabe des Jac. a Voragine von Graesse aber die
handlichere ist, so lege ich diese zu grunde.

gleiche, dass schon früh — etwa um 500 — eine vollständige
griechische bearbeitung der legende existiert haben müsse, und
meine nächstliegende aufgabe soll es sein, aus dem mir zugänglichen material diejenige form derselben zu construieren,
welche wir als quelle zu allen späteren redaktionen betrachten
dürfen. Natürlich masse ich mir nicht an, überall den ausdruck
des originals wiederhergestellt zu haben — diesen aus zum teil
ungenauen übersetzungen richtig herauszufinden, halte ich über-
überhaupt für unmöglich — doch da es für unsern zweck
wesentlich auf den inhalt ankommt, so können ein paar irrtümer
im wortlaut wenig schaden anrichten.

Zur zeit als D e c i u s im römischen reiche regierte,[1] geschah es, dass er voll zornes aus Byzanz[2] nach Karthagenna[3]
und nach E p h e s u s kam. Und die kirchen derer, welche an
Christus glaubten, wurden geschlossen, und die Christen, priester
wie laien, flohen vor dem anblick des tyrannen. Als Decius
in Ephesus einzog, erhob sich sein herz, dass er begann, götzenbilder[4] mitten in der stadt zu errichten, und da er ihnen ganz
ergeben war, befahl er den grossen der stadt, dass sie jenen
falschen göttern opfer darbrächten. Ihre leiber[5] wurden be-

---

[1] Die syr. pr. beginnt: Da nach der erbauung Roms 1000 jahre
verflossen waren, und die kampfspiele des millenniums (vgl. Gibbon, Hist.
of the Decl. & Fall etc. Cap. VII, ausg.˙Basil 1787, I 257 f.) gegeben
wurden, da wurden viele tiere im theater getötet in den tagen des
königs Philippus und seiner söhne, er, der schliesslich nach 7 (!) jahren
von Decius getötet wurde, der eine grosse verfolgung gegen die Christen
anstellte. Als er regierte in der Olympiade 257, zog er etc." Der anfang ist gleichlautend mit einer andern syr. hs., s. Land, Anecdota I, 23.

[2] erwähnung dieser stadt in der syr. pr., Dion. T., 2 lat. mss. (A A.
385, 47), syr. hs., Land, l. c. 24, u. Chardry v. 83.

[3] fehlt in der an. version; einige lat. mss. haben *Carthagine,* ein
gr. Χαλκηδων (AA. 394. a); doch ist obige lesart mit rücksicht auf
Καρθάγεννα bei Suidas zu belassen; eine note bemerkt dazu πόλις τῆς
Ἀφρικῆς.

[4] syr. pr. u. Dion T.: altäre. Chardry, die an. prosa „Jac. a Vor.'
sprechen von einem tempelbau.

[5] Sur.: *loca illa.*

sudelt mit dem blute der opfer, und die scharen der heiden [1]
kamen aus allen orten nach Ephesus. [2] Da nun der rauch
der brandopfer die stadt bedeckte, und der qualm die mauern
verhüllte, befiel die gläubigen trauer, und etliche flohen vor
dem angesichte der verfolger, und etliche verbargen sich. [3] Am
dritten tage gab der kaiser jedoch befehl, dass die Christen ergriffen
würden, und hierbei halfen den soldaten sowohl die Heiden wie
die Juden. [4] Sie schleppten die christen aus ihren schlupf-
winkeln heraus, dass sie vor dem volke mit dem kaiser opfer-
ten.* Die nun, welche sich vor den martern fürchteten, fielen
von der wahrheit und der höhe des glaubens [5] und brachten
den götzen opfer dar. Und als die gläubigen davon hörten,
beklagten sie sie sehr wegen des verderbens ihrer seele. [6] Diejenigen aber, welche stark waren und um Christi willen fest
standen auf dem felsen der wahrheit, der nicht erschüttert
wird, [7] ertrugen willig die geschosse des teufels mit ihren körpern und duldeten die qualen und bedrängnisse. * Und ihr
leib wurde vernichtet und wie mist auf die erde geworfen, [8]
und ihr fleisch wurde durch mannigfache martern zerrissen, so
dass viel blut ihren wunden entströmte. [9] Ihre glieder [10]

---

1) syr. pr. u. Dion T.: „unterdrückte haufen."

2) der satz: *Fama*, etc. bei Surius scheint zusatz, ebenso der anfang des folgenden.

3) syr. pr.: „und ihre häupter senkten sich, indem sie ihr angesicht
verhüllten aus furcht vor verfolgung."

4) dieser umstand nur in der syr. pr., bei Dion. T., Sur. und in
d. an. prosa.

5) Sur. kurzweg: *a fide*.

6) Sur. drückt sich hier weitläufiger aus.

7) Sur. *Quicunque . . . in Christi fide stabiliores inventi sunt.*

8) dies nur in der syr. pr. und bei Dion. T.

9) fehlt in der syr. prosa; der abschnitt von * bis * findet sich nicht
in der an. pr., auch Chardry, der hier mehrfach der eigenen phantasie
folgt, scheint ihn nicht in seiner vorlage gehabt zu haben. Jacob
Sarug., Grg. Tur. und Jacob. Vor. verkürzen, jeder auf andere art, diese
schilderungen bedeutend.

10) *corpora*, Surius.

wurden abgehauen und auf die türme und mauerzinnen ge-
hängt, ihre häupter auf stangen gesteckt und vor den toren
der stadt aufgestellt. Da frassen raben, geier und vögel aller
art,[1]) die um die mauern flogen, das fleisch der heiligen märtyrer und trugen ihre eingeweide fort, sie zu verzehren.[2]
Und grosse trauer verbreitete sich unter den gläubigen* und
bitteres leid senkte sich in das herz der verständigen, und
schrecken und furcht kam über jedermann. Denn es war ein
wunderbares ringen und ein kampf, der mit schrecken erfüllte
alle, die ihn sahen, und es staunten hohe wie niedrige. Die
wände der wohnungen schrieen wehe über das seufzen in ihnen,
und die dächer der häuser klagten, da sie gezwungen wurden
an sich zu halten bei der stimme des leidens, die unter ihnen
laut wurde. Es duldeten die gassen der stadt wegen der
Christen, die in ihnen fortgeschleppt wurden, und die trähnen
drangen mächtig in die augen der gläubigen, da sie das ge-
wimmel der vögel sahen auf den leichnamen ihrer geliebten.
Und die mauern der stadt drohten einzustürzen von der last
der heiligen leichname, welche auf sie geworfen wurden. Und
so gross war die trauer darüber und das leid, dass die gläubigen
zuflucht suchten vor den erbarmunglosen menschen.* Väter
verleugneten ihre söhne, und söhne erkannten ihre väter nicht
an, und liebende entfernten sich von liebenden[3]),** und der
glaube an den Messias erstarkte in der bedrängnis. Und die
siegreich waren in der wahrheit[4]) wurden durch die prüfung
der geduld und durch viele martern geläutert wie das gold
im schmelzofen.**

Es waren sieben edle jünglinge: A c h i l l i d e s , D i o m e d e s ,

---

[1]) „raben und geier" fehlt in d. syr. pr.

[2]) fehlt bei Surius; der abschnitt von * bis * ist bei ihm verkürzt
und die schwungvolle schilderung verflacht; alle anderen übergehen ihn
ganz, die syr. pr. und Dion. T. stimmen dagegen fast genau überein.

[3]) zusatz in der an. version 239, 25. Der vorstehende satz nicht
bei Jac. Sar. u. Grg. Tur. Der abschnitt von ** bis ** nur in der syr.
pr. und bei Dion. T.

[4]) syr. pr.: die gläubigen.

Eugenius, Stephanus, Probatius, Sabbatius und
Cyriacus,[1]) söhne von vornehmen der stadt,[2]) und fest im
glauben an den Sohn Gottes, und seine leiden an ihren körpern
tragend.[3]) Als diese täglich die martern der Christen sahen,
seufzten und trauerten sie, und durch das leiden verdunkelte
sich der glanz ihres angesichts,[4]) und sie dienten Gott mit
wachen, fasten und gebet. Sie waren aber diener im palaste
des kaisers.[5])

Als nun der kaiser die scharen der heiden zum opfer
versammelt hatte, ersahen diese gläubigen die gelegenheit und
gingen in das haus des herrn,[6]) warfen sich zur erde, streuten
staub auf ihre häupter und flehten Gott im gebet um erbarmen.
Und es gaben ihre genossen[7]) acht zu jener zeit, meldeten
dies dem kaiser und sprachen: „Ewig mögest du, o kaiser[8])
leben. Du zwingest die, welche in der ferne wohnen, dass sie
zu den opfern gegenwärtig seien; doch die, welche dir nahe
sind, verschmähen deine herrschaft und verachten deinen befehl,
indem sie dem glauben Christi anhängen. Es sind dies Achillides,
der sohn des obersten,[9]) mit seinen sechs genossen." Da er-
grimmte Decius und befahl, dass sie gefesselt[10]) vor ihn ge-

---

[1]) über die namen s. u. kap. IV.
[2]) im text des Sur. erst später.
[3]) dies nur in der syr. pr., bei Dion. T. und Sur.
[4]) nur in der syr. pr., und bei Dion. T.
[5]) bei Surius hier übergangen, doch später: *illustres in exercitu*.
[6]) die syr. pr. u. Dion. T. haben hier das gr. wort ἀρχεῖον, Jac.
Sar., Sur., die an. version einen ausdruck für kirche, Greg. Tur. giebt
keinen ort an; Jac. Vor. *in domo sua*.
[7]) so nur Jac. Sur. und Dion. Tel., die syr. pr. ist verderbt. — Sur.
speculatores; die syr. pr. bietet noch eine wiederholung des vorigen.
[8]) „Augustus," syr. pr. u. Dion. T.
[9]) im griech. texte muss ὕπαρχος gestanden haben, was die Syrer
jedoch als eigennamen gefasst haben. — Beim Surius gehört irriger
weise der letzte satz nicht mehr zur rede.
[10]) „gefesselt" fehlt im syr. text, bei Dion. T. und in der an. pr.
* bis * fehlt beim Surius, steht jedoch im syr. text, bei Dion. T. und
Greg. v. T.

bracht würden. Und, als sie herbeigeführt wurden, * das antlitz mit trähnen bedeckt und die häupter mit staub bestreut, *
sprach der kaiser zu ihnen: „Warum seid ihr nicht bei uns
geblieben, damit ihr den göttern opfert, welche den ganzen
erdkreis zum gehorsam herbeigerufen haben? Darum tretet
heran, und bringet ihnen den schuldigen tribut, wie wir alle
es zu tun gewohnt sind." Darauf antwortete Achillides: „Wir
verehren, o kaiser, einen Gott im himmel, von dessen ruhm
himmel und erde voll sind, welchem wir das opfer unseres
dankes [1]) darzubringen pflegen, und den wir mit dem weihrauch
unserer gebete allstündlich preisen. Aber den qualm und
rauch eurer opfer bringen wir vor jenen götzen nicht dar, [2])
wenn wir nicht unsere seelen beschmutzen wollen". Als Decius
dies vernommen hatte, hiess er ihnen ihre kriegerische wehr
abnehmen [3]) und sprach: „Dieweil ihr die macht der götter
bezweifelt, so sollt ihr von meinem dienste fern gehalten werden,
bis dass ich eine gelegenheit erhalte, euren glauben zu prüfen;
denn es scheint nicht billig, eure jugend durch martern zu
schänden. [4]) Daher gebe ich euch eine frist, dass ihr wieder
zu verstande kommt, in euch gehet und ferner leben möget." [5])
Darauf befahl der kaiser, ihnen die eisernen fessbeln wieder
abzunehmen [6]) und sie von dannen zu führen. Alsdann zog
Decius fort nach anderen städten, um zu tun, was er im sinne

---

[1]) *sacrificium confessionis* bei Surius scheint eine schlechte
übersetzung.

[2]) erweiternder zusatz bei Greg. Tur. — Der folgende satz besonders übereinstimmend in der syr. pr., Dion. T., an. pr., Surius; Chard.
erweitert den gedanken v. 336—414.

[3]) dieser umstand nur in der syr. prosa, bei Dion. T. und Surius.

[4]) dieser satz fehlt in der syr. prosa und bei Dion., doch findet er
sich bei Surius, Greg. v. Tours, Chardr. und der an. pr.

[5]) Surius bringt diese worte in indirekter rede, doch scheint mir
die direkte nach den andern die ursprüngliche. — Jacob v. Sarug setzt
noch hinzu, dass sie mit ruten gepeitscht wurden, u. Mombritius in
seiner ausg. von Gregors text lässt ihnen die haare abschneiden, beides
widerspricht aber dem zusammenhange.

[6]) gerade das gegenteil besagt irriger weise die syr. prosa.

hatte.[1]) Und Achillides und seine genossen hatten nun gelegenheit, das werk der gerechtigkeit zu vollbringen, und sie
sammelten gold und silber aus den schätzen ihrer väter und
verteilten davon viel als almosen an die armen.[2]) Dann
hielten sie rat mit einander und sprachen: Lasset uns aus
dieser stadt fliehen und uns in der höle des berges A n c h i l u s
verbergen.[3]) Dort können wir beständig und in ruhe zu Gott
beten, dass wir standhaft vor dem tyrannen erscheinen und
die krone empfangen, welche er seinen getreuen verheissen
hat."[4]) Die sieben jünglinge nahmen so viel geld mit sich,
wie sie bedurften, und stiegen zur höle hinauf, welche auf dem
berge A n c h i l u s lag, woselbst sie etliche tage im gebete für
das heil ihrer seelen zubrachten. Den Diomedes aber, den
jüngsten von ihnen,[5]) der auch der gewandteste und klügste
war, schickten sie zur stadt hinab, damit er dort ihre geschäfte
verrichtete. Er legte dann das gewand eines bettlers an, damit er nicht erkannt würde,[6]) und von dem gelde, das er mit
sich führte, gab er almosen an die armen, forschte nach nachrichten vom kaiser und kaufte lebensmittel und brot. Nach
kurzer zeit kehrte Decius zurück und befahl sogleich, dass
alle vornehmen, wie auch die genossen des Achillides, den
falschen göttern opfern sollten,[7]) so dass grosse furcht über

---

[1]) die syr. pr. spricht von e i n e r stadt, wie Greg. Tur.; die syr.
pr.: um sie in besitz zu nehmen; Dion. T: um sie zu besuchen. Wie
oben auch Jac. Sar. — Chardry erweitert die stelle v. 437—50; auch
Surius macht einen zusatz. — Der anfang des folgenden satzes nur in
der syr. pr., Dion. T. u. Sur.

[2]) letzteres übergeht Jacob von Sarug.

[3]) „welche gegen osten liegt" bei Surius u. bei Eutychius v. Alexan-
dria (AA. SS., 382). über den namen vgl. unten s. 59 ff.

[4]) fehlt bei Jac. Sar., Greg. Tur., Chardry u. Jac. Vor., der auch
hier bedeutend kürzt. Die an. pr. stimmt im ganzen mit obigem überein, was in der syr. pr. und Dion. T. jedoch etwas verwirrt ist.

[5]) ausdrücklich nur bei Surius, angedeutet bei Jac. Sur.: *puei
duodennis* (l. c. 388 F.) Dion. Tel: „der jung, weise und vollkommen war.'

[6]) diesen umstand übergeht Greg. Tur.

[7]) Sur. fügt einen satz (*de falsis — cognosceret*) zu. —

alle gläubigen kam, welche in der stadt waren.* Als dies Diomedes erfuhr, verliess er die stadt und begab sich eiligst zu
seinen genossen, denen er nur wenige brote mitbrachte. Und
er verkündete ihnen, was er von der rückkehr des tyrannen
erfahren hatte, und dass sie gesucht würden, um mit den
anderen zu opfern. Da sie dies vernahmen, erschraken sie
und beteten unter seufzen und weinen zu Gott. [1]) Doch Diomedes bereitete ihnen ein mahl von dem, was er gekauft hatte
und überredete sie, dass sie ässen, damit sie desto besser den
kampf mit dem tyrannen überstehen könnten. [2]) Darauf setzten
sie sich zur abendzeit mitten in der höle [3]) nieder und speiseten. *
Da sie so traurig bei einander sassen und mit einander sprachen,
entschliefen sie sanft, denn ihre augen waren durch den
kummer schwer geworden. [4]) Aber der gnädige und gütige
Gott, der stets für seine diener sorge trägt, [5]) liess sie einen
sanften [6]) tod erleiden, damit durch sie später ein wunder verrichtet werden sollte. Wie sie nun alle vom schlafe befallen
wurden, da gaben sie, ohne es zu merken, [7]) auf der erde
liegend ihre seelen in die hände Gottes, während sie den Herrn
lobten und priesen. Das geld jedoch, welches sie mit sich genommen
hatten, lag ihnen zur seite. [8])

Am morgen des nächsten tages befahl der kaiser wiederum,
die sieben jünglinge zu suchen. Da sie aber nicht gefunden
wurden, sprach er zu seinen grossen: [9]) „Sehr besorgt bin ich

---

[1]) Dion. T. setzt hinzu: „indem sie ihr antlitz legten auf den staub
der erde, und mit seufzern und bittern klagen gott um ihr leben flehten.“
Der abschnitt * bis * ist von Jac. Sar. u. Greg. Tur. nur kurz behandelt.

[2]) fehlt in der an. pr.

[3]) fehlt in der syr. pr.

[4]) fehlt in der syr. pr.

[5]) ausdrücklich nur bei Dion. T. u. Sur.

[6]) Sur.: *mortis genus quoddam.*

[7]) in der syr. pr. u. bei Dion. T.

[8]) das letzte in solcher ausführlichkeit nur bei Dion. T., bei Sur.
in der syr. pr. und in der an. prosa, welche ziemlich genau übereinstimmen; bei Chardry fehlt nur der letzte satz.

[9]) „zu seinen grossen“ fehlt bei Dion. T.

um jene jünglinge, [1] da sie aus vornehmem geschlechte sind [1]). Sie glaubten gewis, dass unsere majestät sehr auf sie zürnte,* weil sie die heiligkeit unserer religion verletzt hatten. [2]) Aber unsere gnade vergiebt allen denen, welche in sich gehen und zu den göttern zurückkehren." Darauf erwiderten die grossen: „Um jene jünglinge dürfte deine majestät nicht bekümmert sein; denn sie verharren noch in ihrer früheren frechheit und, wie wir gehört haben, sind in der frist, welche du ihnen zur umkehr bewilligt hattest, nur noch verstockter geworden. [3]) Sie haben silber und gold in den gassen der stadt verteilt, [4]) und seitdem sind sie von niemandem gesehen worden. Doch wenn es deiner majestät gefällt, so mögen ihre väter ergriffen und durch foltern [5]) gezwungen werden, auszusagen, wo ihre söhne sich verborgen halten."

Als dies der kaiser vernahm, befahl er in zorn entbrannt, die väter der jünglinge herbeizuholen, und da sie vor ihn traten, [6]) sprach er zu ihnen: „Wo sind eure söhne, welche unsere herrschaft und unser gebot misachten und die götter schmähen? [7]) Um ihrer frechheit willen werde ich euch des todes sterben lassen." [8]) Da erwiderten jene und sprachen: „Wir bitten dich, o gnädigster kaiser, dass du uns anhören wollest. Wir haben deine gebote und dein ansehen nicht verletzet, noch den göttern die schuldige ehrfurcht versagt. Warum sollen wir denn statt jener widerspänstigen des todes sein? Sie haben unser gold und silber geraubt und es unter die

---

[1]) lässt die syr. prosa aus, doch steht es bei Dion. T., Surius und in der an. prosa.

[2]) diese scene bringen in gleicher ausführlichkeit und fast wörtlich übereinstimmend nur die längeren redaktionen: die syr. prosa, Dion., Surius u. Chardry. (die an. version hat von * an eine lücke.)

[3]) fehlt in der syr. pr.; nicht ganz wörtlich bei Dion. T.,

[4]) „und sie haben sich verborgen". syr. pr.; „und sie sind entwischt." Dion. T.

[5]) fehlt in der syr. pr.

[6]) fehlt in der syr. pr.

[7]) fehlt bei Surius u. den jüngern.

[8]) syr. pr. „wenn ihr sie nicht bringt."

armen verteilt. Dann sind sie zum berge Anchilus geflohen,[1] in dessen höle sie sich verborgen hatten. Ob sie aber leben oder tot sind, wissen wir nicht." Als der Kaiser das hörte, entliess er diese männer und sann darüber nach, was er mit den jünglingen tun sollte. Und Gott gab ihm ein, dass er beschloss, den eingang der höle mit steinen zu verbauen, damit die leiber der märtyrer dort gleichsam begraben lägen und die heiligen überreste nicht fortbewegt würden, damit sie einst herolde der auferstehung seien.[2]

Und Decius sprach folgendes urteil über jene jünglinge aus: „Dieweil sie unseren befehlen nicht gehorcht und die götter verachtet haben, so sollen die jünglinge der gnade unserer herrschaft verlustig sein und fürder nicht vor den augen der menschen erscheinen. Daher soll der zugang zu der höle mit grossen steinen verschlossen[3] und versiegelt werden, dass sie lebend begraben seien und in jenem kerker elend sterben." Der könig und die ganze stadt glaubten näm- lich, dass sie damals noch am leben wären.[4] Theodorus und Rufinus,[5] des kaisers vertraute diener[6] hatten sich jedoch, da sie Christen waren, aus furcht vor der verfolgung verborgen. Sie beratschlagten nun mit einander und sprachen: „Wir wollen das leiden dieser jünglinge,[7] wie sie um Christi willen den märtyrertod erlitten haben, auf bleierne tafeln schreiben, diese in ein ehernes kästchen legen, welches wir dann wohlversiegelt[8] unter den steinen verbergen, die die höle ver-

---

[1] syr. pr. u. Dion. T.: „der nicht wenig von der stadt entfernt ist" — was aber der sonstigen auffassung widerspricht.

[2] Sur. flacher: „sie sollten bis zur auferstehung aufbewahrt werden"; fehlt bei den andern. — syr. pr. setzt hinzu: „für unsere übrige menschheit", Dion, T.: „als beweis den zweifelnden!"

[3] entstellt bei Dion. T.

[4] Bei Chardry ist die darstellung etwas, doch unwesentlich, ab- weichend. (v. 739 ff.)

[5] über die namen vgl. kap. IV.

[6] fehlt bei Dion. T.

[7] „brüder", syr. pr.; „gläubigen" Dion. T.

[8] fehlt in der syr. pr.

schliessen. Vielleicht wird Gott, ehe er zum jüngsten gerichte wiederkehret, die märtyrer erwecken, so dass wenn sich zu einer gewissen zeit die höle wieder öffnet, die leiber dieser heiligen geehrt werden, weil man durch unsere schrift die wahrheit erfahren kann." Und Theodorus und Rufinus taten, was sie unter einander beratschlagt hatten. [1]

Bald darauf starb der kaiser Decius [2] und sein ganzes geschlecht. Es folgten andere kaiser, bis Theodosius, des Arcadius [3] sohn, den thron bestieg. Im 38. jahre [4] der regierung dieses frommen christlichen fürsten erhoben sich aber ketzer, welche die auferstehung der toten läugneten [5]), und da

---

[1] Dion. T. setzt hinzu: „und man siegelte ein schreiben und legte. es in wahrheit unter dem geheimnis beider männer."

[2] die syr. prosa setzt hinzu: „nach einem jahr und drei monaten, indem er getötet wurde mit seinem sohne in Berut (vermutl. Abrytum in Mösien, in dessen nähe das treffen bei Forum Thembronicum, wo Decius fiel, geliefert wurde. s. Pauly, Realencyclopädie, s. v. Decius). Und es regierte nach ihm Gallus und Alusinus, wie die chronik berichtet."

[3] dass Theodosius der Jüngere gemeint sei, erwähnen nicht ausdrücklich Jac. v. Sarug, Surius und Jac. a. Vor., Eutychius v. Alexandrien bezeichnet ihn sogar als Theodosius Magnus (AA. SS. l. c. 382 B). vgl. unten . . . — An dieser stelle hört der veröffentlichte text der eigentlichen legende bei Dion. T. auf. Er fährt dort fort: „Wenn du willst, o weiser, dich erfreuen an der erzählung dieser seligen, so gehe in die zeit des Theodosius weiter, des sohnes des Arkadîs, du findest, dass es war im jahre 10 des Theodosius. Denn in diesem jahre war ihre auferstehung" etc. Dann ähnlich wie in der syr. pr.: „Er nun, Decius der könig, als er die ganze zeit seines lebens Gott gekränkt hatte, kam in die hände derer, welche nach seinem leben trachteten, und er wurde in Barytus umgebracht, und er empfing die qual, die aufbewahrt ist dem verleumder etc. Und es regierte Galos und Walasinus, 2 Jahr und 4 monate" etc.

[4] diese zeitbestimmung bringt die syr. prosa („Olympiade 304"), Photius (s. Act. SS. l. c. 381 C.) und Chardry; damit stimmt die jahrzahl 447 beim chronisten Sigebert von Gembloux. Jacob. a. Vorag. spricht nur von 30 (ed. Graesse, s. 436); im übrigen vgl. Assemani, Bibl. Orient. I, 338. —

[5] Die ältesten redactionen (Jac. v. Sar. und die syr. prosa, auch

der kaiser selbst verwirrt wurde und mit schmerzen dies
schwanken im glauben sah,[1]) beschloss der barmherzige Gott,
der nicht will, dass die frommen auf irrwege geraten, ein
wunder zu tun, um das geheimnis der auferstehung allen zu

Eutych. v. Alex.) wissen nichts von einer solchen ketzerei. Die zweit-
genannte spricht allerdings von einer disputation der gelehrten über
diese frage, ohne aber eine häresie zu erwähnen. Die stelle ist jedoch
lückenhaft und augenscheinlich unklar überliefert, so dass hier eine
skizzenhafte inhaltsangabe genügen möge: ausgegangen wird von den
„schriften des Origines über den untergang der leiber" (vgl. z. b.
Herzog's Realencyclopädie I, 597, X, 713), worauf auf verschiedene
stellen aus der heiligen schrift. (vgl. Lucas 9, 28—30, 1 Cor. 15, 20, Joh.
20, 27 ff, Luc. 24, 39, 1. Cor. 15, 37), die hierüber handeln, angespielt
wird. Zum schluss findet man einen verweis auf die schriften des
„Amtadîs, bischofs von Olympia", des Eustathius von Antiochia
und des Epiphanius von Cypern. Wer mit dem ersten namen
gemeint sei, ist nicht ganz klar. Ich vermute Athenagoras von
Athen; wenigstens würde dessen περὶ ἀναστάσεως τῶν νεκρῶν sehr
wohl in den zusammenhang passen. Die andern beiden männer sind
dagegen richtig benannt. Eustathius († vor 360) war ein gegner der
lehre des Origines, ebenso Epiphanius († 403), der durch sein buch
gegen die ketzer und durch seinen streit mit Chrysostomus besonders
bekannt ist (s. Herzogs Realencycl. s. v.; Hagenbach, Kirchengesch. I,
493 ff.) — Als haupt dieser apokryphen ketzerei (s. meine Ausgabe
Chardrys, XVI) wird vom Surius ein „Theodorus, Aeginensium episcopus" und von Photius (l. c. 381) ein Theodorus — episcopus
Aegaeorum" angeführt. Greg. Tur. zerlegt, wenigstens nach einigen
hss. (s. AA. SS. 391 l.), ihn in zwei: Theodorus et Gaius resp. Galus,
vermutlich jedoch nur ein lesefehler, aus Aegaeus od. dergl. entstanden.
    Da die ältesten quellen ihn jedoch nicht kennen und die mittel-
alterlichen bearbeitungen (wie Chardry u. Jac. a. Vor.) ihn nicht namentlich aufführen, lasse ich ihn hier als unwesentlich bei seite, komme
aber später auf diese stelle zurück (s. unten kap. III etc.). Ebenso
übergehe ich hier einige biblische citate bei Surius, welche man Joh. 5
v. 25 u. 28, Daniel 12, 2 und Hesekiel 37, 12 finden kann, da sie sonst
nicht wiederholt werden.
    [1]) Jac. a Vor. setzt hinzu: *indutus cilicio sedens in interiori loco
per singulos dies flebat*, erwähnt darauf jedoch nur kurzweg einen
‚civis Ephesi'. Was dessen namen betrifft, so verweise ich auf kap. IV.

offenbaren. Er gab es daher einem begüterten manne A d o l i u s mit namen, welchem der berg mit der höle gehörte, in den sinn, dass er einen stall für sein vieh erbauen wollte. [1]) Und seine knechte nebst den arbeitern wälzten die steine, welche die öffnung der höle verschlossen, fort, um damit das gebäude aufzuführen.

Da [2]) flösste Gott den heiligen, welche in der höle schliefen, ein neues leben ein [3]). Sie erwachten, setzten sich aufrecht [4]) und begrüssten einander, wie sie gewohnt waren. Denn sie sahen kein zeichen, aus dem sie schliessen konnten, dass sie so lange wie tot gelegen hätten: ihre kleider waren noch in demselben zustande wie zuvor, und ihre leiber waren frisch und blühend. Daher glaubten sie, dass sie nur vom abend bis zum morgen geschlafen hätten, und sie waren in angst und sorge, dass der kaiser Decius sie suchen lasse. Darum wandten sie sich an Diomedes, ihren schaffner, und fragten ihn abermals, was er am vorigen abende über sie in der stadt gehört habe. Es erwiderte ihnen Diomedes: „Wie ich euch gestern abend gesagt habe, lässt uns der kaiser nebst andern bürgern suchen, dass wir den göttern in seiner gegenwart opfern; wenn wir aber seinem befehle nicht gehorchen, so will er uns martern lassen." [5]) Hierauf entgegnete Achillides: „Wohlan, ihr brüder, lasst uns bereit sein vor den richterstuhl Christi zu treten, doch nicht fürchten wollen wir das urteil jenes sterblichen kaisers. Doch du, Diomedes, gehe zur stadt, damit du uns

---

[1]) die syr. prosa sagt abweichend, dass „Aldîs" eine mauer um seinen besitz bauen wollte; im folgenden fügt sie hinzu: die arbeiter wälzten steine „v o n d e r ö f f n u n g a n d e r e r g r ä b e r" und jener höle etc.

[2]) die syr. prosa hat „in der nacht des zweiten tages."

[3]) bei Surius findet sich hier eine anspielung auf Lazarus.

[4]) „indem sie Gott lobten" bei Surius und in der an. version, die hier wieder einsetzt.

[5]) diese rede fehlt in der syr. prosa, findet sich jedoch, bis auf den letzten teil, bei den andern. Im übrigen weichen sie bei diesem abschnitte mitunter von einander ab, doch nicht wesentlich genug, um besonders bemerkt zu werden.

speise verschaffest. Nimm geld mit dir und kaufe uns viele
brote, denn wenige waren es, die du uns gestern brachtest,
und wir sind sehr hungrig. Gleichzeitig erforsche aber, was
Decius über uns beschlossen hat." Da machte sich Diomedes
früh[1]) auf den weg und nahm geld mit sich, von sehr
alter prägung[2]), denn es waren fast 200[3]) jahre verflossen,
während welcher jene geschlafen. Es war eben tag geworden,
als er aus der höle trat, und wie er die steine sah, welche vor
derselben umherlagen, erstaunte er und wusste nicht, wie das
geschehen sei[4]) Zitternd stieg er dann vom berge hinab, denn
er war besorgt, dass er in der stadt erkannt und vor den
kaiser Decius geführt würde. Er wusste nämlich nicht, dass
die gebeine des tyrannen bereits im grabe vermodert waren.[5])
Aber als er zum tore der stadt kam, erstaunte er gewaltig, als
er ein kreuz auf demselben bemerkte, und er glaubte von
sinnen zu sein. Und er wandte sich zu einem andern tore
und sah daselbst zu seiner verwunderung dasselbe zeichen. Er
ging hierauf weiter, aber auf allen toren fand er das kreuz und
gewahrte, dass sich vieles verändert hatte. Nachdem er wieder
zum ersten tore zurückgekehrt war, sprach er zu sich:[6]) „Wie

---

[1]) die syr. prosa hat: „am morgen des nächsten tages, als es
noch dunkel war"; Sur.: *bene mane;* der vorhergehende satz ebd.:
cogitabat enim se nocte superiore cubuisse etc. ist jedoch als unnütze
wiederholung zu streichen, obwol sie auch bei Char. 1010, und in der
an. vers. 239, 5 steht.

[2]) Sur. setzt hinzu: (*moneta*) . . . *quae partim quadraginta partim
sexaginta nummorum pretio pendebatur* etc.; Chardry. v. 999 und
die an. version (239, 3) setzen die münze in das erste jahr des Decius,
den auch Greg. v. Tours hiebei nennt. Jac. a. Vor. hat *Tollens* . . .
quinque solidos.

[3]) über diese zahl vgl. unten kap. III etc.

[4]) diesen umstand erwähnen Jac. v. Sarug und Greg. Tur. nicht. —
Die letzten worte fasst Jac. a. Vor. anders: *sed aliud cogitans, parum de
lapidibus cogitabat;* ähnlich Chardry, 1021 f.; die an. pr. hat: *undraþisc
hann þat* etc.

[5]) diese stelle nur bei den jüngeren: Surius, Chardry, an. version.

[6]) die syr. prosa besagt, dass er seinen körper betastete; ähnlich
auch Chardry v. 1071/2.

geht das zu? Gestern abend verehrte man nur im verborgenen das
heilige kreuz, und heute sehe ich es öffentlich auf den toren der
stadt prangen? Träume ich, oder täuscht mich ein trugbild?"

Doch der anblick des kreuzes hatte ihm neuen mut gegeben, und er betrat die stadt. Da er nun weiter fortschritt,
hörte er viele bei dem namen Jesu Christi schwören, und be-
stürzt sprach er bei sich: „Was dies bedeute, weiss ich nicht;
gestern wagte niemand laut Christum zu bekennen, und jetzt
wird sein name von so vielen zungen angerufen. Wahrlich,
dies ist Ephesus nicht, denn alle gebäude sind verändert". [1]
Und er fragte einen mann, [2] der vorüberging, wie die stadt
heisse, dieser aber erwiderte: „Ephesus." Da sprach Diomedes
bei sich: „Traun, ich muss von sinnen sein [3] — schnell will
ich die stadt verlassen, damit ich nicht fürder in die irre gehe,
und zu meinen genossen zurückkehren, um ihnen das abenteuer zu vermelden." [4]

Ehe er jedoch hinausging, kam er zu den brotbänken, und
er gedachte dort brote zu kaufen. Doch als er den bäckern
das geld darreichte, verwunderten diese sich über die alte
münze, welche sie von hand zu hand [5] reichten, flüsterten zu
einander und sagten: „Wahrlich, dieser mensch hat einen
schatz gefunden, der lange verborgen war." Da aber Diomedes
sah, wie sie miteinander leise sprachen, begann er sich zu
fürchten, denn er vermeinte, dass sie ihn erkannt hätten und

---

[1] syr. prosa: „aber eine andere stadt kenne ich nicht, die uns
nahe sei." ähnlich Jac. a. Vor.: *sed aliam civitatem nescio talem.* Der
satz *alia quaedam* etc. bis *in hac sola* bei Surius scheint überflüssig.

[2] *vaslet* Chardry v. 1106, an. vers.: *En ungr maþr* (239, 25).
Gregor Tur. übergeht diese ganze scene.

[3] diese stelle scheint in der syr. prosa verderbt.

[4] findet sich nicht bei Jac. Sar., Greg. Tur. und bei Surius. .
Ersterer setzt noch eigentümlicher weise hinzu: *Perrexit circumcursare
per compita, nec a via deflexit, donec ad palatium pervenit, viditque fores
sibi occlusas.* Auch die an. pr. bringt hier einen eigenen zusatz, 239, 30 f.

[5] Jac. Sar.: *per manus quinque* (?) *hominum.*

ihn dem kaiser Decius ausliefern wollten [1] Darum wurde er verwirrt und sprach: „Das geld habe ich euch gegeben, aber brot habe ich noch nicht erhalten." [2] Sie aber legten hand an ihn und fragten ihn: „Von wannen bist du? Du hast einen schatz der alten könige gefunden. Wohlan, sage es uns, damit wir ihn mit dir teilen und dich nicht verraten und dem gerichte ausliefern." [3] Diomedes aber fand nicht, was er ihnen antworten sollte, da seine gedanken von furcht verwirrt waren. [4] Weil er also schwieg, legten sie einen strick um seinen hals und schleppten ihn durch die strassen mitten in die stadt. [5]

Es lief nun die kunde durch die stadt, dass jemand ergriffen sei, der einen schatz gefunden habe. Und es sammelte sich eine menge von leuten um ihn, die schauten ihm ins gesicht und sagten: „Dieser mensch ist ein fremdling, denn wir haben ihn noch niemals gesehen." [6] Diomedes aber blickte sich unter ihnen um, denn er hoffte von seinen verwandten oder freunden einen zu erkennen, doch da er niemanden fand, stand er wie ein unsinniger in der menge. [7]

Dieses wundersame gerücht verbreitete sich und kam dem

---

[1] Greg. Tur. geht hier über alle einzelheiten fort.

[2] Jac. a. Vor.: *rogavit eos, ut . . . panes et argenteos retinerent.*; dieselbe darstellung bei Chardry 1184 ff.; ähnlich auch die an pr. 239, 37.

[3] diese rede fehlt bei Surius, der diese stelle überhaupt verwirrt bringt. dass jene worte aber stehen müssen, zeigt schon ein vergleich mit Jac. Sar.

[4] die syr. prosa ist hier unklar überliefert, doch stimmen die übrigen versionen im ganzen in obiger darstellung überein. Nur Chardry schmückt sie nach eigner phantasie aus; auch in der an. pr. (240, 4) findet sich ein zusatz.

[5] dies fehlt wieder bei Surius, bei dem der dem vorigen satze voranstehenden abschnitt (l. c. 395 *Cum vero* bis *intuebantur*) erst jetzt zu folgen hat, wie das zusammengehen der syr. prosa mit den jüngeren versionen lehrt.

[6] diese worte finden sich in der syr. prosa, bei Surius und in der an. version, welche in dem folgenden satze leider abbricht; ähnlich auch Chard. 1239—40.

[7] das letzte übergeht Surius, ist jedoch sonst wortreicher.

bischof[1]) und dem statthalter [2]) zu ohren, welche sogleich befahlen
dass man sorgfältig den jüngling mit seinem gelde zu ihnen
führen sollte. Als er darauf herbeigeschleppt wurde und wie
ein toller ringsum schaute, lachte das volk. [3]) Er aber glaubte,
dass man ihn zum kaiser Decius bringen wollte. [4]) Da er nun
zur kirche kam, nahmen der bischof und der statthalter jene
alte münze und betrachteten sie erstaunt. Darauf fragte der
statthalter [5]) den Diodemes: „Wo ist der schatz, welchen du
gefunden hast?" Dieser erwiderte: „Wahrlich, ich habe niemals einen schatz gefunden, wie ihr meinet. Vielmehr habe
ich das geld aus dem säckel meiner eltern, und sein gepräge
ist das dieser stadt. Weh mir! ich weiss nicht, was meinem
verstande zugestossen ist." Und der statthalter sprach weiter:
„Von wannen bist du?" Diomedes antwortete: „Aus dieser
stadt, wenn dies Ephesus ist." [6]) Und jener: „Wer sind deine

---

[1]) Jac. Sar. und die syr. prosa führen keinen namen an, und da
er bei den späteren sehr schwankend ist (vgl. A A. S S. 1. c. 384, 40
u. 41; 387, 53 und unten kap. III etc.), habe ich es vorgezogen mit
jenen älteren redactionen zu gehen.

[2]) das gr. *ἀνθύπατος*, das hier im originale gestanden haben muss,
wird erst von den jüngeren irrig als eigenname aufgefasst; so setzen
Eutychius v. Alex. Antipatrus (?), Chardry, Jac. a Vor. und die letztere
folgen Antipater. Die syr. prosa schreibt *antupts* od. *antupats*; dieselbe,
wie auch der text bei Surius, setzen noch etwas über die göttliche vor-
sehung, welche so das geheimnis der auferstehung verkünden wollte,
hinzu. Da jedoch der wortlaut nicht übereinstimmend noch ganz klar
ist, lasse ich es besser fort. Was Chardry angeht, so ist die hier
(v. 1257 ff.) erwähnte disputation mit den ketzern wohl eigene erfindung.

[3]) dies nur in der syr. prosa und bei Surius.

[4]) Greg. Tur. verkürzt im vorstehenden abschnitte die erzählung
bedeutend.

[5]) Jac. Sar. kennt einen statthalter nicht; dass verhör leitet bei
ihm *quidam sophista.*

[6]) In der darstellung dieser scene stimmen die hier behandelten
redactionen ziemlich gut überein, besonders die syr. prosa, Surius und
Jac. a Vor., doch lässt erstere den ‚antupts‘ diese fragen auf einmal
stellen. ‚Wenn dies Ephesus ist‘, nur bei Greg., Jac. a Vor. u. Chardry
(v. 1340).

eltern? Ist denn niemand da, der dich kennt und zeugnis für dich ablege?" Und Diomedes nannte seine eltern [1]) und seine brüder, aber niemand kannte sie. Da sprach der statthalter: „Du bist ein lügner und sagest nicht die wahrheit." Diomedes aber ward verwirrt, und da er nicht wusste, was er antworten sollte, so schwieg er. [2]) Und die einen sagten: „Er ist von sinnen", [3]) andere aber: „Er verstellt sich, um der gefahr zu entgehen." Der statthalter jedoch sprach: „Wie sollen wir dir glauben, dass dieses geld aus dem vermögen deiner eltern herstamme, da doch prägung und aufschrift dieser münze beweisen, dass sie vor 200 jahren geschlagen ward, ehe noch Decius regierte, [4]) und da sie doch der münze, welche jetzt in dieser stadt üblich ist, ganz und gar ungleich ist?" Und wie ist es möglich, dass deine eltern vor so langer zeit gelebt haben, da du doch selbst noch ein jüngling bist? [5]) Meinest du etwa, uns, die ältesten und weisesten von Ephesus, zu täuschen? Daher befehle ich, dass du ins gefängnis geworfen und gepeiniget [6]) werdest, bis du gestehst, wo der schatz ist, den du gefunden hast."

Da fiel Diomedes auf sein antlitz und sprach: „Eines nur, bitte ich, saget mir, und alles, was ich auf dem herzen habe, will ich euch offenbaren. Decius, der kaiser, der in dieser stadt war, wo ist er jetzt?" Darauf entgegnete der bischof: „Mein sohn, es ist heute niemand in diesem lande, der kaiser Decius hiesse, der ist vielmehr schon vor vielen jahren ge-

---

[1]) Jac. Sar. hat merkwürdigerweise: *sumque filius Rufi electi.*

[2]) so nur in der syr. prosa und bei Surius.

[3]) Sur. lässt dies den proconsul sprechen; Jac. a Vor. wendet nur das letztere an.

[4]) Sur.: „vor 380 jahren"; Greg. Tur.: *ex tempore Decii*; ebenso die Araber Zamachscharî und Beidhâwi; Jac. a Vor. spricht von 377 jahren als dem alter der münze, welche *primorum dierum Decii* ist.

[5]) fehlt in der syr. pr. und bei Greg. Tur., doch schon bei Jac. Sar. an entsprechender stelle: *Videorne puer duodennis?* Wie oben bei den jüngeren.

[6]) Sur.: *flagellis verberari*; Greg. Tur.: *subjiceeindus eris tormentis*; die andern nicht so direkt.

2*

storben." Und Diomedes sagte: „Darum, o herr, erfasst mich
staunen, und niemand glaubet meinem worte. [1]) Doch folget
mir, bitte ich, und ich werde euch in der höle des berges Anchilus
meine gefährten zeigen, damit ihr von ihnen erfahret, dass
alles, was ich sage, wahr sei. Sicher weiss ich aber, dass wir
vor dem kaiser Decius dorthin geflohen sind, welcher gestern
abend in diese stadt gekommen, wenn dies wirklich Ephesus
ist." Da erkannte der bischof, dass Gott ihnen durch diesen
jüngling etwas offenbaren wollte. [2]) Und er machte sich auf
mit dem statthalter, den vornehmen der stadt und einer volksmenge, [3]) und von Diomedes geführt, stiegen sie auf den berg
zur höle. Und da der bischof und die mit ihm waren in die
höle traten, da fand er am eingange [4]) zwischen den steinen
jenes eherne kästchen, [5]) das mit zwei silbernen siegeln [6]) verschlossen war. Und er öffnete es vor allem volke und fand
zwei bleierne tafeln [7]) darin. Die nahm er heraus und las,
dass jene jünglinge — Achillides, Diomedes, Eugenius, Stephanus, Probatus, Sabbatius und Cyriacus [8]) — vor dem tyrannen
Decius geflohen und in diese höle eingeschlossen worden seien.

---

[1]) dieser satz fehlt bei Surius. — Greg. Tur. schiebt hier, offenbar
unpassend, ein, dass Malchus selbst von seiner auferstehung und der
seiner genossen redet.

[2]) hier stimmen die syr. prosa, Sur. und Jac. Vor. fast wörtlich;
sehr ähnlich auch Chardry (1441 ff.); viel kürzer bei Jac. Sar. und
Greg. Tur.; beim ersteren sagt Jamblichus selbst *dormivi ego et VII
sodales mei.* — Sur.: *Eamus, inquit et videamus,* zusatz.

[3]) die syr. prosa fügt hinzu „sie setzten sich auf reittiere." (?)

[4]) dieselbe redaction: „an der südseite." (?)

[5]) Sur.: *inter* duos *lapides positam,* die übrigen jedoch unbestimmt.

[6]) zwei siegel ausdrücklich nur bei Sur., Greg. Tur. u. Jac. a Vor.

[7]) zwei tafeln ausdrücklich nur bei Sur. u. Greg. Tur., doch da
diese sonst wenig gemeinsam haben, scheint die zahl auch hier gesichert. Übrigens ist zu beachten, dass weder Jac. a Vor. noch Chardry
von einem kästchen, sondern nur von einem briefe resp. *plum,* sprechen.

[8]) anführung der namen an dieser stelle nur in der syr. prosa u.
bei Chardry. — Abweichend ist hier Jac. Sar. Die sieben in der höle
glauben, dass die kommenden schergen des Decius seien, und sind in
grosser furcht etc. vgl. Chardry v. 1606 ff.

Und als er dieses gelesen hatte, wunderten sich alle sehr und lobten Gott mit lauter stimme. Da sie darauf in die höle traten, sahen sie die heiligen darinnen sitzend, und ihr antlitz glänzte so hell wie licht.[1]) Und alle fielen ihnen zu füssen, beteten sie an und dankten Gott, dass er ihnen vergönnt hätte, ein solches wunder zu schauen.[2]) Darauf erzählten ihnen die heiligen märtyrer alles, was zur zeit des Decius geschehen war.[3]) Nun schickten der bischof und der statthalter sofort einen brief an den kaiser, in welchem sie schrieben: „Möge deine majestät geruhen, eiligst hierher zu kommen, und das wunder zu sehen; welches Gott für die zeit deiner herrschaft aufbewahrt hat. Du wirst dann die wahrheit der einstigen auferstehung erkennen."[4])

Darüber empfand Theodosius grosse freude und dankte Gott.[5]) Dann aber machte er sich, von zahlreichem gefolge begleitet, von Constantinopel auf den weg und wurde von sämmtlichen bewohnern der stadt Ephesus feierlich empfangen.[6]) Alsbald begab er sich jedoch vom bischof, dem statthalter und den vornehmen geführt, zur höle, wo ihm die heiligen mit strahlendem antlitz entgegen kamen.[7]) Da er hineintrat,[8])

---

[1]) *facies eorum tamquam rosae florentes* Greg. Tur. u. Jac. Vor. — ersterem eigentümlich sind dann die folgenden worte bis *eorum.*

[2]) nur bei Sur. und Greg. Tur.

[3]) Dies in der syr. prosa (verderbt), bei Greg. Tur., Sur. u. Chardry 1611 ff., der im übrigen die scene weiter ausmalt (bes. 1565—96).

[4]) der wortlaut des briefes nicht in der syr. prosa, doch im ganzen übereinstimmend wie oben bei Sur. u. Greg. Tur., angedeutet bei den andern.

[5]) bei Greg. Tur. folgt hier noch der wortlaut seines gebetes; bei Jac. a Vor. heisst es: *surgens de humo et de sacco in quo lugebat.*

[6]) die syr. prosa scheint hier wieder lückenhaft; der empfang ist da wie bei Jac. Sar. nicht erwähnt, doch bei allen jüngeren, am ausführlichsten nach eigener phantasie von Chardry geschildert (v. 1645 ff).

[7]) dieser umstand fehlt bei Surius und bei Jac. Sar., in der syr. prosa zwar nicht klar, doch bei den andern im ganzen übereinstimmend.

[8]) erst jetzt lässt Jac. Sar. die bleierne tafel, und zwar von Theodosius selbst, auffinden; der darauffolgende satz: *Tum vero imperator*

fiel er vor ihnen nieder, umarmte sie dann und weinte an ihrem
busen. Darauf sprach er: „So schaue ich euer antlitz, als ob
ich meinen Herren Jesum Christum sähe, da er den Lazarus
aus seinem grabe erweckte; ich danke ihm, dass er mich in der
hoffnung auf die auferstehung nicht getäuscht hat." [1]) Darauf
sprach Achillides zum kaiser und sagte: „Von nun an wird
deine herrschaft wegen deiner festigkeit im glauben gesichert
sein, und Jesus Christus, der sohn Gottes, wird sie vor jeder
versuchung behüten. [2]) Denn wisse, deinetwegen hat uns der
Herr auferwecket vor dem grossen tage des gerichts, damit du
unzweifelhaft an die auferstehung der toten glaubest. [3]) Gleich
wie das kind im leibe seiner mutter lebt und nicht freude
empfindet noch leid, so haben auch wir gelebet ohne empfindung im schlafe liegend. [4]) Hierauf legten die jünglinge vor
aller augen ihre häupter nieder auf die erde und entschliefen
und gaben ihren geist auf nach dem befehle Gottes.

Da warf sich der kaiser über ihre leiber, weinte, küsste
sie und breitete sein gewand über sie aus. [5]) Dann befahl er,
dass sieben goldene schreine für ihre leiber gemacht würden.

Aber in derselben nacht erschienen ihm die jünglinge im

---

*invitavit illos ut secum descenderent Ephesum, cogitans aedificare templum
super ossa eorum* ist, wie schon der commentator in den A A. SS. l. c.
389, anm. l., bemerkt, sinnlos; wie er jedoch zu bessern sei, lässt sich
ohne original nicht leicht ersehen.

[1]) auch diese rede lässt Surius fort; ausführlich bei Greg. Tur.

[2]) den anfang dieser rede gebe ich nach Surius, mit dem im ganzen
die syr. prosa übereinstimmt, wenngleich die letzten worte des satzes
in der überlieferung verderbt scheinen. Es heisst dort, der Messias
Jesus etc. wird deine herrschaft versuchen; doch ist dies ja bereits
geschehen.

[3]) dies bei allen im ganzen zusammentreffend: der letzte satz
fehlt jedoch in der syr. prosa.

[4]) dieser vergleich findet sich nur in der syr. prosa und bei den
jüngeren, Jac. a Vor., Chardry etc. s. ib. v. 1705. anm.

[5]) von Surius übergangen; dass Theodos. sein gewand ausbreitete,
fehlt auch bei Jac. a Vor.

traume und sprachen zu ihm[1]): „Aus dem staube werden wir
auferstehen und nicht aus dem golde. [2]) Darum lasse uns in
jener höle ruhen, bis uns Gott wieder rufen wird." Darauf
befahl der kaiser, dass ihr gewölbe mit gold und kostbaren
steinen geschmückt würde[3]) und liess sie dort ruhen bis auf
den heutigen tag; doch über ihrer höle wurde eine grosse kirche
erbaut, [4]) darauf war eine grosse versammlung der bischöfe und
zum gedächtnis jener ward ein herrliches fest gefeiert. Und
an die armen der stadt liess der kaiser reichlich almosen verteilen, und die im gefängnisse waren[5]) wurden freigelassen.
Darauf kehrte Theodosius froh gen Constantinopel zurück, und
viele folgten ihm[6]) in freude und lobten und priesen Gott,
dem ruhm und ehret gebühret von nun an bis in ewigkeit. [7])
Amen.

---

[1]) Jac. Sar. erwähnt die vision nicht, auch Eutych. Alex. geht
darüber hinweg.

[2]) ausdrücklich so nur in der syr. prosa, doch bei den andern mehr
oder weniger klar angedeutet.

[3]) über diese stelle in der syr. prosa vgl. unten 58; die obige
auffassung derselben begründe ich durch vergleich mit Jac. a Vor.:
Jussit ergo imperator locum illum inauratis lapidibus ornari, u. Chardy
v. 1791 ff.: *la cave lee fu trestut envirum doree* etc.; bei Sur. und
Greg. Tur. fehlt dies, ebenso bei Jac. Sar.

[4]) fehlt bei Sur.; auch bei Jac. Sar. u. Jac. a Vor. nicht ausdrücklich gesagt.

[5]) die syr. prosa nennt darunter priester. (?)

[6]) nach der syr. prosa die freigelassenen, nach Chardry (1831 ff)
die bekehrten ketzer; bei Sur. unbestimmt.

[7]) schluss nicht bei allen gleichlautend, bei Chardry eigentümlich
erweitert.

II. Kapitel.

Die Sage vom langen Schlaf.

So berichtet die legende. Der in der sagenliteratur be-
wanderte leser wird bereits an mehrere mythen verschiedener
völker und zeiten erinnert sein, welche ähnlich wie die vor-
liegende von dem langen schlafe von göttern, heroen und
menschlichen wesen handeln, die mit jenen in berührung gekommen sind. Es ist hier nicht das erste mal, dass auf
solche anklänge hingewiesen wird, vielmehr haben sich schon
namhafte autoren — ich führe sie später alle an — mit diesem
gedanken beschäftigt, zuletzt Erwin Rohde in seiner treff-
lichen abhandlung „die sardinische sage von den
Neunschläfern."[1] Indem ich mit einer kurzen mitteilung
der von ihm erreichten resultate über den zusammenhang solcher
sagen beginne, will ich versuchen dem ursprunge der allen zu
grunde liegenden vorstellung weiter nachzuforschen.

Ich beginne mit dem ältesten uns überkommenen hinweise
auf eine solche mythe, der sich bei keinem geringeren als bei
Aristoteles findet. Derselbe spricht in seiner Physik
($\varphi v \sigma \iota x \grave{\eta}$ $\dot{\alpha} x \varrho \acute{o} \alpha \sigma \iota \varsigma$)[2] davon, dass wenn unsere denktätigkeit
ruhe, uns die zeit unbemerkt entschwinde, wie denen, welche
bei den heroen in Sardos schlafen; wenn jene erwacht sein
werden, wird ihnen das jetzt mit der vorherigen zeit eins

---

[1] Rhein Mus. XXXV, 157 ff.; ib. XXXVII, 465 ff.; vgl. u. d. nachtrag.
[2] IV, 11 p. 218 b, 21. s. Rohde, l. c.

scheinen . Diese stelle wird nun von zwei späteren scholiasten,
Philoponus und Simplicius, welche im 6. Jahrhundert
n. Chr. lebten, [1]) verschieden commentiert. Der erstere denkt
dabei an incubation behufs heilung von krankheiten; der andere
jedoch erzählt, indem er sich auf Alexander von Aphro-
disias beruft, dass jene heroen, neun an der zahl, söhne des
Herakles von den töchtern des Thestius [2]) seien, welche unversehrt, schlummernden gleich, auf Sardinien liegen sollen. [3])
An Simplicius anschliessend, versucht nun Rohde die eigentümliche zahl neun zu erklären, auf welche ich sogleich zu
sprechen kommen werde, und deutet dann am schlusse seines
aufsatzes (s. 163) darauf hin, dass diese sage leicht auf phönicischen ursprung zurückgeführt werden könne, ohne jedoch
näher hierauf einzugehen. Diesen gedanken möchte ich zunächst verfolgen. Mit den erwähnten Thestiaden gilt Iolaus als colonisator Sardiniens, [4]) wohin er von Herakles
selbst geschickt wurde. Nun ist aber Iolaus gleichzeitig ein
libyphönicischer Gott, der den Herakles aus dem tode erweckt
und folglich mit Aesculap zu identificieren ist. [5]) Als solcher
ward er nun insbesondere bei den Sardiniern verehrt, was
mehrere alte autoren erwähnen. Daher ist der bericht des
Philoponus von der incubation, [6]) wohl an der stelle.

---

[1]) Überweg., Grundr. I, 278.

[2]) Preller, Griech. Myth.[3] II, 180 f.

[3]) Auch noch eine andere erklärung wird erwähnt: die teilnehmer
an einem heroenfeste in Sardinien sollen einmal zwei tage geschlafen
haben. Aristot. Physik v. Prantl. s. 502 anm. 39.

[4]) s. Movers, die Phönizier II, 566.

[5]) Movers, l. c. I, 536 ff. Preller[1] II, 125*.

[6]) Aristoteles drückt sich allerdings so aus, als ob er ein ein-
maliges mythisches factum im auge habe, doch kann die absicht der
incubation bei den schlafenden wohl hinzugedacht werden. Denn
ähnlich schläft auch Epimenides bei einem höheren wesen und
empfängt dabei höhere weisheit. Ich glaube daher, dass hölenschlaf
sterblicher von der vorstellung der incubation überhaupt nicht bei den
alten getrennt wurde, wenigstens stets in enger berührung damit stand.
vgl. hierüber das folg.

Denn gerade in den heiligtümern Aesculaps fand dieser tempel-
schlaf behufs heilung statt, ähnlich wie beim orakel des the-
banischen heros und propheten Amphiaraus[1]) — Es ist
nun ferner hervorzuheben dass der Aesculap der Phönicier
unter dem namen Esmun als achter zu den bei ihnen verehrten sieben Kabiren gestellt wird.   Nach Movers[2]) galt
Esmun zunächst als der himmelskreis, welcher die kreisbahnen
der sieben planeten, deren gottheiten eben die Kabiren sind,
umschliesst. Dann war diesen acht brüdern aber auch zu
Babel ein heiligtum geweiht, zu welchem 8 stufen hinauf
führten, auf deren oberster ein tempel stand, in dem nächtliche
incubationen, wie bei Aesculap, statt hatten.[3]) Somit dürfen
wir vielleicht die sardischen heroen mit den Kabiren gleich-
setzen, wobei die einzige schwierigkeit, die differenz zwischen
der acht- und der neunzahl zu erklären, dadurch am besten
gehoben wäre, dass wir annehmen, Philoponus hätte die
letztere substituiert, weil sie den Griechen als heilige zahl ge-
läufiger war.[4]) Freilich verehrten auch sie die Kabiren, so
insbesondere auf Samothrake und Lemnos, doch scheint
bei ihnen eine bestimmte zahl derselben nie festgestanden zu
haben. Überdies galten die Kabiren bei ihnen hauptsächlich
als dämonische begleiter des Hephästos und der Rhea
Kybele,[5]) als zwerge in schmiedetracht, welche mit der vul-
kanischen und unterirdischen tätigkeit der erde in verbindung
standen. Daher darf der umstand, dass die genannten scholiasten
die sardischen heroen nicht selbst mit diesen gottheiten vergleichen, nicht als einwand gegen meine obige vermutung

---

[1]) s. Preller[1] l. c. II, 251, 3. aufl. II, 361, vgl. Grimm, Myth.[4] II, 987.
[2]) I, 527 ff.
[3]) s. Movers l. c. I, 528.
[4]) cfr. Passow Gr. Wb. sub ἐννέα. Ich darf übrigens auch hier
daran erinnern, dass man auf Samothrake, dem hauptort des Kabirencultus,
neun Korybanten nannte, welche häufig mit den Kabiren verwechselt
werden (Preller[3] I, 697); auch ein arabischer autor, den der später
zu erwähnende Tabari citiert, spricht von neun statt von sieben schläfern.
[5]) Preller[3] I, 695 ff.

geltend gemacht werden. Später noch habe ich auf die Kabiren
zurückzukommen; ich verlasse diese mythe daher, um eine
andere des altertums, die von Epimenides, eingehender zu
betrachten.

Am vollständigsten überliefert sie uns, meines wissens
Diogenes von Laërte[1]), der um das jahr 200 gelebt
haben dürfte. Er erzählt, dass Epimenides auf Kreta
geboren sei und von seinem vater einst ausgeschickt wurde,
um ein verlorenes schaf zu suchen. Er legte sich in einer
höle nieder und schlief dort 57 jahre. Als er wieder erwachte
setzte er das suchen nach dem schafe fort, da er nur kurze
zeit geschlafen zu haben meinte. Da er es jedoch nicht fand,
kehrte er nach hause zurück und sah dort alles zu seinem
grossen erstaunen verändert. Sein jüngerer bruder, der jetzt
greis geworden war, erkannte ihn kaum wieder. Nunmehr verbreitete sich das gerücht dieser tatsache durch ganz Griechenland, und man betrachtete den langen schlaf in der höle als
ein zeichen, dass Epimenides ein liebling der götter sei. Er
wird daher nach Athen berufen, um die stadt von einer pest
zu entsühnen, und stirbt in dem alter von 157, nach anderen
gar von 299 jahren. Diogenes setzt dann hinzu, dass einige
berichten, Epimenides hätte die zeit nicht verschlafen, sondern
hätte sich beim suchen nach wurzeln verirrt. Da aber dieser
wahrsager und sühnepriester seine weisheit erst durch den
schlaf in der höle gewann, so sind die vom Laërtier angeführten
gründe für sein verschwinden nicht die ursprünglichen; vielmehr müssen wir hier dem berichte des Platonikers Maximus
von Tyrus[2]) folgen, nach welchem Epimenides in der diktäischen
höle im tiefen schlafe eingebungen von Zeus empfangen hat.

---

[1]) De vitis, dogm. etc. I, 10. — vgl. auch Apollonius? (Dyscolos)
Historiae Commenticiae (od. *Mirabil. hist. liber*), cap. I, (rec. Meurius, Lugd,
Bat. 1620) der sich, wie Diogenes, auf Theopomp beruft. Sein bericht
stimmt daher im ganzen mit Diog. überein, wenn er auch kürzer ist
und in einigen für unsern zweck gleichgiltigen punkten abweicht. —
s. C. F. Heinrich, Epimenides, Lpz. 1801, s. 38—57.

[2]) vgl. Rohde, l. c. 161.

Aber auch diese auslegung scheint mir erst eine auf Epimenides
übertragene zu sein, da das gleiche bereits von Minos, dem
ursprünglichen sonnengotte der Kreter, dem sohne des Zeus, erzählt wird. [1] Auch dieser soll von zeit zu zeit in eine ge-
heiligte höle auf Kreta gegangen sein, um dort des umgangs
mit seinem vater Zeus zu pflegen und gesetze für die insel zu
empfangen.

Von anderen männern, die im rufe höherer weisheit standen,
wird ähnliches berichtet, so von Pythagoras, Zamolxis,
Amphiaraus und Trophonius [2]). Sie halten sich in unterirdischen gemächern auf, oder geben prophezeiungen, wie die
letzteren. Trophonius erbaut der sage nach unter anderem den
tempel zu Delphi, und wird von Apoll dadurch belohnt, dass
er ihn nebst seinem genossen Agamedes am siebenten tage
nach vollendung der arbeit mitten in der festfeier sanft entschlafen lässt. Er wurde dann zu Lebadea in Böotien, dem
hölen- und sümpfereichen lande, verehrt und erteilte orakel,
vornehmlich denen, welche rat in ihrer krankheit suchten. [3]
Hier mag auch allgemein daran erinnert werden, dass als sitz
von orakeln meist hölen und felsschluchten angesehen wurden.
Aber auch bei anderen völkern des altertums wurde in unterirdischen tempelkammern gottesdienst gepflegt, so im cult des
Bel-Mithras bei den Assyrern und später bei den Semiten. [4]

Wenn die bisher angeführten mythen nur religiöse gebräuche in hölen, mit denen sich ein mystischer schlaf verbin-
det, zum gegenstande haben, so stehen wieder andere mit
ihnen durch den gedanken in verbindung, dass götter und
heroen nach ihrem tode nach fernen gestaden versetzt werden,
wo sie in ewigem schlummer oder im zustande der seligen
weilen. Sehr alt ist die erzählung von Kronos und den
Titanen, die nach ihrer besiegung durch Zeus auf einer west-

---

[1]) vgl. Preller [3] II, 119, der sich auf Platos Minos (p. 319), Strabo
(XVI, 762) und Valer. Max. (I, 2.) beruft.

[2]) s. Rohde l. c. 162.

[3]) Preller [3] II, 498 ff.

[4]) cfr. Movers l. c. I, 390. 91.

lich von Britannien gelegenen insel entrückt werden,[1] wo sie nach Plutarch ununterbrochen schlafen. Achill wurde, als seine leiche verbrannt werden sollte, von seiner mutter Thetis nach der insel Leuke im Pontus entführt, wo er später göttliche verehrung genoss.[2] Auch des Endymion darf man hier gedenken, des geliebten der Selene, dem von Zeus ewiges leben in gestalt eines fortdauernden schlummers verliehen ward. In seiner höle wird er allnächtlich von der Mondesgöttin besucht.[3] Spätere sagen sind dann die von der entrückung Alexanders des Grossen[4] und Neros. Der tod der letzteren wurde bezweifelt, so dass sich zweimal betrüger für ihn ausgeben konnten; und besonders die jerusalemer Christen erwarteten in seiner wiederkunft die erscheinung des Antichrists.[5]

In jüngerer zeit, als man sich zur realistischen auffassung mehr hinneigte, wurden dann die stätten, wo götter und heroen in ewigem schlafe lagen, oder wo sie den augen der sterblichen entzogen waren und später verehrung genossen, ihre gräber genannt. So war in der idäischen höle auf Kreta Zeus, in seiner grotte Endymion begraben[6]; Minos' grabmal, der im fernen abend gestorben war, wurde auf Sicilien gezeigt,[7] das des Iolaus in Sardinien;[8] die dem Cadmus und der Harmonia geheiligten steine in Dalmatien werden als ihre grabmäler gedeutet,[9] Xerxes soll das des semitischen Bel zer-

---

[1] s. Preller I, 50; Rohde l. c. 159 f.; Grimm, Mythol.[4] 694 f.

[2] Preller[3] II, 438.

[3] Preller[3] I, 363 f.; Heinrich, Epimenides, s. 49 ff, der ihn als historische person auffasst, welche ein zurückgezogenes leben führte; hieraus soll sich die sage vom schlaf ebenso wie bei Epim. entwickelt haben.

[4] Rohde l. c. 159.

[5] s. E. Koch, die Sage vom Kaiser Friedrich, Grimma. Progr. 1880. s. 39.

[6] Rohde l. c. 162.

[7] Preller[3] II, 122.

[8] Movers II, 567.

[9] ib. 91.

stört haben [1]) u. s. w. Diese letzte vorstellung scheint, besonders in anbetracht vorstehender citate, von den Phöniciern zu
den Griechen gekommen zu sein.

Klar treten aus diesen mythen gewisse beziehungen zu
den germanischen sagen von bergentrückten helden hervor;
doch um die natürlich sich ergebende frage, ob wir direkte
einwirkung der Griechen und Phönicier auf dieselben darin zu
suchen haben, beantworten zu können, müssen wir die germanischen sagen erst etwas genauer betrachten und mit ähnlichen anderer völker vergleichen.

Die bekannteste dieser art ist wohl die von kaiser Friedrich im Kyffhäuser. [2]) Er haust dort im innern des
berges mit seiner tochter und seinem ganzen hofstaat, und sitzt
in tiefem schlafe an einem tisch, durch den sein langer bart
wächst, bis seine stunde gekommen ist. Dann wird er erwachen,
eine grosse schlacht schlagen und seinen schild an einen dürren
ast hängen, und der baum wird wieder zu grünen anfangen.
Menschen, die in den berg gelangen, frägt er, ob die raben
noch um den berg fliegen. Die unschuldigen und braven werden von einem zwerge oder der prinzessin reich beschenkt.
Ein armes brautpaar, das zu ihm kommt, um sich gerät zur
hochzeit zu leihen, wird freundlich aufgenommen, beköstigt und
mit einem korbe geschirrs entlassen. Als die beiden brautleute
aber zurückkehren, sind 200 jahre verflossen, die ihnen wie
wenige stunden erschienen sind. Ein hirt, der eine verlorene
ziege suchend in die gesellschaft der ritter des kaisers gerät
und mit ihnen trinkt, glaubte sich nur kurze zeit dort aufge-
halten zu haben. Aber bei seiner heimkehr findet er, dass 20
jahre seitdem vergangen sind. Ähnlich ist die sage von einem
schwedischen bauer, der seine rosse sucht, aber in einem berge
mit rittern trinkt und so unbewusst 40 jahre verlebt. (s. W.

---

[1]) ib. I, 153.
[2]) s. Grimm, Mythol.⁴ 797 ff., Otmar, Volkssagen, Brem. 1800,
s. 134 ff. Büsching, Volkssagen, 319 ff. 455 ff. Witzschel, Sagen aus
Thüringen 256 ff. E. Koch, die Sage vom Kaiser Friedrich; Bechstein,
Thüring. Sagen IV, 29 ff. etc.

Hertz, Deutsche Sage im Elsass 271., der auch eine derartige erzählung von einem ziegenhirten in Wälschtirol berichtet). Indem ich die weit verbreiteten sagen von zwergen, weissen jungfrauen, schätzen und wunderblumen hier übergehe, [1] wende ich mich zu den andern deutschen mythen von schlafenden kaisern, helden und geisterheeren.

Es wohnt könig Karl im Odenberge und im Unterberge bei Salzburg, [2] Siegfried, Wedekind, Arminius und Ariovist im bergschlosse Geroldseck, [3] Wedekind in der Babilonie bei Mehnen an der Weser; in einer felskluft am Vierwaldstättersee schlafen die drei stifter des schweizerbundes. Im Guckenberg bei Fränkisch Gmünden ist ein kaiser mit seinem ganzen heer versunken, und vom Donnersberge bei Worms wird bereits im jahre 1223 erzählt, [4] dass eine grosse schar geisterhafter krieger aus ihm herausziehe und wieder zurückkehre. Auch auf dem Lügenfelde und dem Nordfelde im Elsass hat man zu zeiten solche gespensterheere, geharnischt und auf rossen, mit blut bedeckt, gesehen, und das tosen des kampfes unter der erde gehört. [5] In einem gewölbe bei Kronburg sitzt Holger Danske mit geharnischten männern um einen tisch; nach einer schwedischen volkssage finden schiffer auf einer einsamen insel einen dorthin entrückten blinden riesen. Aber auch bei nichtgermanischen völkern treffen wir dergleichen sagen. So erwarten die Briten die wiederkehr ihres entschwundenen königs Artus, der mit Felicia, der Sibylle tochter, und der göttin Juno in einem berge haust. [6] Von dem könige Herla

---

[1] s. Witzschel, l. c. no. 173, 193, 244 etc. Schambach-Müller, Niedersächs. Sag. u. Märch. no. 105—33., s. 349 ff. u. s. f.

[2] wo andere aber Karl den Fünften hausen lassen.

[3] s. Moscherosch, Gesichte Phil. v. Sittewald, vgl. Stöber, Sagen des Elsasses, s. 236.

[4] Grimm, l. c. 797.

[5] Stöber, l. c. s. 17, 43, 122, der hierbei an den mythus von der Walhalla erinnert.

[6] s. Grimm, l. c. 802, Dunlop-Liebrecht, Prosadichtungen s. 93 anm. 167, wo an die bret. sage von Morvan Lez-Breiz und die span. von

erzählen sie, dass er auf der hochzeit eines zwergkönigs in einem berge 200 jahre zubrachte, während er nur drei tage dort gewesen zu sein meinte. (s. W. Hertz, l. c. s. 266). Die Slaven glauben, ihr geliebter S v a t o p l u k werde einst zurückkehren, und gleiches versichern die Serben von ihrem helden K r a j e l v i ć M a r k o, der in einer höle der Sumadia schlafen soll, bis die stunde der befreiung des landes schlägt.

Doch um zu den germanischen mythen zurückzukehren, so ist noch die vom ritter T a n n h ä u s e r hervorzuheben, welcher im H ö r s e l b e r g e bei frau H o l d a, die später V e n u s geheissen ward, lange zeit weilte. Ob dieser sünde sollte er erst dann vergebung erhalten, wenn ein dürrer stab grünen würde. Sie zieht mit dem wilden heere umher, ihr voran der getreue E c k a r t.[1] In einem bei Uhland[2] abgedruckten liede heisst es: „ein jahr war ihnen eine stundi.“[3] Schon früh im 14. jahrhundert ist diese sage bekannt, doch verbreitete sie sich erst im 15., wo mehrere gedichte Tannhäuser und frau Venus[3] besingen. Ähnlich, bis auf den schluss, ist die in einem altfranzösischen prosaroman überlieferte mythe von O g i e r l e D a n o i s, einem der paladine Karls des Grossen. Er vermählt sich mit einer fee und wohnt mit ihr im zauberschloss auf dem Magnetberg. Eine krone, die sie ihm aufsetzt, macht ihn die zeit vergessen, und als sie dieselbe wieder von seinem haupte hebt, verlangt er zu Karl dem Grossen zurückzukehren. Allein der war schon lange tot, denn 200 jahre waren inzwischen vergangen. (s. Hertz, l. c. 266).

Die hier aufgezählten deutschen mythen weisen klar auf das heidentum zurück: die kaiser und helden, die im berges-

---

Boabdil-el-Chico erinnert wird. In Mähren erwartet man die wiederkehr des verlorenen fürstenkindes Jecminek, in Böhmen die St. Wenzels und der schläfer im berge Blanik.

[1] vgl. Grimm, l. c. 377, 780; Witzchel, l. c. no. 127—135.

[2] Volkslieder s. 770.

[3] s. Wackernagel, Gesch. d. dtsch. Lit.[2] I, 373, 82. — Von ähnlichen sagen bei Briten und Schweden handelt Grimm, l. c. 781, anm. 1.

schosse ein traumartiges leben führen, sind alte götter, insbesondere Wuotan und Donar. Auf ersteren deutet der weisse
bart, welchen die sage dem kaiser Karl im Unterberge an-
dichtet, der rote Friedrichs erinnert an letzteren. [1]) Die
raben, welche um den berg fliegen, weisen auf Odins raben
Huginn und Muninn zurück, die grosse schlacht entspricht
der heidnischen vorstellung vom kampfe bei dem weltuntergang
u. s. f. [2]) Dass aber auch götter dem tode und schlafe unter-
worfen waren, geht aus mehreren altnordischen mythen hervor. [3])

Wie nun diese uralten heidnischen ideen auf historische
persönlichkeiten übertragen worden, lässt sich nicht unschwer
erklären. Starb ein gewaltiger held oder ein geliebter fürst,
so wollte das volk an diesen tod nicht glauben. Immer hoffte
es auf seine wiederkehr, besonders in den zeiten der not und
des elends. Die berge, welche einst den göttern geweiht waren,
in deren innerem sie ihre wohnung hatten, wurden dann als
die behausung jener verstorbenen angesehen; dort sassen sie
in schlummer gebannt, bis die stunde der erlösung geschlagen
hätte. Am deutlichsten lässt sich diese sagenbildung bei Friedrich Rotbart im Kyffhäuser erkennen. Schon frühe erwartete das volk die wiederkehr eines kaisers dieses namens,
wenn man zunächst auch an Friedrich II gedacht zu haben
scheint. Es erschienen betrüger, die sich für den kaiser ausgaben, deren einen Rudolf von Habsburg im jahre 1285 hinrichten liess. [4]) Gedichte des 14. jahrhunderts [5]) zeigen, wie
weit die hoffnung auf das wiedererscheinen kaiser Friedrichs
verbreitet war; doch dachte man zunächst bei seiner rückkehr

---

[1]) Schambach-Müller in den Niedersächs. Sagen u. Märchen, s. 399 f.
anm. 1, sind dagegen der ansicht, dass lange bärte und verändertes
aussehen auf ein verweilen in der unterwelt deuten: personen, die mit
geistern in berührung kommen, werden unkenntlich. (ebenda, s. 396 ff).

[2]) s. E. Koch, l. c. 5 u. 6.

[3]) Grimm, l. c. 265, 275.

[4]) s. Grimm l. c. 800, E. Koch l. c. 14 ff.

[5]) s. Grimm s. 799, Maassmann, Kaiserchronik III, 1124 ff.

an die wiedereroberung des heiligen grabes und die unter-
drückung der übermacht der kirche.

Die erste nachricht, dass ein kaiser Friedrich gerade im
Kyffhäuser weile, stammt aus einer chronik des jahres 1426,[1])
erst ein jahrhundert später jedoch finden wir die ausdrückliche
beziehung auf „Kaiser Friedrich den erst seines namens, mit ainen langen rotten bart, den die Walhen
nenten Barbarossa".[2]) Die sagen, welche sich dann mit
dem Kyffhäuser verbanden, sind etwas jüngeren datums ihrer
aufzeichnung nach: von einigen hören wir bereits im 17. jahr-
hnndert, andere — so die vom verschlafen der zeit — sind erst
in Otmars sammlung aus dem jahre 1800 abgedruckt worden,[3])
doch mögen sie alle viel früher im volksmunde gelebt haben.

Aber noch in neuester zeit haben ähnliche sagenbildungen
stattgefunden. So wollten die Böhmen sich nicht vom ableben
Josephs II. überzeugen lassen; sie meinten, er würde in Rom
von den pfaffen in einem unterirdischen kerker gefangen gehalten. Es gelang so einem betrüger im jahre 1826 geld sich zu
erschwindeln, indem er sich für den kaiser Joseph ausgab.[4])
Und noch vor ganz kurzer zeit hatte sich in München das
gerücht verbreitet, könig Max II. sei nicht gestorben, sondern
auf eine insel entrückt, wo ihn ein im kriege von 1870 ge-
fangener und seitdem verschollener soldat gesehen haben soll.[5])

Es sind nun jedoch an verschiedenen orten sagen vorhanden, welche vom verschlafen langer zeiträume handeln,
ohne sich an bestimmte historisch-mythische personen anzu-
schliessen. So flüchtet sich ein schäfer vor dem regen in eine
höle bei der Wettenburg am Main und verfällt dort in einen

---

[1]) des stadt-pfarrers Engelhusius zu Einbeck, E. Koch s. 15.
[2]) in einem büchlein, das zuerst 1519 gedruckt ward; s. ib. s. 16;
Maassmann l. c.
[3]) s. Witzschel, l. c. no. 270 ff., die literarischen nachweise.
[4]) s. Dunlop-Liebrecht, anm. 167.
[5]) s. E. Koch, l. c. s. 12 anm. 27, nach einem bericht der National-
zeitung vom 29. Jan 1874.

schlaf, der 7 mal 7 jahre dauerte; [1] zwei bauern gehen in eine
höle bei Trier, um sich vor dem unwetter zu schützen, verschlafen dort jedoch 100 jahre; [2] chroniken berichten, dass
einer 7 jahre lang in einer luke auf dem Dom zu Lübeck
geschlafen habe, ohne dass jemand es gewusst, dann sei er
wieder wohl und munter zum vorschein gekommen. [3] Ein
totengräber ladet einen toten zu gast, der bei ihm isst und
trinkt. Der tote erwidert die einladung, und der totengräber
wird feierlich aufgenommen u. s. w. Als er nach hause kommt,
erkennt ihn niemand, da 600 jahre vergangen sind. [4] Ein
mädchen, welches bei zwergen gegessen und getrunken, hat
unbewusst 300 jahre bei ihnen verweilt. Ähnliches wird von
einer frau erzählt, die eine nacht in Hans Heilings behausung zugebracht zu haben meint, jedoch 100 jahre ausgeblieben ist. [5] Ein kornfuhrmann wird im thüringischen
Singerberge von einem eisgrauen männchen bewirtet und
über nacht beherbergt. Als er nach seinem heim zurückkehrt,
stellt es sich heraus, dass er dort 100 jahre verschlafen habe. [6]
Derartige geschichten gehen aber auch von den schottischen elfen um, welche menschen in ihre behausung locken,
damit sie mit ihnen tanzen oder ihnen vorspielen. So glaubte
ein jüngling eine halbe stunde mit ihnen gesprungen zu sein,
es war jedoch bereits ein jahr vergangen, als er von seinem
bruder erlöst wurde. Zwei musikanten, die ihnen vorgeigen
müssen, kehren nach längerer zeit zurück: einer der leute,
denen sie begegnen, erinnert sich gehört zu haben, dass zwei
spielleute bei seinem urgrossvater gewohnt hätten und spurlos

---

[1] Mone's Anzeiger VII, 54, 12. — Schäfer im nördl. Ungarn und
Böhmen verschlafen herbst und winter in schlangenhölen. s. Vernaleken,
progr. d. Schottenf. realschule zu Wien 1868/69, 12 u. 18.

[2] J. W. Wolfs Ztschr. f. d. Mythol. 194. Über eine ähnliche sage
bei Beidhâwi, in Sale's Al Koran, II, 112 g. vgl. kap. V.

[3] Büsching, l. c. 458/59.

[4] s. Schambach-Müller l. c. s. 378, Müllenhoff, 236.

[5] ebenda s. 397.

[6] Witzschel l. c. no. 179, vgl. auch Hertz, l. c. 270 u. 277.

verschwunden wären. [1]) In Schweden fürchten mädchen die
elfen an ihrem hochzeitstag. Einst ritt ein bräutigam aus,
aber er wurde von elfen im walde angelockt. Er glaubte mit
ihnen eine stunde getanzt zu haben, doch 40 jahre waren vergangen und seine braut war vor gram gestorben.

Eine derartige sage erzählt auch Washington Irving
in seinem Sketch-Book von Rip van Winkle, der sich
wegen ehelichen unfriedens von hause entfernt und in die
Catskillberge am Hudson wandert, wo er mit dämonen zecht
und in einen tiefen schlaf verfällt. Als er erwacht, sind 20
jahre verflossen, und er findet in seiner heimat alles verändert
vor u. s. w. [2])

Auch in den hieher gehörigen deutschen sagen spielen
zwerge eine rolle. Sie gelten häufig als hüter von schätzen
und beschänken gute und unschuldige menschen. Diese vorstellung ist gleichfalls eine sehr alte: ich erinnere nur an
Elberich, den hüter des Nibelungenhortes. Zwerge hausen in
felshölen, verfertigen kunstvolle waffen und geräte [3]) und sammeln schätze. Sie stehen als solche mit den schmiedenden
göttern Wielant und Vulcan in verbindung. Aber sie haben
auch die eigenschaft, sich unsichtbar zu machen, und tragen
zu diesem zwecke tarnkappen, ähnlich wie die Kabiren und
Patäken der alten mit hüten dargestellt wurden.

Noch habe ich einer andern gruppe von mythen erwähnung
zu tun, die sich von den vorigen durch einige gemeinsame
züge nicht unwesentlich unterscheiden. In ihnen ist nicht ausdrücklich die rede vom schlafe in hölen, sondern nur vom ver-

---

[1]) s. Grimm, Irische Elfenmärchen. s. XXII ff. LXXVIII; Hausmärchen, 39, Dtsche. Sag. 151.

[2]) W. Irving scheint diese erzählung selbst erfunden zu haben.
Sie erschien zuerst im Mai 1819; doch mögen deutsche sagen darauf
eingewirkt haben, da der dichter sich 1818 mit dem studium des deutschen beschäftigte. Wahrscheinlich hat aber auch ein besuch bei Walter
Scott im vorhergehenden jahre auf diese richtung einigen einfluss geübt,
s. Pierre Irving, Life & Letters of W. Irving, I, 318 ff, 329, 340, 843 f., 348.

[3]) vgl. Grimm, Myth. ᵗ70, 76, 77 etc. Elfenm. LXXXVIII.

gessen der zeit: jahre und jahrhunderte gehen an menschen, welche mit göttlichen wesen in berührung kommen oder sich in gedanken an das göttliche versenken, vorüber wie wenige stunden. Als älteste sagen sind wohl die aus den indischen Purana zu betrachten. Es wird dort vom Könige Raiwata erzählt, dass er zu Brahma kommt, um ihn über die vermählung seiner tochter zu befragen. Er lauscht einem himmlischen liede, und als er darauf Brahmas rat einholen will, teilt dieser ihm lächelnd mit, dass bereits 20 menschenalter verflossen seien. Etwas anders ist die vorstellung bei den Indern, dass unter den küssen himmlischer frauen asketischen männern jahrhunderte wie ein augenblick verrinnen. [1]

Ein hohes alter hat ebenfalls die überlieferung im Talmud, der im vierten und fünften jahrhundert n. Chr. etwa niedergeschrieben wurde. Ich teile sie hier nach einer abhandlung Jos. Schauers in Geigers jüdischer Zeitschrift[2] mit, welcher sie nach Talm. Tr. Taanith f. 23a erzählt.

„Chone Hamagel wunderte sich, so oft er an die stelle Psalm 126. 1 (Luther: „Wenn der Herr die gefangenen erlösen wird, so werden wir seyn wie die träumenden“) kam, und rief dann aus: „Schläft denn jemand siebenzig jahre träumend?“ Eines tages, als er sich auf einer reise befand, sah er einen mann, der damit beschäftigt war, einen johannisbrotbaum zu pflanzen; da sagte er zu dem pflanzer: „Es ist bekannt, dass ein solcher baum erst nach 70 jahren früchte trägt; nun weisst du auch, dass du noch 70 jahre lebest?“ Darauf erwiderte dieser: „Ich habe johannisbrotbäume vorgefunden, und so wie meine vorfahren für mich gepflanzt haben, will ich für meine nachkommen pflanzen.“ — Nach diesem gespräche setzte sich Chone in der nähe des baumes nieder und ass. Hier schlief er ein und gleich darauf zog sich ein

[1] s. W. Hertz, l. c. s. 272 f.
[2] V, 39—44 (Bresl. 1867); vgl. Maassmann, Kaiserchronik III, 777 f; d'Ancona, Sacre Rappresentazioni II, 349; Gödecke, Deutsche Dichtung im Mittelalter, 1854, 227.

felsen um ihn herum, unter welchem er 70 jahre ungesehen
in den armen des schlafes ruhte. Nachdem er wieder erwacht
war, sah er einen mann früchte pflücken von demselben baume,
der vor seinem einschlafen gepflanzt worden war, und fragte
diesen mann, der ihm auch ganz unbekannt war, wer diesen
baum gepflanzt habe, worauf dieser seinen grossvater als den
pflanzer angab. Da sagte Chone: „Ich habe gewiss 70 jahre
geschlafen." Jetzt ging er in sein haus und fragte nach seinem
sohne, bekam aber die antwort, dieser lebe nicht mehr, dessen
sohn sei nur da. Er gab sich zu erkennen, fand aber keinen
glauben und begab sich in das *beth hamidrasch*. Hier ging
es ihm nicht besser u. s. w. Dadurch wurde ihm das leben
zuwider und er sehnte sich nach dem tode, der ihn auch bald
erreichte. Der Talmud führt mit bezug hierauf das sprichwort
an: „Entweder gesellschaft, oder den tod."

Mit nur unbedeutenden varianten findet sich diese sage
bei Tendlau.[1]) Er nennt den baum einen bockshornbaum und
fügt den eigentümlichen zug hinzu, dass Chonai nach seinem
erwachen bemerkt, wie der esel, auf welchem er vorhin geritten
war, sich zu einer ganzen herde vermehrt hat. Etwas abweichend — abgesehen von der mehr novellistischen färbung —
ist die darstellung dieser mythen bei Levi in den „Parabeln,
Legenden und Gedanken aus Thalmud und Midrasch."[2])
Es fehlt die begründung des nachsinnens des „Rabbi Chonia"
durch die einwirkung des eben citierten psalms; dafür heisst
es allgemein: er war bei einem spaziergange in gedanken
versunken über die grossen wunder und wunderbaren gesetze des Herren, worüber ihm die menschlichen gesetze klein-
lich und lächerlich vorkamen. Er trifft dann einen greis, welcher einen johannisbrotbaum pflanzt, und spinnt mit ihm ein
gespräch an. Da Chonia findet, dass der pflanzer für seine
kinder sorgen will, so schätzt er diese sorge für die zukunft

---

[1]) Das Buch der Sagen und Legenden jüdischer Vorzeit, Stuttgart
1842. s. 186 ff.

[2]) übers. v. L. Seligmann, Leipz. 1877, s. 218 ff.

gering, setzt sich in das grass, isst ein stück brot — was übrigens auch Tendlau erwähnt — und sinkt in einen tiefen schlaf u. s. w. Er erwacht und sieht einen **knaben**, der vom baume früchte sammelt. Im übrigen stimmen dann die beiden berichte überein. —˙ Auf eine andere auffassung deutet jedoch eine hierauf bezügliche notiz bei d'Ancona:[2]) „*Vedi nel Talmud gerosolimitano, tratt. Taänit., c. 3, e nel Babilonese, Taänit 23, il racconto di Choni Hamma'agel che dormi 70 anni in una spelonca, durante gli anni della distruzione del tempio.*" Nach diesen worten würde die legende wieder mit denen vom hölenschlafe im zusammenhange stehen.

Etwas ähnliches bieten **chinesische sagen**, wenn bei ihnen auch der tiefere zug des nachsinnens über die unendlichkeit der zeit fehlt. Eine solche sage berichten uns ein drama aus dem 14. jahrhundert und der roman Yu-Kiao-Li kurz folgendermassen: Zwei jünglinge gingen aus, heilkräuter zu suchen, (nach dem drama werden sie von einem gotte zu einer grotte geleitet) und assen von einem pfirsichbaum. Da erschienen zwei frauen von göttlicher schönheit, mit denen sie sie sich vermählten. Als sie endlich zu ihrem dorfe zurückkehrten, fanden sie, dass eine lange zeit (100 jahre, resp. 7 generationen) verflossen waren. Das drama setzt noch hinzu: die fichten, welche der eine von ihnen gepflanzt hatte, waren zu hohen bäumen geworden. In seinem hause wohnte sein enkel, und heimatlos musste er von dannen ziehen, bis er wieder dem leitenden gotte begegnete.

Die **arabische dichtung** legt dagegen die fülle göttlicher jahrtausende in einen irdischen augenblick, so in der legende von Mohammeds himmelfahrt. Der prophet wird vom engel Gabriel in einer nacht durch alle sieben himmel geführt, eine reise, die millionen von jahren in anspruch nehmen würde. Doch als er zurückkehrt, findet er, dass sein bett noch warm ist. Nach den märchen aus 1001 Nacht wird der die wahrheit dieser legende bezweifelnde sultan von Aegypten von

---

[2]) l. c. s. 349.

seinem irrtum durch den scheich Schahabeddin überführt, indem dieser ihn seinen kopf in eine wasserkufe tauchen lässt. In diesem augenblicke durchlebt der könig sieben jahre voll abenteuerlicher schicksale. [1])

Im Abendlande kommen wir nun zu· einer legende, die den gedanken der idealität der zeit auf andere weise veranschaulicht. Die älteste form dürfte die in einer lat. handschrift aus dem anfang des 13. jahrhunderts überlieferte sein, deren abfassung jedoch noch in das 12. hinabreichen wird. [2]) Ihr vermutlicher redaktor, Engelhard von Langheim, erzählt sie nach dem mündlichen berichte eines ungelehrten mannes, der sie aber von einem studierten erfahren haben will. [3]) Die legende lelbst bezieht sich auf die gründung eines Cluniacenser klosters in den italienischen Alpen und lautet kurz also: Ein herzogssohn ist im begriffe sich zu verheiraten und alles wird zum feste vorbereitet. Vorher jedoch reitet er zu einer am bergabhange gelegenen kirche und verrichtet dort ein inbrünstiges gebet. Bei seiner rückkehr trifft er einen greis auf einem maultier reitend, den er zum feste einladet. Der fremde sagt zu und erscheint, bei seinem scheiden ladet er jedoch den herzogssohn ein, nach drei tagen seinen besuch zu erwidern. Der jüngling folgt der aufforderung und findet an einer vorher bezeichneten stelle das maultier des greises, das ihn durch rauhe bergpfade zu einem lieblichen gefilde führt. Vögel begrüssen ihn mit süssem gesange und begleiten ihn zur wohnung der seligen. Dort wird er von seinem gastgeber freundlich empfangen und weilt bei ihm seiner meinung nach drei stunden. Doch dreihundert jahre sind verflossen, als er wieder zurückkehrt. Er klopft an die pforte seines ehemaligen schlosses, das von seinen eltern zu einem kloster umgestaltet worden

---

[1]) Ich entnehme diese orient. mythen aus dem bereits mehrfach citierten buche von W. Hertz, s. 273—76, auf den ich bezüglich der literaturangaben und einiger anderer stoffe verweise.

[2]) von Schwarzer in der ztschr. f. d. phil. XIII, 338 ff. veröffentlicht.

[3]) ebd. s. 351.

ist, und erfährt nun, welcher zeitraum seit seiner entfernung
verflossen ist. Der abt empfängt ihn jedoch mit freuden und
ein gastmahl wird hergerichtet. Da der herzogssohn sich aber
seither der speise enthalten hat, wird er jetzt, da er irdisches
brot berührt, plötzlich zum greise und stirbt bald darauf eines
sanften todes, gleichsam als ob er nur schliefe. Er wird darauf
feierlich bei seiner gemahlin beigesetzt. — Mit einigen abweichungen, die jedoch durch ein genaueres anschliessen an das
geschriebene original beider erklärt werden können, steht
dieselbe erzählung in Vulpius' „Curiositäten" (Bd. I, st. 2,
s. 179—189, aus dem jahre 1811). Sie heisst dort „Der wel-
sche herzog im Paradiese" und wird nach einer dtsch.
hs. aus dem 15. jahrh. mitgeteilt. Nach ihr ist der vater
des herzogs bereits vor dessen hochzeit gestorben; der herzog
bittet Gott, ihm seine keuschheit zu erhalten, worauf ihm ein
engel in gestalt jenes greises erscheint, der sich Otheos nennt.
Der herzog wird später einen tag nach dem abschiede desselben eingeladen, dann werden aber die umstände nach dem
verschwinden des jünglings berichtet, worauf erst die beschreibung des Paradieses folgt. Hier heisst es ausdrücklich, dass
der jüngling in einer stadt empfangen ward, wogegen (l. c.
s 344) die lat. redaktion sagt: „*Non memini, utrum urbs fuerit
an tabernaculum.*" Auch W. Hertz (l. c. s. 268) berichtet
diese sage nach Korners niederdeutscher Chronica
novella (um 1425). Dort ist der held der erzählung ein graf
Loringus von Benemontis; das abenteuer mit dem greise passiert
ihm im jahre 834, und seine abwesenheit währt 346 jahre. [1]

Gegen ende des 12. jahrhunderts dürfte auch die afrz. bearbeitung in den predigten des Maurice von Sully entstanden sein, die Paul Meyer in der Romania [2] nach 14 handschriften und einem alten drucke publiciert hat. Als mehr
oder weniger mittelbare quelle diente diese dann den deutschen redaktionen, deren älteste, fragmentarische, noch dem

---

[1] vgl. R. Köhler, ztschr. f. d. phil. XIV, 96 ff. u. d. nachtrag.
[2] V, 473 ff.

13. jahrh. zugeschrieben wird. [1] Die jüngere steht in v. d.
Hagens Gesammtabenteuern [2] und ist dort Felix im Paradiese betitelt. Nach ihr wandelt ein Cistercienser mönch,
Felix, in gedanken über das ewige versunken in der nähe
seines klosters. Da wird er durch den süssen gesang eines
vögleins immer weiter gelockt und schaut die wonnen des
Paradieses. Er kehrt nun in sein kloster zurück, aber niemand
erkennt ihn dort, denn hundert jahre sind unbewusst an ihm
vorübergegangen. Diese sage ist endlich von C. W. Müller
als „Der Mönch von Heisterbach" neu bearbeitet worden. [3]

Mit demselben grundgedanken, wenn auch in etwas ver-
änderter form, schliesst sich hieran ein gedicht, welches bei
Büsching [4] unter dem titel: „Die Braut Christi zu Gross-
wardein in Ungarn" nach einem fliegenden blatte abgedruckt ist. Die tochter des kommandanten weiht sich früh
Christo, aber ihre eltern wünschen, dass sie einen „kavalier"
heirate. Am hochzeitsmorgen geht sie in den garten und ruft
Christus an. Er erscheint ihr in der gestalt eines herrlichen
jünglings und führt sie in den garten seines vaters, und nachdem er ihr dessen pracht gezeigt hat, geleitet er sie zu ihrer
heimat zurück. Da erscheint ihr alles fremd, und die leute
ersehen, dass sie 120 jahre ausgeblieben ist, während sie nur
meint, zwei stunden fern gewesen zu sein. Man setzt ihr nun
speise vor, doch nachdem sie genossen, entschläft sie eines
sanften todes. — Mit einigen varianten findet sich dasselbe
gedicht in „des Knaben Wunderhorn" [5], auch A. Nod-

---

[1] s. Wackernagel, Literaturgesch.[2] 214 anm. 114.

[2] III, 613 ff. und Einl. CXXVII.

[3] s. Stöber, Sagen d. Els. s. 23; Gartenlaube 1881, No. 14. Fernere
redaktionen derselben bei W. Hertz, l. c. s. 115 ff, und 263 ff. Er weist
dort unter anderen eine niederländische, eine niederrheinische, eine lat.
aus anf. des 13. jh. u. s. f. nach.

[4] Volkssagen, Märchen und Legenden, s. 163; vgl. anm. 31.
s. 438. f.

[5] Heidelb. 1806, I, 64—69, Charlottenburg 1845, s. 73—79 unter
dem titel: „Die Eile der Zeit in Gott."

nagel hat diesen stoff als „die Braut im Garten" poetisch
behandelt.[1]) Einer ähnlichen geschichte, „Mariane" betitelt,
im „Breslauer Erzähler"[2]) gedenkt Büsching a. a. O. Von
einem verschwundenen bräutigam endlich berichtet eine
elsässische sage. In Mühlhausen sollte ein paar getraut
werden, da wird plötzlich an der schwelle des Gotteshauses
der bräutigam vermisst. Alles suchen ist vergebens. Endlich
nach hundert jahren kommt ein junger wandersmann zur stadt
in altertümlicher kleidung. Es ist der verschwundene bräutigam,
der nun erzählt, dass ihm beim eintreten in die kirche der
gedanke aufgestiegen sei: wie wird's wohl in hundert jahren
bei uns aussehen, und wer wird's erleben? Da habe ihn plötzlich alles bewusstsein verlassen, und was weiter geschehen sei,
wisse er nicht. Er wird nun zum grabe seiner braut geführt,
wo er vor aller augen zu staub und asche wird.[3]) — Einen nur
losen zusammenhang mit unsern mythen hat die mehrfach behandelte von dem irischen ritter Tundalus[4]), welcher einen
gottlosen lebenswandel führt, plötzlich in ein totenähnlichen
schlaf fällt und in diesem durch hölle und himmel geführt wird.
Nach einigen tagen erwacht er aber, bereut seine sünden und
weiht sich fortan einem frommen leben.

Endlich sei nocheine sage erwähnt, die in sehr ähnlicher gestalt in Böhmen, wie in Flamland erzählt wird.[5]) Eine mutter
weiss ihre kinder nicht zu ernähren und ist im begriff sie zu
töten. Da raten diese ihr, sich hinzulegen und die zeit zu verschlafen. Es geschieht — und, nach der einen überlieferung, waren

---

[1]) s. Stöber, Sagen des Els., s. 23.
[2]) VI, 585—89. — Ein wendisches volkslied citiert neben andern
W. Hertz, l. c., s. 269.
[3]) Stöber, l. c. 21, W. Hertz l. c. 115 f.
[4]) s. Wackernagel, Literaturgesch. I, 203, 452; Pfeif. Germ. IX, 260,
274 ff. u. s. w. Die neuste arbeit hierüber ist die von Albrecht Wagner,
Visio Tnugdali, lat. u. altd., Erlangen 1882, deren älteste aufzeichnung
in die zeit von 1150—60 (s. XXV) gesetzt wird.
[5]) Grimm, Kinder- u. Hausmärchen, 1815, II no. 57; J. W. Wolf,
Niederländ. Sagen, Lpz. 1843, no. 163.

sie gar nicht mehr zu erwecken, und die frau war verschwunden. Nach der andern schliefen sie nur bis zum herbste, und erhielten dann viel almosen von fremden, die sie zu sehen kamen. Diese erzählung scheint mir jedoch auf einem physischen vorgange zu beruhen, wie ihn gelegentlich zeitungen berichten.

Die bisher besprochenen sagen — mit ausnahme der letzten — weisen, trotz mancher von einander abweichender züge, gemeinsame beziehungen auf: sie alle gehen auf uralte religiöse vorstellungen zurück. Zur zeit, als noch reine naturgottheiten verehrt wurden, stellte man sich vor, dass der Sonnen- oder Licht-gott zur zeit des winters besiegt oder getötet wurde und mit dem nahenden frühling zu neuem leben erwachte — so der phönicische Melkart, der nordische Baldur. Die gottheiten, welche das unterirdische wirken der naturkraft repräsentierten — Vulcan und Wieland mit ihren dämonen — dachte man sich im innern von bergen, in hölen und felsgrotten hausend. Später, als die götter personificiert, mit menschenähnlicher, wenn auch übermenschlicher gestalt begabt aufgefasst wurden, übertrug man jene allgemeinen züge auf bestimmte vorgänge, die an bestimmten orten geschehen sein sollten. Im weiteren verlaufe brachte man dann vorzügliche helden mit den göttern in verbindung, liess sie von ihnen abstammen und die den göttern selbst zugeschriebenen taten von ihren abkömmlingen in symbolischer umdeutung verrichten. So ward Melkart zu Herkules, Baldur zu Siegfried. Die gefallenen heroen, die enttrohnten götter werden jedoch nicht als verwesende tote gedacht, sondern führen ein traumhaftes leben im innern der berge und auf fernen inseln. Doch als die zeit des naïven glaubens schwand, als in Nordeuropa das christentum eingeführt ward, da sanken jene alten gottheiten und heroen immer tiefer in ihrem ansehen: sie wurden zu gebannten geistern, welche schätze hüteten und ihrer erlösung harrten.

Aber wie man schon in früher zeit von menschen, die mit ausserordentlicher weisheit oder kunstfertigkeit begabt waren, meinte, sie wären mit den göttern in verbindung getreten und zu ihren wohnsitzen, deren zugang die ihnen geheiligten hölen bildeten, vorgedrungen, so dachte man sich auch später, als die götter zu dämonen und gespenstern herabgestiegen waren, dass gewisse unschuldig gläubige leute zu ihrer behausung zutritt erhielten. Natürlich war es nun, dass eine solche rolle meist hirten und reinen jungfrauen zuerteilt wurde. Denn nicht der nach ansehen und reichtum ringt, der aus büchern gelehrsamkeit schöpft, sondern das einfache naturkind ist zum verkehre mit jenen auserkoren. Oder, wenn man hier einer realistischen deutung nachgehen will: gerade personen, welche sich tage lang in einsamer gegend aufhalten, sind dazu geneigt, phantastische gestalten in nebel und wolken zu sehen, im heulen des windes, im flüstern der blätter, im rauschen des wassers stimmen zu vernehmen.

Da nun ferner dem schlafe der götter und heroen eine unendlich lange zeit zugeschrieben wurde, so nahmen auch die menschen, welche zu ihnen gelangten, an dem ewigen gewissermaassen teil: tausend jahre sind bei Gott wie ein tag. Auch der, welcher seine gedanken vom irdischen abwendet und allein über göttliches nachsinnt, verspürt einen hauch der ewigkeit, auch er verbringt lange zeiträume träumend wie wenige stunden. Kehren diese leute dann in ihre heimat zurück, so finden sie alles verändert — alles, was ihnen einst nahe gestanden, ist verschwunden, sie selbst erkennen, dass sie nicht mehr dahin gehören und scheiden bald aus diesem leben.

Vielfach findet sich dabei der zug, dass die, welche aus vorwitz oder himmlischer sehnsucht mit den überirdischen wesen in verkehr treten, bei ihnen speise zu sich nehmen und dadurch der heimkehr vergessen.[1]) Kann man aus diesem grunde und dem umstande, dass in mehreren unserer mythen die wiederkehrenden personen entstellt und gealtert erscheinen, diese sagengruppe mit einem symbolisch angedeuteten verweilen in den unterwelt in verbindung setzen,[2]) so sind doch andere züge vorhanden, welche

---

[1]) vgl. Schambach-Müller l. c. 386 ff.
[2]) vgl. Schambach-Müller l. c. 396 ff.

einen solchen zusammenhang wieder zweifelhaft machen. Als gemeinsames merkmal unserer mythen möchte ich daher eine naïve anschauung oder dunkle ahnung von der idealität der zeit erkennen,[1]) die sich an alte mythen von göttern und heroen oder solche von sterblichen, welche in ihre behausung dringen, anlehnen.

Vorhin haben wir gesehen, dass sich die ältesten derartigen sagen bei den Griechen und Indern finden; und nachdem wir jetzt die art der jüngeren germanischen näher erörtert haben, können wir die frage beantworten, ob diese aus jenen hervorgegangen oder autochthone seien. Dass ein teil der deutschen mythen ein hohes alter haben, ist oben gezeigt worden. Sie waren zu einer zeit vorhanden, als von einer einwirkung der griechischen literatur noch nicht die rede sein konnte. Einige der römischen dichter waren freilich schon früh im mittelalter auch diesseits der Alpen bekannt und beliebt: so Virgil, Ovid, Statius u. a. Doch keiner von ihnen handelt, so weit es mir bekannt ist, von schlafenden heroen; auch die erzählung vom Epimenides, dem kretischen seher und hölenschläfer, findet sich nirgend ausführlich genug, um eine nachhaltige, befruchtende einwirkung auf die deutsche sagenbildung wahrscheinlich zu machen. So erwähnt Plinius in der Naturgeschichte (VII, 52) seiner, doch bringt er nur ganz kurz den 57 jährigen schlaf mit andern fällen von scheintod zusammen. Cicero[2]) führt ihn gar nur in seiner eigenschaft als entsühner Athens auf, auch mag man noch hie und da dem namen des Epimenides begegnen, meines wissens aber nicht einer so vollständigen erzählung wie bei Diogenes v. Laërte. Dieser wurde aber erst ende des fünfzehnten jahrh. dem Abendlande zugänglich[3]), und da wäre es möglich, dass ein gelehrter die erzählung von dem schäferknaben, der in einer höle viele jahre verschlief, auf Deutschland übertrug und dass so

---

¹) s. Rohde. Rhein. Mus. XXXIII, s. 208 ff.

²) de leg. II, 11, 28; ähnlich auch Apuleius Maraud., Florida II, num. XV; de magia 27. (ausg. v. Hildebrand, Lpz. 1843).

³) s. Paulys Realencyclopädie s. v.

insbesondere die vom ziegenhirt im Kyffhäuser entstand.[1]
Allein wenn wir in betracht ziehen, dass den griechischen
ähnliche götter- und helden-sagen sich selbständig in Deutschland entwickeln konnten — wobei urindogerm. vorstellungen
immerhin zu grunde gelegen haben mögen — dass ferner von
dem verweilen sterblicher im berginnern bei überirdischen
wesen schon die Tannhäusermythe berichtet, welche lange vor
der Renaissance verbreitet war, so werden wir auch mit recht
darauf schliessen können, dass die idee vem schlafe gewisser
personen in dämonenhölen sich ohne fremde einwirkung gebildet haben mag. Was die orientalischen, besonders die indischen sagen anbelangt, so meine ich, dass die im unrecht
sind, welche bei anklängen in gewissen mythen gleich entlehnung aus dem Morgenlande wittern. Dass erzählungen von
dorther während des mittelalters gelangten, ist ja ausser
zweifel, aber das in jedem falle die ihnen zu grunde liegende
uridee erst aus der fremde importiert werden muste, ist
meiner überzeugung nach gedankenloser schematismus. Hier
möchte ich an diese worte Grimms erinnern[2]: „Wie im
verhältnis griechischer zu der deutschen sprache geht daraus (nämlich aus der ähnlichkeit der mythologien) weder entlehnung noch willkühr, sondern unbewusste urverwandtschaft
hervor, neben welcher bedeutende abweichungen bestehen und
sogar notwendig sind" u. s. w.[3] Wenn die aufzeichnung
solcher mythen eine verhältnismässig junge ist, so ist wohl zu
beachten, wie geringschätzig schreibkundige im mittelalter über
volkssagen dachten; geistliche witterten in den berggeistern
den teufel, gelehrte verachteten den aberglauben. Was uns in
moderner form überliefert ist, mag lange vorher im munde des
volkes gelebt haben.

Und nun denke man sich, welchen eindruck natürliche
hölen und eigentümlich gebildete felsmassen auf das gemüt

---

[1] So vermutet Erw. Rohde, Rh. Mus. XXXV, s. 161. anm., der
andere beispiele von derartiger übertragung fremder stoffe anführt.

[2] Myth. s. 281.

[3] s. auch ebend. s. 781 anm. 1.

von menschen machen musste, die gleiche religiöse vorstellungen aus ihrer gemeinsamen urheimat mitbrachten!
War es nicht natürlich, dass das geheimnisvolle dunkel
der grotten, das schauerliche ihrer umgebung, die an einigen
orten aus dem innern aufsteigenden schwefel- und wasser-
dämpfe den gedanken an wohnsitze unterirdischer wesen weckten? Und brachte die ewige nacht, die im innern herrschte,
nicht gleich die vorstellung vom ewigen schlafe mit sich? War
es nicht gleichsam ein wagnis in die unbekannten tiefen hinab-
zusteigen? So gelangte man wohl zum bilde der unterwelt,
wo ewige finsternis und kälte wohnt, und die seelen der abge-
schiedenen ein schattenhaftes dasein führen. [1])

Doch — wie ich vorhin schon andeutete — nicht mit der
unterwelt selbst haben es die hier behandelten mythen zu tun,
vielmehr weilen die schläfer bei Erdgöttern und solchen, die in die
erde gebannt sind! Es herrscht dort nicht finsternis und trauer,
sondern meist glanz und reichtum. Ja, in den sagen von den
entrückten griechischen heroen und vom welschen herzoge wird
geradezu das land der seligen als aufenthaltsort bezeichnet. In
einzelnen fällen sind die sterblichen wohl gealtert, meist erscheinen
sie aber in jugendlicher frische, im himmlischen glanze wieder
ihren mitmenschen. Erst wenn sie von der dauer des schlafes
kunde erhalten, oder wenn sie irdische speise zu sich nehmen,
tritt das naturgesetz bei ihnen in wirkung: sie werden schnell
zu greisen und scheiden bald aus diesem leben.

Aber ebenso wie natürliche hölen haben auch in einigen
gegenden die grabhügel eines früheren geschlechtes auf die
phantasie eingewirkt. Rohe denkmäler an stätten, wo in vor-
historischer zeit die toten mit geräten und waffen beigesetzt
wurden, finden sich bekanntlich über den grösten teil Europas,
die nordküste Afrikas und in Kleinasien verstreut. Es ist hier
gleichgiltig, ob sich aschenurnen oder gerippe, stein- oder bronze-
waffen im innern befinden, sicher ist es jedoch, dass das volk
in ihnen schon in früher zeit gräber eines vertriebenen gött-

---

[1]) s. Preller[3] I, 633 ff, Grimm, Myth. 668 ff.

lichen geschlechtes[1]) oder ihrer eigenen stammväter sahen.[2])
Da die grabhügel aber einen ungewöhnlich grossen umfang
hatten, und die eigentümlich aufgetürmten felsblöcke das walten
einer übermenschlichen kraft vermuten liessen, so stellte man
sich die darunter begrabenen als riesen vor.[3]) In andern,
besonders keltischen[4]) ländern dachte man sie sich als wohnsitze von elfen und gnomen, deren wohlwollen zu erstreben
war und die man nie ungestraft beleidigen oder vernachlässigen
durfte. In den Niederlanden heissen solche hügel Alfenbergen,
und in ihrem innern sollen schätze verborgen sein.[5]) — Ähnliche vorstellungen herrschten auch bei den orientalischen
völkern. Den Juden war es verboten, wie ihre heidnischen
nachbaren totenbeschwörung zu treiben, womit im zusammenhange steht, dass man die gräber von dämonen bewohnt dachte.[6])
Auch umdeutung von grabhügeln und denkmäler als ruhestätten
bekannter und heiliger personen findet sich dort; so wird z. b.
bei Baalbek ein ca. 40 fuss langer hügel als N o a h s g r a b gezeigt.[7]) Im allgemeinen behandelten alle völker derartige
gräber mit heiliger scheu und es galt als frevelhaft sie zu zer-
stören und zu berauben. Nur in vereinzelten fällen wagten
sich habsucht und religiöse verachtung an sie heran und suchten in ihnen nach schätzen. Dass man die ruhe der toten
nicht stören oder die dort hausenden dämonen nicht reizen
wollte, ist nun auch ursache, dass eine so grosse anzahl solcher
denkmäler bis auf den heutigen tag erhalten sind.

Eines umstandes noch möchte ich erwähnen, durch welchen
solche grabmäler in einem vielleicht zufälligen, doch immerhin

---

[1]) vgl. Weinhold, die heidn. Totenbestattung in Deutschland;
Wiener Acad. der Wissensch. bd. 29, s. 132 ff.

[2]) s. oben s. 29.

[3]) s. Grimm, Mythol. s. 443.

[4]) s. Grimm, Ir. Elfenm. s. XXXVI; Bonstetten, Essai sur les dol-
mens, Genève 1865, s. 26. The Cornhill Magazin 1881, s. 339 ff.

[5]) s. Grimm, Mythol. 376.

[6]) s. Sonntag, die Totenbestattung, Halle 1878. s. 198.

[7]) s. Prutz, aus Phönicien, s. 369.

auffallenden zusammenhange mit der hier untersuchten legende
stehen: es findet sich häufig die zahl sieben bei deutschen
hünengräbern [1]), aber auch in Sardinien giebt es halb-
kreisförmige monolithgruppen von fünf, sieben und neun
grabsteinen, in deren mitte sich ein die andern überragen-
der kegel erhebt. [2]) Obwohl ich das entstehen von mythen
nicht an dergleichen äusserlichkeiten knüpfen will, so ist doch
die möglichkeit nicht in abrede zu stellen, dass das vorkommen
derartiger gräberzahlen auf die localisierung der mythe einigen
einfluss geübt haben mag.

[1]) Stöber, Sag. d. Els. s. 88, wo Nork, Sitten und Gebr. der
Deutschen s. 766 citiert wird.

[2]) s. v. Maltzan, Reise auf der Insel Sardinien s. 276.

III. Kapitel.

Der Ursprung der ephesischen Legende.

Es dürfte nun zeit sein, zu der ephesischen legende zurückzukehren, für die wir aus den bisherigen untersuchungen das resultat gewonnen haben, dass die vorstellung vom langjährigen hölenschlafe göttlicher oder gottbegnadeter wesen eine uralte und weit verbreitete ist und auf gewissen religiösen anschauungen beruht. Allein die formen, in denen uns die verschiedenen mythen überliefert sind, sind von der Siebenschläfersage, trotz mancher übereinstimmungen in der grundidee, alle so weit abweichend, dass wir für diese keine direkte entwickelung aus andern, sondern eine selbstbildung anzunehmen haben, wobei freilich ältere sagenbestandteile einigen einfluss geübt haben müssen. Denn wenn bei den vorhin besprochenen mythengruppen namen, persönliche beziehungen und örtlichkeiten schwanken, so stehen bei der legende von Ephesus doch die localität und die historischen andeutungen, trotz der unsicherheit in den sonstigen angaben, selbst in ferner liegenden aufzeichnungen auffällig fest. Auch die verschiedenen mohammedanischen redaktionen, von denen später eingehender zu handeln sein wird, halten an dem namen Dakianus (=Decius) fest, wenn Ephesus auch nicht immer ausdrücklich genannt wird, doch findet sich dieser name bei einigen chronisten und commentatoren, so bei Masudi, Ibn Alathîr, Zamachscharî, al Beidhâwî u. a., über welche ich unten (kap. V) ausführlichere nachricht gebe.

4*

Die abweichungen anderer [1]) können nicht schwer ins gewicht fallen, besonders wenn man bedenkt, dass bei den Moslemin augenscheinlich mündliche fortpflanzung der legende anzunehmen ist, da die verschiedenen redaktionen auch in andern
punkten nicht genau übereinstimmen.

Die christlichen berichte sind aber fast alle in der lokali-
sierung einig, und so würde es zunächst unsere aufgabe sein,
die örtlichkeit genauer zu betrachten.

Das alte Ephesus, von dem nunmehr nur dürftige
trümmerreste vorhanden sind, lag in einer von bergen einge-
schlossenen ebene, welche von dem Kaystrus (oder Kayster)
in schlangenwindungen durchströmt wird. In den ältesten
zeiten schnitt jedoch das meer tiefer in das land und reichte
vielleicht bis zu den nordöstlich von der stadt gelegenen
bergen. [2]) Früh muss jedoch diese bucht verschlammt sein, da
sich ein hafenbassin dicht an der stadt befindet, welches mit
der flussmündung durch einen kanal verbunden ist. Ein
felsiger höhenzug grenzt die stadt im süden ab, ein doppelkegel gegen osten, im norden das flusstal. Über die namen
der bezeichneten berge ist man nicht recht sicher. Bisher gab
man dem südlichen höhenzug den von den alten überlieferten
namen Koressos, [3]) und hielt daher den östlichen berg für
den Pion oder Prion. Wood, der englische ingenieur, der
über ein jahrzehnt dort ausgrabungen von wichtigen ergebnissen
geleitet hat, kehrt die benennungen um, wobei er sich für die

---

[1]) Tabarî a. a. 32 nennt sie unbestimmt eine syrische stadt; Sale,
Korân II, 115 n. r: *some commentators suppose it was Tarsus.* Olearius,
Saadi's Rosenthal (s. u.) verlegt in seinem berichte die scene nach
Nachtzuan (= Nachitschewan, Nachschewan) in Kaukasien. Fundgruben
l. c. s. 347, n.: *it was schewn d'Arvieux near Damascus.*

[2]) s. Curtius, Beiträge zur Geschichte u. Topographie Kleinasiens;
Abhdl. d. Acad. d. Wissensch. Berl. 1872, s. 6; Zimmermann, Ephesus etc.
Lpz. 1874, s. 154 ff.; Wood, Discoveries at Ephesus, Lond. 1877, s. 4,
ist jedoch der ansicht, dass ein solches zurücktreten des meeres höchstens im geringen masse stattgefunden haben kann.

[3]) Curtius l. c. 2, Guhl, Ephesiaca s. 4 ff.

lesart Prio n (*Πρίων* == Sägeberg) entscheidet, welche bezeichnung
mit der beschaffenheit des betreffenden bergrückens wohl über-
übereinstimmt. [1]) Ausserdem beruft er sich auf eine von ihm
entdeckte inschrift [2]), in welcher die tore, durch die eine procession vom östlich gelegenen Dianentempel gehen sollte, als
das magnesische und koressische bezeichnet werden.
Das magnesische ist nun sicher das, welches in der senkung
zwischen beiden bergen liegt: somit müsse das koressische
dasjenige sein, welches nördlich von dem doppelkegel entdeckt
ist. Daher gebühre diesem der name Koressos. Diesen tatsachen gegenüber bleibt es nun fraglich, ob man den überlieferten lesarten und münzenaufschriften mehr gewicht bei-
messen kann. Curtius legt den namen *Πίων* dem östlichen
berge wegen der fruchtbarkeit seiner abhänge bei und hält die
variante *πρηών* (bei Strabo) für ein appellativ. Könnte aber
nicht *πρηών* von den copisten als geläufigere bergbezeichnung
für *πρίων* eingesetzt sein, und könnte nicht schliesslich die
(anm. 4 a. a. O.) citierte münzaufschrift *ΠΕΙΩΝ* oder *ΠΕΙΟC*
doch auf Antoninus Pius anspielen? Andererseits ist aber
auch die frage aufzuwerfen: ist das koressische tor nicht vielleicht im westen der stadt zu suchen? [3]) Eine bestimmte antwort hierauf vermag ich nicht zu geben, doch lag es mir ob,
diese zweifel hervorzuheben, da es sich hier um die lokalisation
der Siebenschläfergrotte handelt, welche auf dem östlichen berge
gezeigt wird.

Indem ich vorläufig diese frage verlasse, fahre ich mit
einer skizzierung der örtlichkeit fort. Zwischen den eben bezeichneten grenzen erstreckte sich nun die eigentliche stadt,
und zwar sind reste der ringmauern auf den kämmen der genannten berge noch deutlich bemerkbar. Doch waren die der
stadt abgekehrten abhänge derselben nicht mit wohnhäusern
bedeckt. Dagegen finden sich auf der innenseite des doppel-

---

[1]) s. l. c. s. 81.

[2]) l. c. Inscript. fr., the Gr. Theatre s. 32.

[3]) s. Curtius l. c. 31 f. der letztere auffassung teilt; doch bleibt
hierbei unklar, wie die procession nach osten zum tempel zurückkehrte.

kegels trümmer verschiedener öffentlicher gebäude und heilig-
tümer, so ein odeum, ein stadium, ein theater, gymnasien,
tempel u. dgl. Auf der ostseite, wo die felshöhen in ein wasser-
reiches tal hinabsteigen, erblickt man aber grabmäler, darunter
das des stadtgründers Androklos, votivnischen und spuren
einer via sacra, die um den ganzen berg lief — Weiter gen
osten lag dann der zu den sieben weltwundern gehörige
tempel der ephesischen Diana, dessen überreste von
Wood vor einem jahrzehnt etwa aufgedeckt worden sind. Nordöstlich von dieser trümmerstätte erhebt sich ein schroffer fels-
berg, von Wood „Solmissus" genannt, der ein verfallenes
kastell auf seinem gipfel trägt. Hinter den tempelresten, an
den abhängen jenes berges liegt heutzutage das dorf A y a s s u -
l u k, an dem die eisenbahn nach Smyrna vorbeiführt.

Die ganze landschaft wird als höchst anmutig geschildert,
und betrachtet man die abbildungen bei Curtius und Wood,
so kann man wohl jenem urteile zustimmen. Doch schöner
und belebter muss es dort gewesen sein, als die stadt mit
ihren marmorgebäuden und draussen der wunderbare tempel
noch in ihrem glanze strahlten. Leider erzeugt die sumpfige
niederung böse fieber, so dass diese schöne stätte für ewig
vereinsamt scheint. — Ich wende mich nunmehr zu den historischen beziehungen. Karer, und mit ihnen verbunden die
Phönicier waren die ältesten bewohner des uferlandes[1]),
denen die gründung des heiligtums der Artemis zugeschrieben
werden muss. Der eigentümliche gottesdienst daselbst, von
entmannten priestern und fanatischen tempelfrauen geübt, hatte
einen doppelten einfluss: er hob den fremdenverkehr und schuf
reichtum — aber sittenlosigkeit kehrte mit ihm ein, der auch
allmählich die später angesiedelten ionischen Griechen unter-
worfen wurden. [2]) Diesen verdankt die stadt am fusse des
Koressos ihre gründung, die früher vom tempelgebiete ganz
getrennt war. Indem ich die weiteren schicksale von Ephesus

---

[1]) s. Curtius, l. c. 7.
[2]) s. Zimmermann, l. c. s. 87 ff.

als hier von wenig bedeutung übergehe, bemerke ich nur, dass es vorübergehend von den Persern, von Alexander dem Grossen und endlich von den Römern eingenommen wurde. Unter der herrschaft der letzteren gewann die stadt als hauptort der provinz[1]) noch mehr an ansehen, und eine grössere anzahl der vorzüglichsten gebäude stammen gewis aus dieser Zeit. Früh bildete sich aber dort eine christliche gemeinde, was wir aus der Apostelgeschichte und dem briefe des apostels Paulus wissen.[2])

Unsere legende spricht nun von einer dortigen Christenverfolgung unter Decius, die in den jahren 249 und 250 wütete. Es lässt sich freilich nicht nachweisen, dass Ephesus unter dieser zu leiden hatte, doch haben wir sichere nachrichten, dass an andern orten Kleinasiens und Nordafrikas die Christengemeinden hart bedrängt wurden.[3]) So hören wir von verfolgungen in Carthago, welche der dortige bischof Cyprianus beschreibt,[4]) von der in Alexandrien in einem berichte des bischofs Dionysius bei Eusebius in der kirchengeschichte,[5]) von der in Pontus erzählt Gregor von Nyssa; die bischöfe von Jerusalem und Antiochia erleiden den märtyrertod[5]) u. s. w. Es wäre unter diesen umständen wunderbar, wenn Ephesus unbehelligt gelassen wäre, wenn es auch in das reich der fabel gehört, dass Decius selbst, wie die legende berichtet, die verfolgung in der stadt geleitet habe.[7])

Ich glaube nun nicht, dass die entstehung der Siebenschläfermythe genügend ohne die annahme erklärt werden

---

1) vgl. ausser den angez. autoren noch Menadier, *Qua condicione Ephesii usi sint inde ab Asia in formam provinciae redacta,* Berlin Dissert. 1880.

2) Apostelgesch. XVIII 19 ff, XIX, vgl. Zimmermann l. c. s. 139 ff.

3) s. Schröckh, Kirchengeschichte, 2 Aufl. IV. 191 ff.

4) ib. s. 204 ff.

5) VI, 40 ff; Schröckh s. 208 u. 4.

6) Schröckh l. c. s. 207—9.

7) vgl. Tillemont, *Mémoires pour servir à l'histoire ecclésiastique des six premiers siècles,* Bruxelles 1699, III p. 2, s. 197 ff, s. 426—28.

kann, dass tatsächlich christliche jünglinge um die genannte
zeit entflohen, und schutz in den benachbarten bergen suchten.
ten. Denn dieses moment unterscheidet die ephesische sage
ganz besonders von allen ähnlichen, nach welchen die helden
der erzählung durch zufall oder neugier in eine höle geraten;
ausserdem fällt hier auch das zähe festhalten an dem namen des
D e c i u s recht ins gewicht. Leider entbehren wir eines authen-
tischen zeugnisses aus dieser zeit, dass ein derartiges ereignis
in Ephesus stattgefunden habe [1]), doch haben wir nachrichten
von dergleichen vorkommnissen aus andern orten. So heisst es
beim Eusebius (l. c. cap. XLII), dass viele Christen aus
Alexandrien unter der verfolgung des Decius in die berge und
einöden flohen und dort durch entbehrungen, krankheiten,
räuber und wilde tiere umkamen. Unter ihnen befand sich
auch ein greiser bischof Chäremon mit seiner ehegenossin, von
denen man nie wieder etwas erfuhr. Auch Paulus von Theben,
der als stifter des einsiedlerlebens angesehen wird, floh in ein
gebirge und schlug dort seinen wohnsitz in einer höle auf, in
welcher er bis zu seinem 113. jahre lebte. [2]) Die vermutung,
dass sich etwas derartiges in Ephesus ereignet habe, bietet
demgemäss nichts unwahrscheinliches. Ob die betreffenden
Christen aber wirklich in einer höle, oder gar in der heute so
genannten Siebenschläfergrotte eingemauert wurden und so den
märtyrertod erlitten, will ich dahingestellt sein lassen, wiewohl
auch eine solche annahme auf keinen begründeten widerspruch
stossen könnte.

Will man aber auch die ganze erzählung von flucht und
tod der jünglinge als historisch auffassen, so bleibt doch
der mehrhundertjährige hölenschlaf unerklärt, und wenn es
auch augenscheinlich rein christliche vorstellungen sind, die

[1]) Denn wenn A. Reinbrecht in seiner dissertation (Die Legende
von den sieben Schläfern etc. Göttingen 1880) s. 7 den Eusebius hiefür
citiert, so muss er erst die stelle nachweisen, aus welcher er eine erwähnung der 7 jünglinge herausgelesen haben will. In dem angez. lib. IV,
cap. 41 steht nichts davon.

[2]) s. Schröckh l. c. 199, 201.

von ihrer wiedererweckung als zeugnis der auferstehung des
fleisches sprechen, so bieten doch sonst nicht christliche legenden die idee vom unbewussten traumhaften zustande dar. Nur
wirklich gestorbene werden zu neuem leben erweckt, und wenn
auch einige überlieferungen unserer legende die jünglinge zum
besseren anschlusse an ihre wiederbelebung tote sein lassen, [1]
so merkt·man doch hier die absicht, eine fremde anschauung
der orthodoxen anzugleichen.

So haben denn verschiedene [2] an eine erklärung ver-
mittelst; des übergangs des begriffes ',schlaf' in den von ,tod'
gedacht. Man habe von den 7 märtyrern erzählt, sie seien in
Gott entschlafen, woraus vom volke die idee eines buchstäb-
lichen schlafes gebildet worden sei. Es wird dann noch der
alte ausdruck κοιμητήριον für gottesacker und schlafstätte zum
beweise herbeigezogen. Doch erweist sich eine solche ausdeutung
als sehr dürftig, da man dabei nicht absieht, warum nur bei
dieser legende eine solche verwechslung vorgekommen sein
soll. Es wäre dann doch sehr wunderbar, dass aus den
hunderten von anderen märtyrergeschichten sich keine ähnliche
vom langen schlafe entwickelt hat. [3]

Auch die ableitung Schauers in der vorhin genannten abhandlung (s. s. 37) aus der talmudischen sage vom 70jähri-
gen schlafe des Chone Hamagel hat wenig für sich. Er
meint, dass sie von den Juden auf syrische Christen überge-
gangen sei, welche sie dann ihrer religiösen anschauung gemäss
umgestalteten. Es lässt sich zwar mit rücksicht auf ort und
zeit nicht läugnen, dass ein solcher übertritt stattgefunden haben
könne, doch sind die begleitenden umstände beider mythen
keineswegs so übereinstimmend, um einer einwirkung der noch

[1] so in den AA. SS. l. c. 393: *deus . . . . fecit illos mortis genus quoddam obire.*
[2] Baronius, Martyrologium Rom. 27. Juli. s. Moller, Disput. circ. bei Reinbrecht l. c. s. 5; Schröckh l. c. s. 211; Reinaud, Monumens muselmans, I, s. 185; d'Ancona, Sacre Rappr. II, 349. vgl. auch Hagenbach, Kirchengeschichte I, 192 (Leipz. 1869) u. a.
[3] vgl. Herzog, Realencyclopädie XIV, 353.

viel älteren heidnischen sagen nicht das mindestens gleiche
recht einzuräumen.

Mehr berücksichtigung dagegen verdient wohl die von
C. F. Heinrich [1]) vertretene deutung der vorstellung von dem
mehrjärigen hölenschlaf des Endymion und Epimenides.
Dieser autor ist der ansicht, dass personen, die sich einem
einsamen, den studien und forschungen geweihten leben hin-
gaben, in dem volke die anschauung weckten, dass sie ein
schlaf- oder traumartiges dasein führten. Aber wenn auch
eine solche auslegung in einzelnen fällen gestattet werden darf,
so ist sie allein nicht hinreichend, derartige mythische vorstellungen zu schaffen, höchstens kann so ihre anwendung auf
bestimmte personen erklärt werden. Auch bei der Siebenschläferlegende werden wir zum urquell nicht anders gelangen,
als dass wir den weg zu alten heidnischen religionsgebräuchen
einschlagen.

Naturgemäss beginnen wir mit der untersuchung der lage der
Siebenschläfergrotte, und sehen, ob aus der örtlichkeit
selbst irgendwelche folgerungen zu machen seien. Wie schon
oben erwähnt, wird sie auf dem berge gezeigt, der im osten der
stadt gelegen ist. Sie befindet sich auf dessen halber höhe
und hat im innern eine länge von etwa 100 und eine breite
von 40 schritten. Im innern sollen noch meisselspuren erkennbar sein, und hie und da bänke ausgehauen scheinen [2])
Ferner sind am eingange mauerreste einer kirche vorhanden [3]);
was jedoch Iken in seiner abhandlung über die Siebenschläfer [4])
von dieser höle zusammengestellt hat, beruht auf irrtum oder
ungenauem lesen. Er beschreibt sie nach dem franz. reisenden Jac. Spon, stellt jedoch dessen bericht so dar, als ob
er in der nähe der grotte das sog. taufbecken des Johannes

[1]) Epimenides aus Kreta, Lpz. 1801, s. 50 ff.
[2]) s. Prokesch, Denkwürdigkeiten und Erinnerungen aus dem
Orient II, 102.
[3]) s. Wood, Discoveries etc. s. 12/13, Geo. Wheler, Voyage etc.
Amsterdam 1689, 232 f. etc.
[4]) Touti Nameh, Stuttg. 1822, s. 294 ff.

und ein bruchstück einer Proserpina oder Hecate gesehen habe.
Davon kann jedoch gar nicht die rede sein, wenn man die beschreibung von Spons gefährten, Geo. Wheler, damit vergleicht.
Nach ihm erblickten sie das genannte becken südwestlich von
dem berge[1]), und die ‚Hecate triformis‘ auf der mauer des
alten kastells bei Ayassuluk[2]), was von späteren reisenden be-
stätigt wird. [3])

Es ist daher aus dem jetzigen zustande der grotte nicht
zu erkennen, ob sie in heidnischer zeit zu gottesdienstlichen
zwecken gebraucht wurde, wenn es auch feststehen dürfte,
dass in der christlichen epoche bereits frühe dort eine kirche
gestanden hat. [4]) Indes betrachten wir die ganze umgebung
des ortes, so hat es nichts unwahrscheinliches, dass diese stätte
schon in älterer zeit irgend welchen göttern geweiht war. Nun
stimmt aber keiner der von den alten überlieferten bergnamen:
Pion (oder Prion) oder Koressos, noch die bezeichnung
seines südrandes, λεπρὴ ἀκτή, mit denen der christlichen legende
überein. Die vorhin (s. 1) erwähnte ältere syrische prosa nennt
ihn Anchlus, Dionysius Telmaharensis, Anchilus, wozu, mit
annahme von versehen der verschiedenen copisten oder übersetzer bei einer unbekannten namensform, ungefähr die bezeichnungen Ochlon (im texte des Surius), Enjelous, (bei
der dem Araber Wahb b. Munabbih zugeschriebenen version[5]),
und Yachlos (bei dem Araber Tabarî[6]) stimmen würden.
Weiter abliegend sind jedoch die in den meisten latein. und
abendländischen bearbeitungen vorkommenden namensformen:
Celeus oder Chilleus (bei Greg. v. Tours)[7]), Celius oder
Celion, und die in einem gr. Ms. der von Surius publicierten

---

[1]) l. c. s. 254.
[2]) ib. s. 249.
[3]) s. Prokesch, l. c. s. 96, Wood, 31 ff.
[4]) Bereits Gregor von Tours erwähnt eine solche, s. AA. SS.
l. c. s. 391.
[5]) Fundgruben des Orients III, 369.
[6]) ed. Zotenberg II, 34.
[7]) AA. SS. l. c. 390.

redaction überlieferte: *Χείλαιον*.[1] Der Araber Eutychius schreibt sogar Chaos.[2] Wenn nun auch die beiden gruppen nicht notwendig denselben namen repräsentieren müssen — differieren doch auch die der personen mehrfach — so verlohnte es wohl eines versuches, einen solchen zu reconstruieren. Am besten dürften der form nach *Ἀγχίαλος*, *Ἀγχιαλεύς* oder *Ἀγχιάλη* [3] allen ansprüchen genügen, die in den wörterbüchern (z. b. bei Stephanus, Thesaurus etc.) als name von personen und örtern nachgewiesen werden. Die bezeichnung des grottenberges als eines nahe am meere gelegenen würde topographisch wohl stimmen, da der stadthafen nicht weit von ihm entfernt lag. Verstümmelt konnte jenes wort leicht aus *χίαλος* zu Chillius Celion, Celius etc. werden, letztere form wohl durch den römischen bergnamen Caelius beeinflusst. Der übelstand, dass sich *Ἀγχίαλος* nicht als bergname belegen lässt, wäre nicht gerade schwerwiegend.

Betrachten wir dagegen die vorhin erwähnte form *Χείλαιον*, so wäre auch diese nicht unmöglich, wenn auch meines wissens nicht überliefert (von *χείλος* = lippe, rand, d. h. randberg). Man könnte auch *χηλίον*, dim. von *χηλή* in betracht ziehen, welches entweder kerbe oder bergvorsprung bedeuten kann (*χηλή ὄρους*). Das erstere würde dann besagen, dass die höle in dem eingekerbten teile des berges lag, was ja tatsächlich der fall ist. Die vorsilben *an-* (bei den Syrern) und *en-* (im genannten arab. texte) dürften dann aus der praep. *ἀνά* entstellt sein. Endlich habe ich noch an *Ἔγχυλος* als urform gedacht, welche sich als fast synonym mit dem überlieferten *πίων* empfehlen würde. Alle diese hypothesen bleiben freilich unsicher, da sie aus autoren oder inschriften nicht zu belegen sind. Ich habe es daher vorgezogen, den mit einiger bestimmtheit in älteren texten überlieferten namen Anchilus beizubehalten, den die lateinischen redactionen allerdings schon früh (bereits bei

---

[1] AA. SS. l. c. 394. e.
[2] AA. SS. l. c. 382. A.
[3] *Ἀγχιάλη*, auch *Ἀγχίαλος*, war eine stadt in dem von Ephesus nicht weit entfernten Cilicien.

Gregor von Tours) zu Celius umgeformt haben müssen. — Wenn nun die form in der legende mit keiner der historisch verbürgten übereinstimmt, so ist dies entweder so zu erklären, dass der ursprüngliche bergname in unserer mythe eine spätere oder populäre bezeichnung des östlichen berges war, oder einem teil desselben (ähnlich wie λεπρὴ ἀκτή) zugehörte, oder aber auch, dass der erste redaktor der ausführlichen legende die örtlichkeit selbst nicht kannte und einen phantasienamen dafür einsetzte.

Mag dem nun sein, wie ihm wolle, so ist doch kein zwingender grund zur folgerung vorhanden, dass der name in der legende einen andern berg bezeichnen solle als den, in welchem heute die höle der Siebenschläfer gezeigt wird. Nehmen wir nun an, dass dieser grottenberg bei den alten den namen Pion, Prion oder Preon führte, so haben wir ein freilich nicht sehr bestimmtes zeugnis, dass er der Demeter geheiligt war. Denn es ist uns eine anekdote (bei Anton. Liberal., Fab. XI) aufbewahrt[1]), nach welcher diese göttin ihn einem gewissen Pandareos zum geschenke gab. Die schon erwähnten kaisermünzen zeigen jedoch einen Zeus Hyetios auf dem gipfel des Pion sitzend, der in der linken den blitz hält und mit der rechten regen ausgiesst.[2]) Gebührt dem berge aber der name Koressos, so ist eine anspielung vorhanden, dass er der Proserpina gewidmet war, denn schon in alter zeit wurde diese benennung von κόρη (besonders beiname jener göttin) — mit recht oder unrecht — abgeleitet.[3]) Eine andere mythe berichtet dagegen, dass er der Artemis selbst gehörte[4]); doch scheint diese viel jüngeren datums, so dass sie kaum weitere beachtung verdient. Verbürgt ist jedoch, dass auf dem Koressos ein altar der Latona, der mutter der Artemis, stand.[5])

Man sieht, viel sicheres ergiebt sich auch aus diesen über-

---

[1]) s. Guhl, Ephesiaca s. 123.

[2]) ib. s. 124; Curtius, s. 2; Zimmermann, s. 122.

[3]) Guhl, s. 102, anm. 13.

[4]) Wood, s. 81.

[5]) Zimmermann, s. 121.

lieferungen nicht. Indes dürfte man kaum fehl gehen, wenn man den grottenberg — welchen namen er auch einst geführt haben mag — der grossen Naturgöttin gewidmet sein lässt, mag sie nun in ihrer eigenschaft als Selene (Astarte), Kybele, Artemis, Proserpina, Demeter oder Hekate dort verehrt gewesen sein. [1]) Denn die natürliche beschaffenheit des ortes, die fruchtbaren abhänge, die an seinem fusse sich erstreckenden wasserreichen wiesen, die aus einzelnen felsspalten ausströmende feuchte luft [2]) machten ihn zu der stätte eines solchen heiligtums wohl geeignet.

Nun hatte aber Rhea Kybele, wie auch Demeter und Persephone [3]) insbesondere in ihrem dienste die Korybanten und Daktylen, welche oft mit den Kabiren verwechselt werden; und so wurden diese mit jenen göttinnen zusammen verehrt. Dies geschah besonders in felshölen, so in der bekannten grotte Zerynthia auf Samothrake. Man wird sich jetzt erinnern, dass ich früher die sardischen schläfer mit diesen dämonen als brüder des Aesculap-Esmun in verbindung zu bringen versuchte. Ein zusammenhang jener einzelmythe mit der ephesischen sage hat nun von vorn herein viel wahrscheinliches, so dass es sich wohl verlohnt dem angeregten gedanken nachzugehen.

Auf den ersten blick mag die angedeutete verbindung den anschein einer willkührlichen, kühnen combination haben, doch glaube ich auch festere punkte nachweisen zu können, an welche sich jene noch frei schwebende idee wohl anknüpfen lässt. Hierbei ist es jedoch nötig, dass ich vorgreifend die mohammedanischen traditionen unserer legende mit berücksichtige. Da ist zunächst die zahl der schläfer. Am meisten verbreitung hat die siebenzahl gefunden, doch war sie schwerlich die ursprüngliche. Vielmehr spricht die älteste aufzeichnung, die des syrischen bischofs Jacob von Sarug, deutlich von acht jünglingen, von

---

[1]) s. Guhl, s. 100 ff., Zimmermann, s. 88 u. s. w.
[2]) Curtius, s. 3.
[3]) s. Preller[3] I, 707; Movers, s. 530 etc.

dem sohne des hyparchen und seinen 7 gefährten. Auch Dionysius Telmaharensis führt acht namen,[1]) mit denen die in
dem von Land[2]) publicierten teile des *liber Calipharum*
fast genau übereinstimmen. Ebenfalls acht jünglinge nennt
eine bisher noch nicht veröffentlichte syr. version, die in einem
im jahre 875 vollendeten manuscript des Britischen Museums
zu finden ist[3]), endlich auch Mohammed b. Iṣ'hâq, nach
Tabarîs chronik[4]). Das würde wohl mit der phönicischen
Kabirenzahl harmonieren, aus der die spätere siebenzahl sich
leicht durch weglassung des Aesculap-Esmun entwickeln konnte,
wobei natürlich die sonstige vorliebe für die sieben als heilige
zahl[5]) mitgewirkt haben wird.

Ferner wird im Qorân und seitdem stets bei den Mohammedanern ein h u n d als begleiter der „männer der höle" genannt und mit ihnen verehrt. Da dieses tier sonst bei ihnen
als unrein angesehen wird, hat dieser umstand etwas auffälliges,
so dass man sofort auf die vermutung fremden ursprungs ge-
wiesen wird. Und in der tat wird in einer älteren christlichen schrift ein hund mit den siebenschläfern zusammen
genannt. Es ist dies das unter dem titel *Theodosius de
situ terrae sanctae* bekannte reisebüchlein für besucher des
gelobten landes, das zwischen 520 und 530 verfasst worden

---

[1]) s. A A. S S. l. c. 376, 6.
[2]) Anecd. syr. I, 109.
[3]) s. Land l. c. s. 24 ff.; sie ist der des Dion. Tel. sehr ähnlich.
[4]) ed. Zotenberg II, s. 44.
[5]) vgl. Herzog, Realencyclopädie XIV, 853 ff., W. Menzel, Christl.
Symbolik II, 324 f., Will. Smith, Dict. of the Bible s. v. seven; Hadley,
Essays Philological & Critical, N. Y. 1873, 325. — Wenn Mohammed
im Qorân, Sur. 18, v. 21 und nach ihm andere Moslemin in der angabe der zahl schwanken, so darf das wenig verwundern, da auch die
alten hierüber nicht sicher waren (s. Preller[3] I, 697 u. 704). Die dreizahl, welche bei Mohammed an erster stelle genannt wird, scheint bei
den Griechen die beliebteste gewesen zu sein. Doch auch bei den
Moslemin hatte die siebenzahl schliesslich das grösste ansehen, worüber
weiter unten die rede sein wird.

ist[1]). Die uns interessierende stelle lautet: ‚*In provincia Asia civitas Ephesus, ubi sunt septem fratres dormientes et Catulus Viricanus ad pedes eorum.*' Viricanus ist sicher verderbt; der herausgeber vergleicht dies wort mit arab. ar-raqîm, welches sich an der betreffenden stelle im Qorân findet und von einigen commentatoren als name des hundes erklärt wird. Doch ist diese auslegung unsicher, und so habe ich an Hyrcanus gedacht, wobei ich mich auf eine handschriftliche lesung Urcanus berufe; denn hyrkanische hunde waren im altertume wohl bekannt[2]), und u. a. wird berichtet, dass ihnen die leichen der hyrkanischen könige zum frasse vorgeworfen wurden. Allein vollständig befriedigend ist diese conjectur auch nicht, da mit dem worte hinter *catulus* wohl ein eigenname gemeint ist.

Welche bezeichnung hier aber auch gestanden haben mag, jedenfalls ist es erwiesen, dass der hund keine erfindung Mohammeds sein kann[3]). Ebensowenig aber ist seine einführung christlicher natur, und so würde auch für diese erscheinung ein heidnischer ursprung zu suchen sein. Die moh. sage nun berichtet, dass dieser hund sich den jünglingen auf ihrer flucht anschloss; da sie fürchteten, dass er sie verraten möchte, suchten sie ihn durch steinwürfe und verstümmelungen zu vertreiben. Allein das tier erhielt stimme und bat sie, von ihrer grausamkeit abzustehen, da auch es an einen Gott glaube. Die jünglinge nehmen nun den hund mit sich, der sich darauf an den eingang der höle legt und mit ihnen schläft. Seither wird sein name, Qitmîr, immer mit denen der jünglinge zusammen genannt und gilt hauptsächlich als talisman auf briefsiegeln. Ja, man erzählt sogar, dass er mit anderen

---

[1]) kritisch herausgegeben von Gildemeister, Bonn 1882, s. 9 u. 27, n. 76.

[2]) s. Forcellini, Lex. s. v. Hyrcanus, Stephanus, Thes. s. v. 'Ϝρκανία. U. a. nennt Lucrez, de rer. nat III, 750 hyrkanische hunde als wilde und kräftige.

[3]) möglicherweise spielt auch Jacob von Sarug auf ihn an einer stelle an, wo es heisst: Gott nahm die seelen der jünglinge zu sich — *reliquitque vigilem, qui membra eorum custodiret.* Doch lassssen diese worte auch eine andere deutung zu, wovon später.

tieren, welche die heilige schrift erwähnt, ins Paradies versetzt wurde. [1]

Der hund steht nun bei den Griechen in verbindung mit Aesculap und den Kabiren. Aesculap wurde, da er als kind ausgesetzt worden war, von einem hunde bewacht, und in Epidauros war ein solches tier neben seinem bilde dargestellt[2]. Andererseits wurden in der Kabirengrotte auf Samothrake hundeopfer dargebracht[3]. Im Oriente und in den ländern am Mittelmeer fanden solche statt, wenn der hundsstern, Sirius, aufging, was ende Juli eintrat, und bei dieser gelegenheit wurden hunde unter martern getötet. Auf dies datum deutet aber der in der römisch-katholischen kirche gefeierte tag der Siebenschläfer: der 27. Juli, von dem der griechische heiligentag, der 4. August, nicht allzuweit entfernt ist. Auch Aesculap steht, wie es scheint, geradezu in beziehung zum hundsstern, und wenn der Sirius in den löwen übergeht, [4] so giebt es auch eine orientalische mythe, nach welcher der Siebenschläferhund zum löwen wurde[5]. Kurz, dass der hund durch den Kabirenmythus in die legende hineingebracht sein kann, hat nichts unwahrscheinliches[6]. — Klarer tritt

---

[1]) s. Sale, Koran, II, 114, o; Tabarî, ed. Zotenberg II, 35; Olearius, Pers. Rosenth. 8 ff.; Fundgruben des Orients III, 380; Reinaud, monum. musulm. I, 185 ff., II, 60 ff.

[2]) s. Preller[3], I, 426, 1. ausg. s. 324.

[3]) s. Movers, I, 404 ff.

[4]) Preller[3], I, 372 f. u. vgl. Movers I, 534.

[5]) Rückert, Damentaschenb. 1822, 139.

[6]) Doch ist auch eine andere erklärung möglich. Der arabische autor Kazwíni († 1283) verwechselt nämlich die Siebenschläfer mit anderen 13 männern, die in einer höle schlafen: den 12 gnostischen weisen nebst ihrem haupte. v. Hammer (in Vulpius' Curiositäten IX,) bemerkt nun dazu, dass *catus* (hund oder katze) das tier der templer sei, welches nach gnostischer allegorie, die macht des löwen verhöhne, während es sicher in seiner höle ist. (s. 123.) Ähnlich auch eine orientalische überlieferung (Caylus, Nouv. Contes Orientaux, s. u. kap. V); nach der der Siebenschläferhund den Dekianus beschimpft und verspottet. Doch da sonst eine derartige verwechselung der gnostischen weisen

aber noch die ähnlichkeit zwischen den Kabiren und den orientalischen Siebenschläfern darin hervor, dass beide als beschützer
der schiffe verehrt werden [1]. Bei den Griechen geschah
dies zum teil in folge der verwechselung der Kabiren mit den
Dioskuren; von den Phöniciern ist es bekannt, dass sie Ka-
birenbilder an bord ihrer schiffe führten. Und so schreiben auch
die Mohammedaner, da ihnen nachbildung lebender wesen verboten ist, die namen der Siebenschläfer auf den stern ihrer
fahrzeuge, namentlich tun dies türkische handelsschiffe.

Die legende berichtet sodann, dass unter den steinen, welche
die höle verschlossen, bleierne täfelchen — nach gewissen
arabischen berichten waren es säulen[2]) — verborgen worden,
auf welchen die leidensgeschichte der sieben heiligen geschrieben
war. Dies erinnert sofort an die täfelchen und denk-
säulen, welche in den heiligtümern Aesculaps nieder
gelegt wurden[3]), und auf denen die geschichte der heilung
kranker verzeichnet stand. — Endlich werden die Siebenschläfer
stets als schöne jünglinge[4]) oder knaben aufgefasst,
die söhne vornehmer eltern waren. Dies letztere deutet gewis
auf ihre göttliche herkunft, und ihr jugendliches alter ist wohl
aus der darstellung der Kabiren in pymäengestalt bei
den Phöniciern herzuleiten[5]), während die Griechen, insofern
sie diese gottheiten mit den Dioskuren verwechselten, sich
dieselben als idealbilder rüstiger, freudiger jugend dachten.[6]) Iamblichus-Diomedes-Malchus, welcher als
der klügste, als der führer der Siebenschläfer genannt wird,

---

mit den sieben märtyrern meines wissens nicht vorkommt, und der bericht Kazwínis erst verhältnismässig späten datums ist, halte ich eine herleitung dieses tieres aus gnostischer lehre nicht für erwiesen. vgl. kap. V.

[1]) vgl. Preller[3] I, 698, 700 etc., Movers I, 653; Fundgruben des
Orients III, 347; Wurm, Commentar zu Goethes Westöstl. Div., s. 275.

[2]) bei Caylus, Contes Orientaux, s. u. kap. V.; Fundgr. l. c. 380 f.

[3]) Preller[3] I, 426.

[4]) Einzelne abweichungen, wie bei Greg. v. Tours, der sie *viri*
nennt, können hiebei nicht in betracht kommen.

[5]) s. Movers I, 653.

[6]) Preller[3] II, 95.

kann mit Aesculap verglichen werden: er ist der schönste unter ihnen, wie auch Aesculap bei den Phöniciern als schönster der götter galt. Auch dass die schläfer von einigen als sieben brüder aufgefasst werden, mag auf dem Kabiren- und Dioskuren-mythus beruhen; jedoch ist dies keineswegs in allen fällen zu vermuten, da bei gewissen autoren — z. B. bei dem vorhin ausgehobenen Theodosius — die verwechslung mit einer andern christlichen legende, den sieben brüdern, söhnen der Felicia, unzweifelhaft vorliegt.[1]

Hält man nun die hier nachgewiesenen übereinstimmungen der Siebenschläferlegende mit dem Kabirencultus mit meiner oben (s. 26) aufgestellten hypothese zusammen, so wird die herleitung jener aus diesem bis zur evidenz klargelegt. Der lange schlaf bei incubationen, die meist in hölen stattfinden, ist der ursprung des langen schlafes der heiligen märtyrer. Freilich werden noch einige — doch, wie ich glaube, nicht gefährliche — bedenken bleiben: so wird man mir vielleicht vorwerfen, dass ich bei meinem vergleiche bald griechische, bald phönicische traditionen mit der christlichen legende in beziehung gesetzt habe. Allein wenn man beachtet, dass auch sonst vermischungen beider culte häufig waren, dass die religiösen dienste in Ephesus teils auf europäisch-griechischen, teils auf asiatischen anschauungen beruhten, so wird man auch zugeben, dass einzelne züge aus dem einen gebiet hier leicht ins andere übertragen worden sein konnten. — Dann ist der vergleich der Kabiren mit den Siebenschläfern insofern hinkend, als jene nicht selbst als schlafende gedacht wurden. Doch hier greift ja die vorhin vermutete historische märtyrergeschichte ein: gewisse christen suchten während der verfolgung des Decius in einer höle schutz und kamen dort auf irgendwelche weise, wahrscheinlich durch vermauerung[2], um. Von derselben höle ging aber die sage, dass dort heilende und wahrsagende dämonen

---

[1] vgl. unten kap. IV.

[2] Mohammed und andere Araber wissen jedoch von diesem umstande nichts.

hausten, bei denen sterbliche in langem schlafe zu liegen pflegten. Die christlichen märtyrer wurden dann mit der zeit, als die heidnischen vorstellungen im volksbewusstsein bereits verblasst waren, mit jenen dämonen vermengt — wie ja auch germanische götter in helden und historische persönlichkeiten umgesetzt wurden — und als später, wie die legende berichtet unter Theodosius II., die höle wieder geöffnet ward, folgerte man, dass die dort schlummernden märtyrer wieder erwacht sein müssten. Diese mythe wurde allmählich weiter ausgeschmückt, und gewisse heidnische züge blieben darin haften. Die christlichen versionen unterdrückten nun die mit jenen verbundenen abergläubischen ideen (so den schutz der schiffahrt), doch im volke erhielten sich diese und wurden von den Arabern aufgenommen. Daraufhin deutet, ausser den bis jetzt besprochenen merkmalen, die bei diesem volke verbreitete tradition, dass jene jünglinge noch vor der zeit Christi gelebt und durch eigenes nachdenken den glauben an einen Gott erlangt hätten.[1] Eine absichtliche entstellung ist bei den betreffenden autoren nicht zu vermuten, da sie von Christus mit hochachtung sprechen und die auferstehung der schläfer noch vor Mohammed ansetzen. Ebenso weist wohl, dass gewisse mohammedanische schriftsteller die höle an andern orten suchen[2], auf den in Kleinasien verbreiteten Kabirendienst hin.

Aber noch ein bedenken bleibt zu erledigen: es ist von keinem autor des altertums ausdrücklich überliefert, dass die Kabiren in Ephesus ein heiligtum hatten. Doch es finden sich ein paar andeutungen: Guhl und Zimmermann vermuten, dass Aesculap, ihr achter bruder, dort verehrt wurde[3], und dass auch die Kabiren daselbst in ansehen standen, beweisen inschriften, nach welchen u. a. auch bewohner von Ephesus sich an den Kabirenmysterien auf Samothrake beteiligt haben[4].

---

[1] bei Ibn Kutaiba, s. 26, Tabarî II², 33, Fundgruben des Orients III, 370 etc.

[2] s. die note [1] s. 52 u. kap. V. (Edrisi, Kazwîni Semelets Gulistan).

[3] Guhl, Ephesiaca s. 128, Zimmermann, Ephesus s. 125.

[4] Preller³ I, 707. — Ich kann nicht umhin, an eine stelle der

Wenn keine bestimmteren zeugnisse über ein heiligtum vorliegen, so erklärt sich dies einmal dadurch, dass der cult der
ephesischen Artemis alle anderen götterculte zurücktreten liess,
und zweitens ist es wohl möglich, dass man dort erst später
diesen gottheiten beachtung schenkte, da sich ja deren mysterien
erst in jüngerer zeit ausdehnten und bis in die letzten jahre
des heidentums gepflegt wurden.

Die legende berichtet dann weiter, dass die jünglinge zur
zeit eines Kaisers Theodosius wieder erwachten, und unsere
nächste frage würde daher sein: welcher herrscher dieses
namens ist hier gemeint? Einige redaktionen, darunter
die mehrfach citierte metrische des Jacob von Sarug, nennen
ihn kurzweg bei diesem namen[1]), vereinzelt heisst er Theodosius Magnus [2]), doch häufiger wird er als Theodosius
„der Jüngere“ oder als „des Arcadius sohn“ bezeichnet,
und zwar finden wir diesen zusatz in verhältnismässig alten
und sonst von einander mehrfach abweichenden versionen: so
in der syrischen prosa, bei Gregor von Tours (aus dem 6. jahrh.)
bei Dionysius Telmaharensis, bei Photius, bei Chardry etc.
Ausserdem setzen die alten chronisten aller nationen[3]) das frag-
liche ereignis in die regierungszeit des letztbezeichneten fürsten,
worauf ferner das regierungsjahr, welches mehrere quellen angeben, hindeutet. Zwar schwanken die zahlen, doch neigen
die meisten zum 38. jahre[4]), während Theodosius der Ältere
überhaupt nur 26 jahre auf dem throne sass. Kurz, wir dürfen

---

apostelgeschichte (19 v. 13, 14) über den aufenthalt des Paulus in
Ephesus zu erinnern, wo von den beschwörungen der Juden die rede
ist, und es heisst: Ἦσαν δε τινες υἱοὶ Σκευᾶ Ἰουδαίου ἀρχιερέως ἑπτὰ οἱ
τοῦτο ποιοῦντες. Die siebenzahl hat hier etwas auffälliges, doch wage
ich keine weiteren folgerungen zu ziehen.

[1]) s. oben s. 12 no. 3.

[2]) beim arabischen bischof Eutychius von Alexandrien; A A. S S.
l. c. 382 B.

[3]) s. u. a. A A. S S. l. c. p. 384, 39 u. 40.

[4]) s. oben s. 12 n. [4]); man beachte, dass sich unter ihnen auch
der anm. 2 erwähnte Eutychius befindet (A A. S S. l. c. 382 B.); Jacob
a Vor. setzt das 30. jahr.

mit einiger sicherheit hieraus folgern, dass Theodosius II. es war, unter dem der überlieferung nach die wundersame auferweckung stattgefunden haben soll.

Eigentümlich ist nun die angabe der dauer des schlafes. Eine grosse anzahl der christlichen bearbeitungen sprechen von 372, die mohammedanischen von 309 jahren. Von Decius (249—51) bis zum 38. jahre des Theodosius II. (408—450) waren aber keine 200 jahre verflossen. Wie kommt es nun, dass so viele von einander direkt nicht abhängige quellen übereinstimmend die obige zahl bringen? Annähernd das richtige findet sich zwar bei mehreren, so in der alten syrischen prosa[1]), beim chronographen Theophanes (184 jahre), bei Cedrenus (170)[2]) bei Vincenz v. Beauvais, Jacobus a Voragine, der im anhang auf den gewöhnlichen chronologischen fehler hinweist und dafür 196 jahre berechnet[3]) u. a. Aber alle diese autoren, wie auch der anonyme verfasser des originals der syr. prosa, sind gelehrte, die in der lage waren, den üblichen irrtum richtig zu stellen, oder sie sind compilatoren von chroniken, welche auch sonst genauer mit der chronologie umgehen. Die populäre zahl war jedoch schon von alters her — denn auch Jacob von Sarug führt sie — 372[4]), von der die Mohammedaner, in anbetracht ihrer sonstigen ungenauigkeiten, nicht gerade bedeutend abweichen.[5])

Subtrahieren wir nun von der auf obige weise gewonnenen jahreszahl 446 diese 372, so kämen wir auf 74, womit sich wenig anfangen lässt. Doch da die regierungszeit des Theodosius auch von 402 gerechnet wird, wo sein vater ihn zum

---

[1]) s. oben s. 15; der bischof antwortet dem Iamblichus-Dionysius: Decius ist gestorben vor fast 200 jahren.

[2]) A A. S S. l. c. 88, 36 ff.

[3]) ed. Graesse, s. 438; Vincenz v. Beauvais, l. XX, cap. 31, hat 192.

[4]) abweichungen späterer, z. b. Chardrys (s. n. zu v. 1006), beruhen auf versehen.

[5]) Nach einem commentator (s. Sale, Koran, II, 116b) waren es 300 sonnenjahre, zu denen noch 9 hinzugefügt wurden, um sie zu mond jahren zu machen. vgl. auch kap. V das citat aus Makrízi.

Augustus machte [1]), so können wir hiezu die angegebenen 38 jahre seiner herrschaft addieren und erhielten dann 440 [2]), wovon .372 abgezogen 68 giebt: **das todesjahr Neros.** Hier haben wir, glaube ich, die erklärung für jene eigentümliche dauer des schlafes zu suchen. Der erste redaktor der legende, dem wir, wie vielen seiner nachfolger, nur geringe historische kenntnisse zumuten müssen, nahm zwar der tradition gemäss die zeit des Decius als epoche des märtyrertums der jünglinge auf, berechnete sie jedoch von Nero an, dessen Christenverfolgung einen weit tieferen eindruck bei dem volke hinterlassen hatte. Fürchtete man doch, wie ich früher ausführte [3]), dass er als Antichrist wiedererscheinen und dadurch den bevorstehenden weltuntergang ankünden würde! Und trotz besserer erkenntnis mag mancher später bei jener zahl geblieben sein, einmal, weil sie die alte traditionelle war, und ferner, weil eine so lange dauer des schlafes das wundersame des vorgangs noch erhöhte [4]). Ist diese vermutung nun richtig — und ich wüsste nicht, wie man sonst die erfindung jener eigentümlichen zahl und das starre festhalten an derselben plausibel machen könnte — so wäre dies ein neuer grund bei dem 38. jahre der regierung des jüngeren Theodosius stehen zu bleiben. Nun sprechen die meisten redaktionen — chronologisch zuerst die Gregors von Tours — von einer häresie, welche Gott veranlasste jene jünglinge zu erwecken, um einen anschaulichen beweis von der wahrheit der auferstehung nach dem tode zu geben. Aber es ist keineswegs sicher, dass diese vom ursprung der legende an einen bestandteil derselben bildete,

---

[1]) s. A A. S S. l. c. 384, 40.

[2]) dass dieses tatsächlich gemeint war, beweist überdies die angabe der syr. prosa, welche das 38. jahr des Theodosius in die 304. Olympiade = 436—440 setzt.

[3]) man vgl. auch Webers Weltgeschichte §§ 248.

[4]) Wenn ich in meinen texte die zahl 200 eingeführt habe, so ist das geschehen, nicht weil ich sie für die ursprüngliche halte, sondern weil die version, welche ich demselben zu grunde gelegt, diese zahl wahrscheinlich von vorn herein hatte.

da die beiden ältesten redaktionen, die des Jacob von
Sarug und die vielgenannte syrische prosa[1]), wie ich schon
oben, s. 12, in einer note (5) ausführte, eine häresie nicht
erwähnen. Erstere lässt die jünglinge nach ihrer auferstehung
zu Theodosius nur sagen: „siehe, deinetwegen hat uns Christus
erweckt, damit du im glauben an die auferstehung bestärkt
werdest", die andere spricht dagegen von einer disputation der
gelehrten über diese frage, indem sie an Origines' auffassung
derselben anknüpft. An der weiteren ausführung dieser stelle
erkennen wir aber einen theologisch gebildeten verfasser, und
da die von ihm citierten bibelbelege und autoren in keiner
andern bearbeitung wieder erwähnt werden, sondern späterhin
geradezu — auch bei mehreren Mohammedanern — die ab-
leugnung der auferstehung dafür eintritt, so ist die darstellung
der syr. prosa vielleicht als erste station auf dem wege zur
begründung der auferweckung durch eine häresie zu betrachten.
Ihr autor könnte sehr wohl zur einführung derselben veranlasst
worden sein, um der zwecklosen wiederbelebung der jünglinge
ein motiv unterzulegen und um die erzählung anziehender, in
sich abgeschlossener, zu machen. So mag er einen vorgang
hineingebracht haben, den er in tendenziöser absicht ereig-
nissen seiner zeit entnahm. Es würde sich nun fragen, wann
sich factisch streitigkeiten über die auferstehungslehre des Origines erhoben haben — denn auf solche muss
wohl sein excurs anspielen, besonders weil er gegen ende desselben auf notorische gegner jenes, Eustathius von Antiochia und Epiphanius von Cypern hinweist. Das erste
mal brach ein derartiger zwist um das jahr 394[2]) aus, wobei
der letztgenannte geistliche eine bedeutende rolle spielte. Er
endigte damit, dass Theophilus von Alexandrien den hochver-
dienten Origines aus kleinlichen motiven als irrlehrer verdammte
(399). Dieser zeitpunkt wäre jedoch zu früh für die entstehung

---

[1]) wenn ich hier Eutychius von Alexandrien nicht citiere, so geschieht dies, weil seine version zu wenig authentische kraft besitzt.
   [2]) s. Hagenbach, Kirchengeschichte I, 512 ff.

unserer legende, und so haben wir uns nach einer späteren gelegenheit umzusehen. Eine solche finden wir aber unter Justinian I., zu dessen zeit der bischof Theodorus Askidas von Cäsarea in Kappadocien, ein anhänger des Origines, einen grossen einfluss am hofe jenes kaisers gewann und mit gewalt die ausbreitung seiner parteigenossen in Palästina förderte. Die gegenpartei, von dem patriarchen Mennas von Constantinopel unterstützt, setzte jedoch im jahre 544 die verdammung des Origines auf einer localsynode durch[1]). Kurz vor diesem ereignisse müsste dann die syr. prosa abgefasst sein, was im vergleiche mit den andern stücken des die letztere enthaltenden codex nichts unwahrscheinliches hat. Den hauptbestandteil desselben bildet eine syrische übersetzung der griech. geschriebenen geschichte des Zacharias, bischofs von Mitylene, welcher im anfange des 6. jahrhunderts (um 518) lebte, eine fortsetzung derselben erwähnt jedoch die jahre 555 und 560[2]) so dass die mit diesem werke vereinigte übersetzung der Siebenschläferlegende sehr wohl an einem zwischen jenem und den letzteren daten liegenden zeitpunkte verfasst sein kann. Der nächste bearbeiter der legende dürfte dann erklärlicherweise die in der früheren angeführten origenistischen streitigkeiten nicht mehr zeitgemäss und für das grössere publikum verständlich gefunden und drastisch dafür eine häresie eingesetzt haben. Wenn nun gewisse vorhin erwähnte versionen (Greg. Tur., Photius u. Sim. Met.) oben einen Theodorus, bischof von Aegina oder der Aegaeer. als haupt der ketzer bezeichnen, so könne man dieses nichtsdestoweniger als eine anspielung auf jenen historischen Theodorus Askidas auffassen, zumal möglicherweise der beiname von copisten in den zusatz Αίγειάτης, Αίγινήτης oder dergl. verderbt worden sein dürfte. Auch der name des Mennas von Constantinopel klingt vielleicht in dem ephesischen bischof der legende Marus (bei Photius), Marcus bei (Eutychius),

---

[1]) Herzog, Realencyclopädie X, 715.
[2]) s. Land, Anecd. Syr. III, s. XI ff.

Mares (bei Dionys. Telmah.) etc. wieder, der eher aus diesem als aus dem des historischen bischofs Memnon von Ephesus (um 431), wie die Acta Sanctorum[1]) wahrscheinlich zu machen suchen, entstellt sein könnte. — Welchen grad von wahrscheinlichkeit man auch den letzten ausführungen im einzelnen zuerkennen mag, soviel dürfte doch aus dem vorigen feststehen, dass wir die ausdrückliche erwähnung einer irrlehre über das dogma der auferstehung als späteren zusatz ansehen können. Dann würde es sich jedoch fragen, warum die traditionelle auferweckung der jünglinge gerade in das bestimmte jahr des Theodosius gesetzt worden ist. Um dies zu erklären, müsste man annehmen, dass zur erwähnten zeit jenes gotteshaus am eingange der Siebenschläfergrotte erbaut wurde, dessen gründung schon die älteren redaktionen — Jacobs von Sarug freilich nicht ganz klar — dem Theodosius zuschreiben, und dessen überreste noch heute sichtbar sind.

Wenn nun diese deutungen auch manches ansprechende haben, so lösen sie doch nicht alle schwierigkeiten auf einmal. Denn wenn Jacob von Sarug die häresie nicht ausdrücklich anführt, so kann dies ebenso auf vernachlässigung dieses umstandes zurückgeführt werden; und wenn die syr. prosa von einer theologischen disputation an deren stelle handelt, so mag der gelehrte verfasser derselben absichtlich ausgeschmückt haben, um seine belesenheit zu zeigen.[2])

Ich möchte nicht zu grosses gewicht darauf legen, dass diejenigen versionen, welche mit letzterer auf die dieselbe quelle zurückgehen, Dionysius Telm.[3]), Simeon Metaphrastes etc., bereits die ketzerei eingeführt haben, da ihre direkte vorlage ebenso gut wie die syr. prosa willkürlich geändert haben könnte, und

---

[1]) l. c. 387, 35.

[2]) s. oben s. 12 f. n. 5.

[3]) Ich kenne seinen text zwar nicht vollständig, doch da Assemani, der ihn durchgelesen hat, diesen autor nicht ausdrücklich da nennt, wo er gegen Baronius nachweisen will, dass nicht alle versionen die häresie kennen, so darf man daraus schliessen, dass D. hierin der üblichen darstellungsweise folgte.

auch sonst in ihnen abweichungen von dieser, z. b. in den namen, vorkommen.

Dennoch hat ihr zusammengehen etwas auffälliges, und man möchte nicht gern ein motiv der erzählung als spätere zutat· betrachten, welches sich so trefflich in das ganze einschmiegt, man möchte die ausführliche bearbeitung der legende eher wie aus einem gusse entstanden sein lassen.

Da sich jedoch so mancherlei unhistorisches in ihr findet — wie die anwesenheit des Decius und des Theodosius zu Ephesus — so darf man auch hier wohl der volkstradition oder der phantasie des redaktors denselben anteil an der erfindung zuschreiben. Denn eine weit verbreitete irrlehre, welche das dogma der auferstehung des fleisches anzweifelte, ist aus der zeit des jüngeren Theodosius meines wissens nicht nachweisbar. Dagegen kamen unter seiner regierung tatsächlich fälle vor, in denen einzelne diese lehre bestritten. Am bekanntesten ist da wohl Synesius, der bischof von Ptolemaïs, der nicht lange vor 431 gestorben sein muss. Derselbe, ein bekehrter heide, konnte sich auch nach seiner taufe und ordination nicht allen christlichen dogmen blind unterwerfen, und besonders widerstrebte es ihm, die auferstehung in dem von der kirche verlangten sinne aufzufassen. Doch stand er wegen seines tugendhaften wandels, trotz dieser differenzen, bei seiner gemeine in hohem ansehen.[1]

Um dieselbe zeit etwa lebte in Ephesus selbst ein bischof Castinus, ein eunuch, der ein höchst verwerfliches leben führte, und unter andern sünden auch der abläugnung der auferstehung beschuldigt wird.[2]

Solche fälle mögen nun veranlassung gewesen sein, dass der redaktor der legende einen ähnlichen vorgang für seine darstellung fingierte, sei es, dass er eine bestimmte person dabei im auge hatte, sei es dass er nur im allgemeinen an ketzerische geistliche dachte.

Vorhin habe ich versucht, den bei einigen vorkommenden

---

[1] s. Hagenbach, Kirchengesch. I, 577 ff.
[2] s. Le Quien, Oriens Christianus I, 676 f.

namen des häretischen bischofs der legende Theodorus aus
dem eines kappadocischen bischofs herzuleiten, der zur zeit
Justinians I. lebte. Wenn nun die einfügung der irrlehre auch
früheren datums sein dürfte, so kann der name doch sehr wohl
spätere erfindung sein, zumal er nur in einer beschränkten
anzahl von bearbeitungen erscheint. Ich möchte daher — wenn
hier nicht ebenfalls eine willkürliche benennung vorliegt — bei
der obigen darlegung stehen bleiben, will jedoch noch einen
historischen „Theodorus episcopus Echinaei, provinciae
Thessaliae" [1] anführen, der auf der allgemeinen synode zu
Ephesus erwähnt wird. Da aber nichts — soviel ich weiss —
über die glaubensgrundsätze dieses mannes überliefert ist, mag
ich ihn nicht deiner ketzerei beschuldigen, nur um die entstehung des „Theodorus episcopus Aeginensium" [2] bez.
„episcopus Aegaeorum" aus seinem namen zu erklären.
Dass die letzteren bezeichnungen jedenfalls unhistorische seien,
geht jedoch aus einem einblick in die von Le Quien veröffentlichten listen von christlichen geistlichen des Morgenlandes hervor.

Viel positives hat sich aus diesen betrachtungen freilich
nicht ergeben. Im ganzen würde der gang der entwickelung
jedoch der art am natürlichsten gefasst werden, dass man die
besprochene häresie als frühzeitigen bestandteil der legende
annimmt — ob als ursprünglichen, ist zu entscheiden von
wenig bedeutung, da sie auf keinen fall zur angegebenen zeit
in der weise aufgetreten ist, wie sie unsere erzählung darstellt.
Sehr möglich ist es jedoch, dass unter der regierung Theodosius II.
vorgefallene ähnliche ereignisse in dieser hinsicht die phantasie
des verfassers angeregt haben. Warum nun gerade diese
periode als zeit der handlung des letzten aktes unserer legende
gewählt worden, habe ich schon oben durch die vermutung zu
begründen gesucht, dass Theodosius eine kirche oder kapelle
bei der grotte erbauen liess. Ob dies nun wirklich der fall
war oder nicht, ohne zweifel wird sich aber damals die mythe

---

[1] Le Quien l. c. III, 115.
[2] ib. II, 226/7.

von den jünglingen zu Ephesus bereits der hauptsache nach
ausgebildet und über die grenzen der localen tradition verbreitet haben. Aus solchen einfachen tatsachen dürfte sich
dann das gerücht entwickelt haben, dass die märtyrer unter
jenem kaiser erweckt seien, um den auftauchenden unglauben
zu widerlegen, und dass der herrscher selbst nach Ephesus gekommen sei, jene anzubeten und den befehl zur stiftung eines
gotteshauses an der heiligen stätte zu erteilen.

Doch ausser den besprochenen mythologischen und
historischen bestandteilen unserer legende ist noch deutlich ein biblischer erkennbar, der einen ersichtlichen einfluss auf die gestaltung der erzählung ausgeübt hat. Es sind
nämlich einige stellen aus dem propheten Daniel, die dem
verfasser der ersten ausführlichen redaktion — wie weit Jacob
von Sarug unter dieser einwirkung stand, ist bei seiner darstellungsart nicht klar zu erkennen — vorgeschwebt haben
müssen. Die frage nach der echtheit des buches Daniel, [1])
welche von einigen angezweifelt worden ist, darf uns jedoch
nicht beschäftigen, da wir es hier nur mit dem vollendeten
werke zu tun haben, und die untersuchung nach dem ursprung
der einzelnen teile desselben uns gleichgiltig sein kann. Diejenigen abschnitte, in welchen anklänge an unsere legende zu
finden sind, sind vornehmlich die folgenden: Im I. kapitel
giebt Nebukad-Nezar seinem obersten kämmerer den auftrag,
ihm etliche knaben aus vornehmen geschlechtern
Israels auszuwählen, welche ihm dienen sollten:
(v. 6) — *unter welchen waren Daniel, Hananja, Misael und
Asarja, von den kindern Juda* (v. 7). *Und der oberste kämmerer
gab ihnen namen und nannte Daniel Beltsazar, und Hananja
Sadrach, und Misael Mesach, und Asarja Abed-Nego* u. s. w.
Sie weigern sich, unreine speise zu geniessen, und nachdem
ihr wärter ihnen gestattet, nach ihrer gewohnheit zu essen,
werden sie vor den könig gebracht. (v. 19.) „*Und der könig
redete mit ihnen, und ward unter allen niemand erfunden, der
Daniel, Hananja, Misael und Asarja gleich wäre; und sie wur-*

---

[1]) vgl. darüber bes. Hitzig, das buch Daniel, Lpz. 1850.

den des königs diener. (v. 20). *Und der könig fand sie in allen sachen, die er sie fragte, zehnmal klüger und verständiger, denn alle sternseher und weisen in seinem ganzen reiche u. s. w.*

Im II. kapitel deutet Daniel dann dem könige einen traum, worauf es weiter heisst: (v. 48) *Und der könig erhöhete Daniel, und gab ihm grosse und viele geschenke, und machte ihn zum fürsten über das ganze land zu Babel etc.* (v. 49). *Und Daniel bat vom könige, dass er über die landschaften zu Babel setzen möchte Sadrach, Mesach, Abed-Nego u. s. w.*

Könnte man die bisher nachgewiesenen ähnlichkeiten auch für rein zufällige halten, so zeigt das 5. capitel derartige übereinstimmungen, dass man doch an direkte entlehnung denken muss. Nebukad-Nezar lässt bekanntlich ein (v. 1) *golden bild machen, sechzig ellen hoch und sechs ellen breit; und liess es setzen im lande zu Babel im tal Dura. Und der könig Nebukad-Nezar sandte nach den fürsten, herren, landpflegern, richtern, vögten, räten, amtleuten und allen gewaltigen im lande, dass sie zusammen kommen sollten, das bild zu weihen* u. s. w. Darauf wird verkündet, dass jedermann niederfallen und das bild anbeten solle, sobald durch posaunen, trompeten, harfen und andere instrumente das zeichen dazu gegeben würde (v. 5.). Wer aber nicht gehorche, solle in den glühenden ofen geworfen werden (v. 6). — „*Als sie nun höreten den schall . . . fielen nieder alle völker, leute und zungen, und beteten an das goldene bild . . .* (v. 7). *Von stund an traten hinzu etliche chaldäische männer und verklagten die Juden*[1]) (v. 8); *fingen an und sprachen zum könige Nebukad-Nezar: Herr könig, Gott verleihe dir langes leben!* (v. 9). — *Du hast ein gebot lassen ausgehen, dass alle menschen, wenn sie hören würden den schall der posaunen, trompeten, harfen . . . sollten sie niederfallen und das goldene bild anbeten* (v. 10.). — *Wer aber nicht niederfiele und*

---

[1]) etwas ähnliches findet sich nachher in der erzählung von Daniel selbst, als er in die löwengrube geworfen werden soll (kap. VI, 10 ff): er betet gegen das verbot des Darius dreimal am tage, wird belauscht und verklagt, worauf er den löwen vorgeworfen wird, deren zwinger der könig dann versiegelt.

anbetete, sollte in einen glühenden ofen geworfen werden (v. 11).
*Nun sind da jüdische männer, welche du über die ämter im lande
zu Babel gesetzet hast, Sadrach, Mesach und Abed-Nego; die-
selbigen verachten dein gebot, und ehren deine götter nicht, und
beten nicht an das goldene bild, dass du hast setzen lassen* (v. 12).
*Da befahl Nebukad-Nezar mit grimm und zorn, dass man vor
ihn stellete Sadrach, Mesach und Abed-Nego"* (v. 13). Dies geschieht, und der könig wirft ihnen ihren ungehorsam vor und
bedroht sie mit dem tode. Doch mutig erwidern sie: *„Es ist
nicht not, dass wir dir darauf antworten* (v. 16). *Siehe, unser
Gott, den wir ehren, kann uns wohl erretten aus dem glühenden
ofen, dazu auch von deiner hand erretten* (v. 17.). — *Und wo
er es nicht tun will, so sollst du dennoch wissen, dass wir
deine götter nicht ehren"* u. s. w. (v. 18).

Der gang dieser darstellung, ja zuweilen der wortlaut
ist nun genau derselbe wie in der scene unserer legende, in
welcher die sieben jünglinge, die so lange in der gunst des
Decius gestanden haben, vor ihm verklagt werden, dass sie sein
gebot misachten. Auch sie bekennen unerschreckt durch die
angedrohten martern ihren glauben. [1] Im weiteren sind die
übereinstimmungen aber so gering, dass eine etwaige mut-
massung, die erzählung von Daniel und seinen gefährten allein
sei der urstoff der legende, keiner eingehenden widerlegung bedarf. Zwar wird in einigen redaktionen [2] dieser wie im buche
Daniel ein himmlischer beschützer der märtyrer erwähnt, zwar
lassen gewisse Mohammedaner [3] den Dekianus von einer ähnlichen selbstüberhebung befallen werden wie Nebukad-Nezar
(kap. IV, 27), doch sind diese beziehungen so vereinzelte,
dass niemand einen nachdruck darauf legen könnte. Noch
kühner wäre die kombination, die vermauerung in der höle
aus dem einschliessen in den feurigen ofen oder in die löwengrube herleiten zu wollen. — Kurz eine andere deutung der

---

[1] s. s. 6 f.
[2] z. b. Jacob von Sarug.
[3] z. b. die in den Fundgruben des Orients III, 347 ff. publicierte
version, die übrigens auch von einem glühenden ehernen stiere spricht.

ähnlichkeiten der legende einerseits und des biblischen propheten andererseits, als die vorhin versuchte durch direkte
nachahmung einiger stellen des letzteren, scheint mir unhalt-
bar. — Die volkstradition sprach anfangs wohl nur von einer
gewissen zahl — wahrscheinlich acht — vornehmen jünglingen,
welche unter einem grausamen kaiser wegen ihrer standhaftig-
keit im christlichen glauben in der bekannten höle verschlossen
wurden, woselbst sie in einen tiefen schlaf sanken, aus dem
sie erst nach langen jahren wieder erwachten. Auf wundersame art offenbarten sie sich dann den bewohnern der stadt
Ephesus zur zeit, als Theodosius der Jüngere regierte. Irgend
ein redaktor, ein in der bibel wohl belesener geistlicher, fand
in dieser erzählung dann anklänge an die geschichte der männer
im feurigen ofen und entnahm aus dieser umstände, welche
sich geschickt zur ausschmückung der alten überlieferung eig-
neten. Auch anderes, so wohl die angebliche häresie, wurde
hinzugefügt — ob alles von einem und demselben verfasser,
lasse ich unentschieden, da die gestalt der legende im fünften
jahrhundert, in dem sie entstanden sein muss, nicht mehr mit
sicherheit wiederhergerichtet werden kann.

Soweit, was man über den ursprung und die abfassungszeit derjenigen form der Siebenschläferlegende, wie sie spätestens
im sechsten jahrhundert aufgezeichnet worden, aus localen, historischen und mythischen andeutungen schliessen kann. Dass hie
und da der entwickelungsgang einigermassen ein anderer gewesen sein mag, wie ich ihn skizziert habe, will ich zugestehen.
Indessen kann meine darstellung wohl beanspruchen, den vorhandenen beziehungen nach allen seiten nachgespürt zu haben,
wenn die auslegung auch nicht überall zustimmung finden sollte.

Neben der durch schriftliche aufzeichnung fixierten form
der legende müssen aber auch mündliche traditionen bestanden
haben. Denn nur durch diese wird es erklärlich, wie sich
uralte heidnische bestandteile — so die achtzahl der jünglinge
und das verstümmelte hündlein als ihr begleiter — noch jahrhunderte lang erhalten und hauptsächlich in der mohammedanischen mythe nachklänge hinterlassen konnten.

IV. Kapitel.

Die ältesten Versionen der Siebenschläferlegende.

Unsere nächste aufgabe würde es nun sein, die weitere entwickelung der legende zu verfolgen. Zwar haben wir die zunächst in betracht kommenden redaktionen derselben schon öfters erwähnt und ihre eigentümlichkeiten gelegentlich hervorgehoben. Dennoch ist es notwendig, sie nochmals gesondert zu betrachten, einmal, um die erforderlichen literarischen angaben zu machen, zu denen sich bisher noch keine passende gelegenheit bot; ferner, um die abweichungen jeder einzelnen von den andern im zusammenhange darzustellen; und endlich, um die bedeutung jeder für die gesammtüberlieferung genauer abzuwägen, als es in den einleitenden bemerkungen geschehen konnte. Aber auch bisher wegen ihrer geringeren wichtigkeit unbeachtet gelassene darstellungen der legende müssen nun der vollständigkeit wegen aufgezählt werden.

Die älteste version, welche auf uns gekommen ist, ist die bereits mehrfach genannte des Syrers Mar Jacob, der im jahre 519 bischof von Sarug in Mesopotamien ward und kurz darauf, 521 oder 22, starb.[1] Sein geburtsjahr wird auf 452

---

[1] vgl. Assemani, Bibliotheca orientalis clementino-vaticana, Rom. 1719—28, I, 283—340; De vita et scriptis Sancti Jacobi Sarugensis conscrips. J. B. Abbeloos 1867; G. Bickell, Conspectus rei Syrorum literariae, Monast. 1871, s. 25. — Auffällig ist es übrigens, dass Iken in seinem Touti Nameh, s. 296, dem Engländer Dallaway die absurde an-

festgesetzt, seine literarische tätigkeit soll er mit 22 jahren, also 474, begonnen haben.

Er gilt als einer der bedeutendsten autoren in der älteren syrischen literatur, die bis zu seiner zeit hauptsächlich aus werken theologischen inhaltes besteht. Ausser einigen prosa- schriften und geistlichen gedichten, besitzen wir von ihm noch 231 metrische homilien, allein es sind bisher nur wenige seiner schriften vollständig herausgegeben worden, eine gesammtaus- gabe ist jedoch in vorbereitung — Was nun unsere legende betrifft, so behandelt Jacob sie in einer der genannten homilien, der 221. in der von Assemani publicierten liste.[1] Obwohl eine textausgabe noch mangelt, so ist ihr inhalt uns in der lat. übersetzung des jesuiten Peter Benedetti in den Actis Sanctorum zugänglich.[2]

Im ganzen stimmt der gang der erzählung mit der zu an- fang gegebenen ausführlichen redaktion überein, doch ist die ausdrucksweise wie die darstellung einiger scenen eine eigen- tümliche. Freilich verkürzen auch andere die einleitung und berichten gewisse umstände und gespräche mehr andeutungs- weise, aber bei allen längeren redaktionen finden sich, bald hier, bald da, fast wörtliche anklänge der einen an die anderen, die man bei unserm syrischen bischof so gut wie ganz ver- misst. Doch dieser umstand, wie auch der, dass Jacob nur wenige namen nennt — *Ephesus*, *Decius*, *Iamblichus*, *Rufus*, *Theodosius* sind die einzigen — mag auf der form seiner homilie beruhen, da metrische gesetze[3] ihm mancherlei be-

---

gabe entnimmt, dass Jacob v. Sarug 230 homilien zum lobe der Siebenschläfer (!) geschrieben haben soll, und dass dieselbe nach- richt gläubig von Karajan (Sib. Slaf., XIV), Maassmann in der Kaiser- chronik (III, 777.) u. a. wiederholt wird!

[1] s. in dessen Bibl. orient I, s. 336 f. (aus Cod. Nitr. XIII fol. 79).

[2] s. Jul. VI, S. 387—89.

[3] Manchem mag noch die bemerkung interessant sein, dass er in seinen poetischen schriften einen zwölfsilbigen vers begünstigt, der aus drei teilen zu je vier silben besteht (vgl. Abbeloos, l. c. 305, 307 etc.) Diese versteile ähneln in ihrer scansion den hemistichien der frz. alexandriner.

schränkungen auferlegt haben können. Bedeutsamer sind dagegen sachliche abweichungen, die ich bereits in den noten
zur erzählung und sonst an geeigneter stelle angeführt habe
und hier nur kurz wiederholen will. Dahin gehören: die achtzahl der jünglinge; der bericht, dass sie auf befehl des Decius
mit ruten gepeitscht werden (s. 7, n. 5); der zusatz, dass
Iamblichus sich nach der wiedererweckung in den palast
schleichen will, aber die türen verschlossen findet (s. 16 n. 4);
das fehlen des proconsuls beim verhör; der umstand, dass die
nächtliche vision des Theodosius nicht klar erwähnt wird, und
manches andere. Besonderer hervorhebung bedürfen jedoch
folgende fälle: Jacob erzählt, dass Gott, als er die jünglinge
entschlafen liess, ihnen einen wächter zum schutze ihrer leiber
setzte.[1] Etwas ähnliches findet sich nur bei den Mohammedanern,
sei es, dass diese worte auf den hund als beschützer anspielen
sollen, sei es dass ein engel mit dem wächter gemeint ist, von
dem einige Araber sprechen. Nach der dem Wahb b. Munabbih[2]
zugeschriebenen bearbeitung ist dieser beständig in ihrer nähe,
nach Tabarî[3] erscheint er nur jede woche einmal, hat jedoch
den auftrag, die leiber der jünglinge regelmässig umzu-
wenden, damit sie nicht verwesen. Ferner: Jacob berichtet,
dass die jünglinge bei der annäherung des Theodosius und
seines gefolges in grosse furcht geraten, da sie meinen,
dass Decius sie ergreifen lassen wolle. Dann tritt zuerst
Iamblichus ein und teilt ihnen das geschehene mit u. s. w. Bei
den Arabern heisst es dann sehr ähnlich: als Theodosius mit
dem gefolge naht, bittet ihn Jamlikha, dass er vorausgehen
dürfe, damit er seine genossen beruhige, da sie sonst fürchten
möchten, dass die ankommenden sie vor Decius bringen wollen.[4]
Auch dass Theodosius selbst die tafel findet, hat ein seitenstück

---

[1] s. oben s. 64, 4.
[2] s. Fundgruben des Orients l. c. 370.
[3] l. c. II, 35.
[4] Fundgruben, l. c. 378, Tabarî, l. c. 38, Ibn Al'athîr, I.
254—58 etc.

6*

bei Ibn Al'athîr, während nach andern [1]) die erzählung erst nach
geschehenem wunder auf anordnung des Theodosius auf einen
stein geschrieben wird.

Somit dürfen wir schliessen, dass Jacob v. Sarug nicht
willkürliche zusätze machte, sondern nach einer vorlage arbeitete,
die zum teil auch von islamitischen autoren benutzt wurde.
Wenn diese durchweg die irrlehre als grund der auferweckung
anführen, so könnte das mit als beleg gelten, dass das original
Jacobs bereits dieses motiv kannte, welches daher von dem
syrischen bischof, wie vorhin vermutet, nur übergangen worden
ist. Doch als ein kräftiger beweis kann dies nicht angesehen
werden, da die mohammedanischen versionen sonst, so auch
in der anzahl der jünglinge, von Jacobs darstellung abweichen.

Was nun das original unsers Syrers, und somit wohl die
älteste aufzeichnung überhaupt betrifft, so lässt es sich wahrscheinlich machen, dass es in griechischer sprache abgefasst
war. Denn wir dürfen wohl annehmen, dass in Ephesus selbst
die legende ihre erste schriftliche fixierung fand, und dass das
griechische hier die herrschende sprache war, geht u. a. aus
den zahlreichen inschriften hervor, die von Wood entdeckt
und publiciert sind. Ausserdem treffen wir auf folgende dahin
deutende ausdrücke in dem latinisierten texte [2]): *filius hyparchi*
(= sohn des obersten oder proconsuls); *comma* = prägung
einer münze, wörter, die nach den noten zu urteilen, im syr.
originale standen, nicht etwa vom übersetzer eingeführt sind.
Auch *sophista* könnte dahin gehören, wiewohl dieses wort all-
gemeinere verbreitung hatte. Ferner deutet auf eine übersetzung der ausdruck *secundum numerum et computum Graecorum*
hin, der sich auf die 372 jahre des schlafes bezieht. Endlich
wäre die unklarheit im schlusspassus am ehesten durch ein
misverständnis bei übertragung einer fremdsprachlichen vorlage zu erklären.

Zeitlich die nächste nachricht über die legende bringt eine

---

[1]) Tabarî, l. c. 39, Wahb, l. c. 380.
[2]) s. l. c. 387, 3; 388, 4, 6, 10.

notiz in der lat. schrift Theodosius, de situ terrae
sanctae[1]), die in die zeit zwischen 520 und 530 fällt, und
deren verfasser vermutlich ein geistlicher der nordafrikani-
schen kirche war. Trotz ihrer kürze ist sie in mehrfacher
beziehung interessant: erstlich, weil sie das hündlein als begleiter der märtyrer erwähnt, wovon schon früher (s. 63 f.) gehandelt worden ist. Sodann werden hier gegenüber Jacob
von Sarug sieben jünglinge genannt: *Achillides*, *Diomedes*,
Eugenius, *Stephanus*, *Probatius*, *Sabbatius* und *Quiriacus*,
dieselben namen, welche in der gleich zu besprechenden
syr. prosa und sonst noch einige male wiederkehren. Die
ersten vier sind echt griechisch; auch der letzte, wenn
man ihn in das richtige $Kυριακος$ umsetzt, welche form
bei andern belegt ist.[2]) Probatius, wofür auch Probatus gelesen wird, könnte eine ableitung aus $πρόβατον$ sein; auch
$Σαββάτιος$ kommt bei den Griechen vor, wenngleich es ein
lehnwort ist (s. Pape, Wb. d. gr. Eigenn.). Der ursprung dieser
namen weist also wiederum auf ein griechisches original, das
freilich nicht dasselbe sein kann, welches Jacob von Sarug benutzte. Vielmehr dürfte diese vermutliche vorlage diejenige
sein, auf welcher auch die ältere syrische prosa basiert.

Endlich findet sich bei Theodosius nach der aufzählung
obiger namen der merkwürdige zusatz: *quorum mater Caratina*[3])
dicitur graece, latine Felicitas, aus welchem grunde er die jünglinge auch *fratres* nennt. Zu dieser angabe ist der verfasser
jedoch augenscheinlich durch verwechselung mit der legende
von der S. Felicitas[4]) und ihren sieben söhnen veranlasst
worden, welche abendländischen ursprungs ist. Diese sieben
sind aus Rom gebürtig, und als sie um ihres glaubens willen
gemartert werden, erleidet ihre mutter, die zum zusehen gezwungen wird, gewissermassen einen siebenfachen tod, bleibt

---

[1]) ausg. v. Gildemeister, Einl. s. 9; s. 22 n. 56 u. s. 27, n. 76.

[2]) A A. S S. l. c. 376/7.

[3]) wohl ableit. v. $Xάρις$, etwa $Xαριτίνη$ od. dgl. — vgl. oben s. 67.

[4]) Jac. a Voragine ed. Graesse s. 396, vgl. A A. S S. VII v. Jun. 224 f.

jedoch bis zum letzten ihrer religion getreu. Auch sonst hat diese legende auf die von den ephesischen jünglingen verwirrend eingewirkt, wovon später mehr zu sagen sein wird, und diesem einflusse haben wir gewis die bei mehreren autoren vorkommende bezeichnung der jünglinge als brüder zu verdanken.

Wir kämen nunmehr zu der ältesten syrischen prosaversion, die im vorhergehenden vielfach angezogen und von Land im III. bd. seiner Anecdota syriaca, s. 87—99 herausgegeben ist. Dem texte zu grunde liegt das ms. 17202 Add. des British Museum, doch existieren noch zwei andere handschriften, 14641 und 14650 derselben sammlung, die Land leider nicht der mühe wert gehalten hat genauer einzusehen (s. XIV). Ebensowenig scheint er gewusst zu haben, dass bereits Tullberg in seiner Dionys-ausgabe (s. 33 ff.) einiges über das verhältnis dieser texte zu einander und zur version des Dionysius bemerkt. Nach ihm gehört cod. 14641 zu derselben redaktion wie der von Land publicierte text, während cod. 14650 sich eng an Dionysius anschliesst. Land wäre überdies durch einen vergleich in den stand gesetzt gewesen, verderbnisse und unklarheiten des publicierten textes, die ich im ersten abschnitte in den noten erwähnt habe,[1] zu berichtigen. Doch auch so ist diese prosa von grosser wichtigkeit für die entwickelungsgeschichte der legende. Denn, wie ich schon früher (s. 1) mitteilte, gehört der codex nach der meinung des herausgebers in das 7. jahrhundert, sein inhalt muss jedoch, mindestens zum grossen teil, bereits im 6. jahrhundert entstanden sein, so dass wir durch ihn den beweis einer frühen existenz der ausführlichen redaktion unserer legende erhalten.

Wie ich gleichfalls vorhin andeutete, haben wir jedoch in ihm schwerlich eine originalarbeit, sondern eine übersetzung zu erkennen, die auf einer griechischen grundlage basiert. Dies lässt sich aus folgenden stellen schliessen: die zeitberechnung geschieht nach Olympiaden: Decius regiert in der 257.; das 38. jahr des Theodosius II. liegt in der 304., was sich tatsächlich

---

[1] s. 17, n. 4, 21, n. 3 u. 6, 22 n. 2 etc.

als richtig erweist. Einzelne graecismen sind dann ferner
$\dot{\alpha}\varrho\chi\varepsilon\tilde{\iota}o\nu$ = rathaus, archiv, königsburg,[1]) welche letztere bedeutung wohl, obgleich abweichend von den andern versionen,
hier anzusetzen ist (die jünglinge halten dort ihr gebet ab,
worauf sie ergriffen werden); — ferner: Achillides-Maxi-
mianus war aus dem geschlechte des *hyparchus* (wie bei
Jac. v. Sarug und Dionysius); Decius befahl den *plitman*
zu opfern, welches wort auch Dionysius Telm. in der form
palitaman hat. Wie dessen herausgeber (l. c. s. 36) richtig ver-
mutet, haben wir hier ein griech. $\pi o\lambda\iota\tau\varepsilon\upsilon\acute{o}\mu\varepsilon\nu o\iota$ anzusetzen.
Die bleiernen tafeln werden in *glostma* (Dion.: *gloskama*)
von erz gelegt. Dies dürfte aus $\gamma\lambda\omega\sigma\sigma o\varkappa o\mu\varepsilon\tilde{\iota}o\nu$, oder eher noch
aus $\gamma\lambda\omega\sigma\sigma o\varkappa\acute{o}\mu\iota o\nu$ oder $\gamma\lambda\omega\sigma\sigma\acute{o}\varkappa o\mu o\nu$ [2]) (s. Steph., Thes. s. v.)
verderbt sein, was *theca tibiarum*, *arcula*, *loculus* etc. bedeutet
und dem sinne nach hier, wie weiter unten (Theodosius befiehlt die gebeine der jünglinge in *glostma* von gold zu
legen) trefflich passen würde. Neben dem bischof von Ephesus
wird der *antupts* (resp. *antupats*) = *proconsul* bei den an-
dern genannt. Dies ist das gr. $\dot{\alpha}\nu\vartheta\acute{\upsilon}\pi\alpha\tau o\varsigma$ (s. 18 n. 2). Endlich ist gegen schluss ein wort vorhanden, welches wie das
gr. $\varkappa\acute{\upsilon}\beta\alpha\varsigma$ = sarg aussieht, doch im vergleiche mit den andern
redaktionen hölung oder gewölbe heissen muss (s. o. s. 23, 3);
daher haben wir wohl $\varkappa\acute{\upsilon}\pi\eta$ oder ein ähnliches wort desselben
stammes anzusetzen. (s. Passow, gr. Wb. sub $\varkappa\upsilon\beta\acute{\eta}$.) Hält man
dazu, dass auch die in demselben codex enthaltene Historia
miscellanea des Zacharias von Mitylene, wie vielleicht
auch andere stücke, aus dem griechischen ins syrische übersetzt
sind, so wird die wahrscheinlichkeit desselben verhältnisses in
der legende von den jünglingen zu Ephesus fast zur gewisheit.

Wer nun der autor des griech. textes gewesen sei, ist bezüglich des namens nicht festzustellen. Der person nach muss

---

[1]) im reconstruierten text (s. 6, n. 6) habe ich unbestimmt „haus
des herren" übersetzt, weil es mir nicht klar ist, ob nicht die von andern
gebrachte lesart „kirche" od. dgl. mehr recht hat.

[2]) Im Ev. Joh. 12, 6 übersetzt Luther $\gamma\lambda\omega\sigma\sigma\acute{o}\varkappa o\mu o\nu$ mit *beutel*.

er jedoch ein poetisch begabter und gelehrter geistlicher gewesen sein. Denn nur ein solcher konnte die vorhin in den
anmerkungen zum texte [1]) hervorgehobenen historischen und
theologischen [2]) kenntnisse besitzen, da sich die hierher bezüglichen angaben als richtig erweisen. Wenn man ferner die
ungenauigkeit in den namen und sonstige gelegentliche ver-
worrenheit und lückenhaftigkeit des überlieferten textes auf
kosten des übersetzers und des kopisten, ein paar mal wohl
auch auf die des herausgebers setzt — und meiner ansicht
nach kann man dies mit vollem rechte — so muss man dieser
bearbeitung einen hohen grad von dichterischem schwung und
geschick in der ausführung der details zuerkennen. Für die
erstere eigenschaft spricht insbesondere die ergreifende schilderung der leiden der Christen unter der verfolgung des Decius,
für das zweite die treffliche motivierung aller nebenumstände,
welche wir bei Jacob von Sarug noch zum teil vermissen. Wenn
ich nun vorhin (s. 72 ff.) bemüht gewesen bin, die syr. prosa als
eine tendenzschrift darzustellen, welche durch die im jahre 544
erneuten streitigkeiten über die lehren des Origines zu einer
besonderen begründung der auferweckung angeregt wurde, so
würde es sich fragen, ob ihr verfasser diesen zusatz nach
eigenem ermessen hineinfügte, oder ihn bereits in seiner
griechischen vorlage fand. Betrachten wir hierbei die im
Theodosius (de sit. ter. stae.) angeführte namenreihe: *Achillides*,
Diomedes, *Eugenius*, *Stephanus*, *Cyriacus*, *Sabbatius* und *Probatius*, die mit der syr. prosa übereinstimmt, so wäre es
wahrscheinlicher, dass die griechische originalversion schon
vor obigem datum existierte, da jene lateinische schrift
etwa 20 jahre früher angesetzt wird und die citierten namen
aus ihr entnommen haben dürfte. Somit erhält es den anschein, als ob der syrische übersetzer jene theologische ab-
schweifung selbst hinzufügte, was dann indirekt wieder dafür

---

[1]) s. 3 n. 1, s. 12 n. 2 und. 5.
[2]) wenn der betreffende excurs nicht von dem syr. übersetzer
herrührt.

spräche, dass die mehrmals erwähnte häresie bereits in der griechisochen version gestanden habe. Wegen der unsicherheit der prämissen bleibt auch dieser schluss freilich unsicher; soviel möchte jedoch feststehen, dass die unbekannte vorlage dieser syr. prosa, vielleicht ausser dem abschnitt über Origines, bereits alles enthielt, was diese redaktion von der des Jacob von Sarug unterscheidet. [1]

Dieses griechische original nach kräften genau wiederzugeben, ist nun meine aufgabe bei der construction des textes gewesen, welcher dieser abhandlung vorangeht (s. 3—23). Wenn spätere dann in einigen punkten von der darstellung desselben abweichen, ihm jedoch der hauptsache nach fast wörtlich folgen, so ist dies wohl so zu erklären, dass die populäre überlieferung der legende ihren einfluss wieder geltend machte, und nüchterne redaktoren jenes poetischen und gelehrten beiwerks entbehren zu können glaubten. Alle diese modificationen sind aber jedenfalls einem griechischen neubearbeiter zuzuschreiben, der dann den jüngeren redaktoren und übersetzern als gemeinsame grundlage diente.

Es folgt der chronologischen reihe nach Gregor von Tours, der bekannte geschichtschreiber der Franken, der von 540—594 lebte. Ihm verdanken wir zwei bearbeitungen der legende, eine kürzere, welche im I. buche, cap. XCV, seines buches de Gloria Martyrum (um 586—87) steht[2]), und eine ausführlichere, die Boninus Mombritius in sein Martyrologium

---

[1]) Auffällig ist es jedoch, dass der syr. text statt *Diomedes* späterhin nur *Dionysius* setzt, worin ihm eine hs. des Theodosius (s. l. c. note zu 76) folgt. Hier mag eine beeinflussung durch die später übliche namenreihe vorliegen, die einen *Dionysius* mit aufführt, welcher jedoch eine andere rolle spielt, während der *Dionysius* des anonymen Syrers den *Iamblichus* resp. *Malchus* vertritt.

[2]) Ausgabe der werke Gregors von Ruinart, Paris 1699, abgedruckt in der Patrologie des Migne, Ser. I, vol. LXXI, 787 f, die *Septem Dormientes* in den AA. SS. l. c. s. 380 f., ebenso bei Surius, Col. Agr. 1573, vol. IV l. c.; ed. Gastaldi VII, 520; Lipomanus, Vit. Sanct. Venet. 1554, t. III. f. 106b. — vgl. über Gregor: Ad. Ebert, Gesch. der christl.-lat. Literatur, Lpz. 1874, s. 539 ff; de Gloria Mart. ib. s. 546 ff.

aufnahm und die nach einer nur unbedeutend abweichenden hs.
in den Actis Sanctorum, a. a. O. s. 389 – 91, abgedruckt ist. Dass
er tatsächlich zwei versionen verfasst hat, geht aus der schluss-
bemerkung der zuerst erwähnten hervor: *quod* (auf den vorhergehenden satz bezogen) *Passio eorum, quam, Syro quodam interpretante, in Latinum transtulimus, plenius pandit.* Es würde
sich nun fragen, ob die längere bearbeitung, welche unter
Gregors namen geht, wirklich die in obigen worten gemeinte
sei. Das genannte ms. (aus der kirche zu St. Omer), nicht die
ausgabe des Mombritius, hat am ende folgenden zusatz: *Expli-
cit Passio sanctorum Martyrum septem Dormientium apud Ephy-
sum translata in Latinum per Gregorium episcopum, interpretante
Johanne Syro, quae observatur sexto kal. Augusti.*[1]) Auf dergleichen handschriftliche notizen ist nun in der regel nicht
viel zu geben, doch dass diese richtiges enthalte, lässt sich
durch vergleich beider versionen nachweisen. Naturgemäss
kann ein durchgehends genaues zusammentreffen einer sum-
marischen mit einer ausführlichen darstellung derselben fabel
nicht erwartet werden; dennoch finden sich mehrere fast wörtliche anklänge:

A (aus de Gloria Mart.)	B (Ms. Audomarense).
. . . *cum persecutio in Christia-nos ageretur* . . .	*Cum . . . persecutio Christianorum exageretur* . . .

beide:

septem Viri	(bei den andern *pueri* od. *juvenes*).
(Decius) jussit os speluncae magnis lapidibus oppilari . . .	*(Decius) dixit suis* . . . *oppilate os cavernae.*
. . . *surrexit haeresis immunda Sadducaeorum* . . .	*Cujus* (sc. *Theodosii*) *in tempore immunda illa Saducaeorum secta surrexit* . . .
. . . *(quidam civis Ephesius)* . . . *caulas ovibus secus montem ipsum facere destinat* . . . *ignarus, quae agerentur introrsum.*	. . . *Praeparate hic caulas ovibus nostris* . . . . *ignarus enim erat, quid agere-tur in spelunca.*

---

[1]) AA. SS. l. c. 385, 44 u. 391 note n.

| . . . *putantes quod una tantum nocte dormissent* . . . . . *iterum prostrati in terram obdormierunt.* | . . . *putantesque se una tantum nocte dormisse* . . . wörtlich = B. |

Gegenüber diesen übereinstimmungen können abweichungen im ausdruck nicht schwer ins gewicht fallen, und so darf die ausführliche bearbeitung ohne zweifel als Gregors gelten. Ich habe sie daher unbedenklich zur textvergleichung verwendet.[1])

Die nächste frage wäre nun: ist die version A eine abkürzung aus B, und ist somit die erste abendländische bearbeitung der legende aus dem syrischen, in welcher sprache die vorlage von B angeblich verfasst war, übertragen? Im XXX. capitel seines buches de Gloria Martyrum sagt Gregor, von E p h e s u s sprechend: *In ea . . septem dormientes habentur, de quibus aliqua, domino jubente, in posterum narraturi sumus,* womit er auszudrücken scheint, dass er später in dem begonnenen werke nur einen kurzen bericht über die legende zu geben beabsichtige, obwohl er eine ausführliche darstellung kenne. Dieser kurze bericht steht dann, wie schon gesagt, im XCV. capitel, welches darauf mit den oben citierten worten schliesst: eine vollständigere erzählung hierüber habe ich aus dem syrischen übersetzt. Der inhalt beider versionen ist in den hauptzügen derselbe. Zwar finden sich auch sachliche abweichungen zwischen ihnen: in A werden die jünglinge *germani* genannt, während B im einklang mit den syrischen und griechischen bearbeitungen dieses verwandtschaftsverhältnis nicht kennt. Nach A. schreibt *quidam Christianus* e i n e tafel, welche er dann am eingang der höle verbirgt; nach B. sind es z w e i Christen, die dort z w e i tafeln niederlegen. Der erstere ausdruck mag ihm jedoch aus dem (s. 85) erwähnten Theodosius, den er nachweislich in einigen fällen benutzt hat (s. l. c. s. 9 f.), haften geblieben sein, indes das letztere auf einem gedächtnis-

---

[1]) Ad. Eberts note (l. c. 548), laut welcher die aus dem syr. übertragene version Gr's. verloren sein soll, beruht demgemäss auf irrtum.

fehler beruhen dürfte. Keinesfalls sind diese umstände aber der art, dass man für A. eine andere quelle suchen müsste.

Ehe wir nun einen weiteren umblick nach der syr. vorlage halten, ist es nötig die eigentümlichkeiten Gregors im verhältnisse zu andern redaktionen zu erkennen. Da sind zunächst die namen der heiligen: *Maximilianus*, *Malchus*, *Martinianus*, *Constantinus*, *Dionysius*, *Johannes* und *Serapion*, welche uns hier zum ersten mal in dieser form entgegentreten. Es ist diese gruppe aber dieselbe, welche von nun ab in allen lat. und auf lat. quellen beruhenden abendländischen versionen, mit geringen, durch schreiberversehen entstandenen varianten auftritt. Auch die anderen, nicht von allen übereinstimmend überlieferten namen der legende gewinnen hier eine feste gestalt. Der hölenberg heisst bei Gregor *Celius* (s. s. 59 ff.), der ephesische bischof *Marinus*, der besitzer des berges *Dalius*, und ebenso lauten sie in fast allen versionen des Abendlandes, von denen nur einige in der letzteren benennung schwanken. Dass die ausführlicheren unter ihnen, die an. fragmente, Chardry, Vincenz v. Beauvais, Jac. a Voragine, aber nicht aus Gregor direkt geschöpft haben, legen meine noten zum texte im I. kapitel [1]) dar, da sie mit jener älteren syrischen prosa in mehreren umständen übereinstimmen, welche Gregor weglässt. Sie alle führen irgend eine zahl für die zeit des schlafes an, sei es die populäre 372, oder die historischen 192 (oder 196) jahre, während Gregor mit einer allgemeinen phrase (*post multos annos* oder dgl.) über jede bestimmte angabe hinweggeht. Ferner unterscheiden sich diese versionen von den andern durch die schon s. 18, 2 erwähnte verwandlung des gattungsnamen $\dot\alpha\nu\vartheta\acute\upsilon\pi\tau\alpha o\varsigma$ in den eigennamen Antipatus oder Antipater, wofür Gregor noch richtig *praefectus urbis* setzt (s. AA. SS. l. c. 391, 8). Keine von ihnen aber nennt den ketzerischen bischof mit namen, der bei Gregor, wie

---

[1]) s. 3 n. 2, s. 4 n. 4 u. 9, s. 5 n. 3, s. 6 n. 6, s. 7 n. 2, s. 9 n. 1, s. 10 n. 2, s. 15 n. 4, s. 16 n. 2 u. 4, s. 17 n. 1 u. 6, s. 19 n. 5, s. 20 n. 1 u. 2, s. 22 n. 4 etc.

bei Photius und Simeon Metaphrastes, Theodorus (et Gaius?) heisst. Es gehen die hier besprochenen redaktionen also auf ein gemeinsames original zurück, welches dem Gregors sehr ähnlich gewesen sein muss. Sehen wir nun zu, ob sich spuren dieser vorlage nach entdecken lassen. Es werden in den AA. SS. (l. c. 385, 47) ein paar hss. nachgewiesen, welche darauf anspruch erheben können, ableitungen aus demselben zu sein.

Leider sind dieselben noch ungedruckt, wie auch nähere angaben über ihr alter etc. fehlen, so dass ich mich auf wenige bemerkungen über sie beschränken muss. Das eine soll sich in der bibliothek S. Maximins zu Trier befinden, ein anderes zu S. Salvator in Utrecht, ausserdem werden einige nicht bezeichnete des museums der belgischen Jesuiten daselbst angezogen. Die erstbenannten erwähnen im eingange, wie auch ein paar andere texte (s. s. 3, n. 2), neben Carthagena (resp. Carthago) und Ephesus noch Byzanz (resp. Constantinopel), von wo Decius zur Christenverfolgung gekommen sein soll. Im übrigen sollen alle diese der sog. redaktion des Metaphrastes (bei Surius) ähnlich sein, so dass es dem herausgeber (G. Cuper) hinreichend schien, einzelne abweichungen in den noten zu jenen anzugeben. Über die namen der jünglinge in ihnen wird nichts bestimmtes gesagt, doch geht aus einem citierten zusatz des Utrechter ms.' hervor, dass sie dieselben wie bei Gregor sein müssen. Dieser codex bringt nämlich den inhalt der in der höle aufgefundenen tafel, auf welcher sie wie oben genannt werden. (l. c. 396 h.). Die beiden heimlichen Christen unterzeichneten sich als *Theodorus* und *Ruben*, wie bei Gregor, während das Trierer ms. sie *Theodorus* und *Rubinus* nennt. (s. u. s. 118 f.) Auch die andern namen stimmen, so weit sie citiert werden (s. l. c. p. 391 e, g; 396 a und f.) mit unserm bischof überein, darunter auch der des oberhaupts der ketzer, welchen das Utrechter ms. *Theodorus* nennt, während einige hss. neben *Theodorus* noch *Galus* (oder Gaius?) namhaft machen sollen. Den besitzer des berges heisst endlich der Utrechter codex *Dedanius*, ein anderer, in den Actis nicht näher bezeichneter, *Dedalius*. (s. u. s. 120.)

Die eigennamen sind in diesen lat. hss. also, bis auf durch schreiberversehen erklärbare varianten, gleich denen Gregors, während die umstände der erzählung, soweit es sich aus den citaten ersehen lässt, dartun, dass die hier repräsentierte version inhaltlich der gemeinen abendländischen näher steht. Gregors vollständigen bearbeitung charakterisiert sich somit als verkürzung einer redaktion, welche gleichzeitig die urquelle der im mittelalter geläufigen form der legende war. Doch ist diese nicht direkt aus jener quelle geflossen, sondern man muss vielmehr eine abzweigung derselben annehmen, welche die vorhin bezeichneten merkmale von Gregor einerseits, und von den übrigen versionen andererseits unterscheiden. Diese form der legende können wir dann als mlt. vulgata bezeichnen.

Noch einer eigentümlichkeit Gregors haben wir zu gedenken: ausser den vorhin citierten namen der heiligen giebt er noch an, dass sie vor ihrer taufe *Achillides*, *Diomedis*, *Diogenis* (wofür Mombritius aber das richtige *Eugenius* liest) *Probalus*, *Stephanus*, *Sambatius*, und *Quiriacus* (M: Cyriacus) geheissen hätten: man erkennt, trotz kleiner entstellungen, dieselbe reihe, wie bei Theodosius und der älteren syr. prosa. Ob jene lat. mss. dieselbe darstellung bringen, wird nirgend gesagt. Doch führen die Acta (l. c. 376, 7) eine gr. hs. an, in der die beiden gruppen ebenfalls zusammentreffen, wobei aber eine umgekehrte erklärung gegeben wird: die heidnischen namen der sieben waren nach dieser Maximilianus, Iamblichus u. s. f., die, welche die jünglinge bei der taufe empfingen dagegen Achillios, Demetrios u. s. f. Im übrigen scheint dies ms. nach dem wenigen, was wir darüber erfahren, in keinem näheren verhältnis (s. unten s. 119) zu Gregor oder dessen vorlage zu stehen; und sollte sich die doppelreihe der namen in jenen lat. mss. nicht finden, so könnte Gregor die Achillides-gruppe eben so wohl aus dem Theodosius entnommen haben, den er, wie schon oben erwähnt, an einigen andern stellen benutzt hat. Dann müsste aber die deutung dieses verhältnisses als seine eigene erfindung angesehen werden, und die berührung hierin mit obigem gr. ms. als zufällige gelten.

Wie verhält es sich nun mit seiner angeblichen übersetzung aus dem syrischen? Es sind uns 3 längere redaktionen
in dieser sprache bekannt,[1]) aber keine derselben könnte Gregors
original gewesen sein, wenn seine übertragung eine einigermassen genaue sein soll. Doch haben wir bereits erkannt, dass
seine bearbeitung überhaupt nur als verkürzung seiner vorlage gelten kann. Dem inhalte nach würde diese mit dem lat
texte bei Surius im ganzen übereinkommen, der wiederum —
von einigen auslassungen und misverständnissen abgesehen
— der älteren syrischen prosa und dem Dionysius sehr ähnlich ist. Nun giebt die nachschrift im ms. audom. von Gregors
längerer version an, dass er sie *interpretante Johanne Syro*
verfasst habe, während er selbst in seinem kürzeren berichte
sagt, er habe sie *Syro quodam interpretante* ins lateinische
übertragen. Auf den ersten blick scheint dieser ausdruck
weiter nichts zu bedeuten als: irgend ein Syrer war dabei
mein dolmetsch. Doch der ohne weiteren zusatz seiner original-
bearbeitung zugefügte name macht dies wieder zweifelhaft: der
Syrer J o h a n n e s muss doch wohl eine bekannte person gewesen sein. Ich bin daher geneigt, die obigen worte mit: „nach
der auslegung des Syrers Johannes" zu übersetzen, und in
diesem manne den redaktor der von Gregor benutzten vorlage
zu erblicken; oder würde, wenn eine solche auffassung von
interpretari zu weit gehen sollte, eher ein schreiberversehen
für a u c t o r e J o h a n n e, *interpretante quodam Syro* oder dgl.
für zulässig halten, als dass ich die anführung des eigennamens
ohne eine derartige beziehung gelten lassen möchte. Der
name Johannes tritt aber so oft in der syrischen literatur
auf[2]) dass ohne weiteren zusatz eine nachforschung nach
dem betreffenden nur ein unsicheres resultat ergeben kann.
Am ehesten würde man auf J o h a n n e s   v o n   E p h e s u s

---

[1]) Jac. v. Sarug, die älteste prosa u. Dionys. Telm., dessen version
hier auch in betracht kommen kann, obwohl er bedeutend jünger als
Gregor ist, da dieselbe (s. u. 113 f.) augenscheinlich aus einem älteren
codex entnommen ist.

[2]) man vgl. Bickell, l. c. s. 109.

raten können, einmal, weil er seinen beinamen vom orte
des wunders herleitet, ferner weil er ein zeitgenosse Gregors
war, [1]) und endlich, weil wir schriften ähnlichen charak-
ters, so ein *Liber narrationum actorum beatorum hominum
orientalium*, von ihm kennen. Ja, es giebt noch einen weiteren
stützpunkt für diese vermutung: Dionysius Telmaharensis
hat nämlich für den dritten teil seiner chronik (von Theodosius
bis Justinian I.) den Johannes von Ephesus nachweislich stark
benutzt, und da auch er die geschichte der ephesischen jünglinge ausführlich berichtet, so wäre es immer möglich, dass er
sie seinem vorbilde entnahm, obwohl er deren ersten abschnitt
unter Decius erzählt. Ueberdies findet sich eine andere kopie
derselben redaktion in einer hs.[2]), welche daneben echte stücke
des obigen Johannes enthält.

Beide texte sind uns zwar nur zum teil bekannt, doch
stimmt ihr eingang fast genau mit dem jener lat. mss. überein,
die wir oben als vermutlich aus derselben vorlage wie Gregors
bearbeitung entsprossen kennen gelernt haben. Auch ihr inhalt dürfte, soweit sich dies aus unvollständigen angaben beurteilen lässt, der hauptsache nach derselbe sein, da Dionysius
sowohl wie jene hss. mit dem texte des Surius vielfach zusammentreffen. Das einzige bedenkliche wären die achtzahl
und die namen der jünglinge in diesen syrischen texten, welche
denen bei Gregor nur teilweise entsprechen. Allein wenn
Dionysius (s. s. 2 u. 113) andererseits aus derselben quelle
stammt, wie die ältere syr. prosa, welche trotzdem die siebenzahl und die Achillides-reihe führt, so kann man in solcher
abweichung überhaupt kein erschwerendes moment finden. Die
hss., welche acht jünglinge nennen, gehören überdies meist dem
8. und 9. jahrh. an und haben diese zahl wahrscheinlich eigen-
mächtig, allerdings alten traditionen folgend (s. s. 62 f.), für
die hier bezüglichen angaben früherer texte eingesetzt, die sie
im übrigen meist wörtlich abschrieben. Wäre es demgemäss

---

[1]) vgl. Bickell, l. c. s. 41.; Land, Anecdota II, 31 f.
[2]) Brit. Mus. Add. 14650, s. Land, Anecd. I, 24 f. u. u. s. 113 f.

nicht unmöglich, dass J o h a n n e s v o n E p h e s u s der redaktor der von Gregor benutzten bearbeitung der legende gewesen ist, so müsste sich seine eigene tätigkeit bei herstellung dieser version freilich im wesentlichen auf die eigentümliche fixierung der eigennamen beschränkt haben.

Noch ein dritter bericht über sieben heilige männer, welche nach ihrem tode schlafenden gleich sahen, wird unserm Gregor zugeschrieben. Er ist in einem b r i e f e enthalten, der an den bischof (al. erzbischof) S u l p i z v o n B o u r g e s gerichtet ist, und zwar sind hier die „Siebenschläfer" verwandte des h e i l i g e n Martin v o n T o u r s, die sich im kloster zu M a r m o u t i e r s durch einen frommen lebenswandel auszeichneten. Als ihre namen werden angegeben: *Clemens*, *Primus*, *Laetus*, *Theodorus*, *Gaudens*, *Quiriacus* und *Innocentius*, die bis auf den vorletzten keine ähnlichkeit zu den anderen tragen. Auch sonst steht diese legende in keiner inneren beziehung zu der von Ephesus — doch unterlasse ich es vorläufig, auf ihre eigentümlichkeit näher einzugehen. Es würde sich fragen, ob dieser brief authentisch ist. Sehe ich von einer prüfung der sprache ab, die anzustellen zu viel eigene erörterung verlangte, so möchte ich ihn, aus inneren gründen, mit Ruinart[1] für ein produkt späterer zeit halten! Denn wenn Gregor sich mit der ephesischen legende eingehend beschäftigt hatte, so konnte er nicht die gallische localmythe mit derselben ausführlichkeit erzählen, ohne mindestens auf die verschiedenheit beider hinzuweisen — ob er die eine oder die andere früher bearbeitet haben mag. Doch nirgend findet sich eine derartige hindeutung, so dass wir diesen brief wohl als unecht bezeichnen dürfen.

Zeitlich der nächste redaktor ist kein geringerer als

---

[1] s. die ausg. in der Patrologie des Migne (I. Ser. LXXI) s. 1106 bis 1116. AA. SS. l. c. 375 E; Iken, l. c. 305 f. Ungenau sind z. t. die angaben bei Karajan, l. c. X f., der das sendschreiben nicht gelesen zu haben scheint. — vgl. auch Curieuse Gesch. v. d. Siebenschläffern etc. s: 3 n. e, wo Henschenius u. Papenbrochius, AA. SS. Maji tom. I ad. Ephem. Gr.-Mosc. als vertreter dieser ansicht citiert werden.

Mohammed, der die legende — freilich in etwas zerrissener
gestalt, von einem punkte willkürlich zum andern überspringend
— in den Qorân aufgenommen hat. Sie fand dort in der
18. Sure, vers 8—24 etwa (wenn wir rein religiöse betrachtungen ausschliessen), ihren platz, welches kapitel nach der
Hedschra, also etwa zwischen 622 und 630 verfasst sein soll,
jedoch wohl erst nach dem tode des propheten seine überlieferte gestalt erhielt. Der besseren übersicht wegen lasse ich
den abschnitt hier nach der übersetzung Kosegartens [1]) folgen,
da er die verszählung dabei eingeführt hat, deren ich behufs
späterer citate bedarf. Doch habe ich seinen text mit dem
von Sale [2]) ins englische übertragenen und der neueren ver-
deutschung von Ullmann [3]) verglichen, und besonders geändert,
wo beide gegen Kosegartens auffassung sind.

8. „Erwägest du, dass die gefährten der höle und al
„raqîm (?) unter unsern wahrzeichen ein wunder waren?[4])

9. „Als die jünglinge in die höle flüchteten [5]), da sprachen [6])
„sie: O unser Herr! verleihe uns barmherzigkeit vor dir, und
„gewähre unserer sache heil!

10. „Da schlugen wir auf ihre ohren (= senkten sie in
„schlummer) in der höle auf viele jahre.

11. „Darnach erweckten wir sie, auf dass wir erkennen
„möchten, welche der beiden parteien[7]) genauer berechne, wel-
„chen zeitraum sie dort verblieben waren. [8])

12. „Wir wollen dir erzählen ihre geschichte mit wahrheit.
„Sie waren junge leute, welche an ihren Herren geglaubt
„hatten, und denen wir reichlich gewährt hatten rechte leitung.[9])

[1]) bei Iken, Touti Nameh, 298 ff.
[2]) London 1764, II, 112 ff.
[3]) Der Koran, 7 aufl., Bielefeld u. Lpz. 1877. s. 240 ff.
[4]) Ullm.: als unsere wunderbarsten zeichen.
[5]) Koseg.: geflüchtet waren.
[6]) Ullm.: beteten.
[7]) Koseg.: haufen.
[8]) id.: wie lange sie dort verblieben bis zu ihrem ende.
[9]) Ullm.: Diese jünglinge glaubten an ihren Herrn, und wir hatten
sie stets geleitet.

13. „Und wir stärkten ihre herzen, als sie da standen „(vor dem tyrannen) und sprachen: unser Herr ist der Herr „des himmels und der erde: nicht werden wir anrufen ausser „ihm irgend einen Gott; sonst redeten wir wahrlich frevel. [1]

14. „Diese unsere leute haben angenommen götter ausser „ihm, obgleich sie für sie keinen deutlichen beweis gebracht.[2] „Wer ist aber ungerechter[3] denn der, welcher lügen über „Gott erdichtet?

15. „Und sie sagten zu einander: wenn ihr euch trennet „von ihnen und von den götzen, welche sie ausser Gott ver- „ehren[4]), dann fliehet in die höle; es wird euer Herr seine „barmherzigkeit reichlich über euch ausgiessen, und eure sache „euch zum segen ausführen. [5]

16. „Da hättest du die sonne gesehen, wenn sie aufging, „wie sie sich von ihrer höle abwandte zur rechten, und wenn „sie unterging, wie sie sie verliess zur linken, und sie waren „in dem geräumigen teile derselben.[6] Dies war[7] eins der „wunderzeichen Gottes. Wen Gott leitet etc. . . .

17. „Du hättest sie für wachende gehalten, während sie „doch schlummerten. Und wir liessen sie sich zur rechten „und zur linken wenden[8]), und ihr hund streckte seine vorder- „beine aus an dem eingange der höle.[9] Hättest du dich ihnen „plötzlich genähert,[10] wahrlich, so würdest du den rücken gewendet

---

[1] Sale: *extravagance*, Ullm.: eine grosse lüge.

[2] Ullm.: Diese unsere landsleute verehren zwar etc., aber sie können diese nicht mit überzeugungsgründen beweisen.

[3] Ullm.: frevelhafter.

[4] Koseg.: So sondert euch von ihnen, bis dass sie nur Gott anbeten etc.

[5] mehr nach Sale.

[6] Ullm's. übersetzung scheint freier.

[7] Koseg: ist.

[8] Koseg: wir wendeten sie etc.

[9] Ullmann: . . lag ausgestreckt mit seinen vorderbeinen etc.

[10] Koseg.: sie plötzlich erblickt.

„und vor ihnen geflohen sein, und wärest bei ihrem anblick „mit furcht erfüllt worden. [1]

18. „Also erweckten wir sie dann, dass sie sich unter „einander fragen möchten. [2] Einer von ihnen hub an und „sprach: Wie lange habet ihr verweilet? Die einen sagten: „wir haben verweilet einen tag, oder einen teil eines tages. „Die andern sagten: euer Herr weiss am besten die zeit, „welche ihr hier verweilet habt. [3] Sendet nun einen von euch „mit dieser eurer münze nach der stadt, auf dass er sehe, wer „dort die beste und billigste speise habe [4]), und euch nahrung „davon bringe und sich vorsichtig [5]) benehme und euch nie-„mandem entdecke.

19. „Wahrlich, wenn sie vor euch erscheinen, werden sie „euch steinigen, oder werden euch zurückführen zu ihrem „glauben, und ihr werdet alsdann nimmer selig werden. [6]

20. „Also haben wir sie den leuten hernach angezeigt [7]), „auf dass sie erkennen möchten, dass die verheissung Gottes „wahrheit ist, und dass an der (auferstehungs)stunde kein „zweifel ist, als sie untereinander stritten über ihre sache. [8] „Und sie sagten: errichtet ein gebäude über ihnen: ihr Herr „kennet [9]) ihren zustand [10]) am besten. Diejenigen, welche „siegten in der sache, sprachen: wir wollen sicherlich ein bet-„haus über ihnen bauen.

---

[1]) mehr nach Sale, dessen ausdruck hier der einfachste, daher wohl der getreueste ist.

[2]) Ullm.: als wir sie nun erweckten, da stellten sie fragen: u. s. w.

[3]) Ullm.: wie lange ihr hier zugebracht habt.

[4]) Koseg.: welches dort die reinste speise sei.

[5]) id.: wohl; Ullm.: er muss aber vorsichtig sein, dass er keinen von euch verrate.

[6]) Ullm.: Ihr würdet auf ewig unglücklich sein.

[7]) id.: wir machten aber ihr volk mit ihrer geschichte bekannt etc.

[8]) Kosegarten und Ullmann ziehen dies zum folgenden; überein-stimmend mit den andern redaktionen ist jedoch die auffassung Sales.

[9]) Kosegarten: kannte. vgl. auch Tabarî, l. c. 37.

[10]) Koseg.: sie.

21. „Einige sagen [1]): drei waren ihrer, und ihr vierter „war ihr hund; andere sagen: fünf waren ihrer, und ihr „sechster war ihr hund, ratend über das geheime [2]); andere „sagen: sieben waren ihrer, und ihr achter war ihr hund. „Sprich: mein Herr weiss am besten ihre zahl., nur wenige „sollen [3]) sie wissen.

24. „Und sie verblieben in ihrer höle dreihundert jahre, „denen noch hinzugefügt wurden neun. [4])

25. „Sprich: Gott weiss am besten, wie lange sie dort „blieben etc.

Soweit die legende im Qorân. Lassen wir vorläufig die erweiterungen der commentatoren bei seite, die sicher manches fremde hineingetragen haben, und suchen wir erst aus dem hier gegebenen zu ergründen, wie sich Mohammed zu den andern redaktoren verhält.

Zu v. 8. Von dem dunkeln worte raqîm habe ich schon früher (s. 64) gesprochen; nach Beidhâwî ist es der name des berges oder des tales, in dem sich ihre höle befand, oder der name ihrer stadt, oder ihres hundes, oder einer tafel von blei oder stein, auf welcher ihre namen eingegraben waren und die über dem eingange angebracht war. Letztere deutung sucht nun Pihan [5]) durch herleitung vom arab. verbum *raqama* (= notieren, schreiben) wahrscheinlich zu machen. Doch meiner auffassung nach erfordert der sinn, den namen des hundes darunter zu verstehen, wiewohl derselbe von späteren *Qitmîr* (oder *Qatmîr*) genannt wird, was Pihan auf *qat'ama* (= beissen, mit den zähnen fassen) zurückführt. Hier würden wir wenigstens den anklang zu Viricanus (oder Hyrcanus?) bei Theodosius, auf den schon Gildemeister hinweist, zur stütze haben,

---

[1]) Koseg.: werden sprechen.

[2]) Ullm.: So raten sie herum in einer geheimen sache.

[3]) id.: können.

[4]) Ullm.: dreihundert und neun jahre.

[5]) Étude critique etc. s. 11—12. — J. v. Hammer (Vulpius, Curiositäten IX, 118 ff.) erklärt den berg Rakim mit berg des schreibers, in dem 12 gnostische weise mit ihrem vorsitzenden hausen; s. 65, 6. u. 137.

während keiner der überlieferten berg- und ortsnamen irgend welche ähnlichkeit bietet.

v. 11. *Welche der beiden parteien* etc., womit v. 24 u. 25 zu vergleichen ist. Dies spielt, glaube ich, auf die doppelte berechnung der richtigen 191—192 und der mythischen 372 jahre an, obwohl kein grund ersichtlich ist, wie der prophet auf die zahl 309 gekommen sein kann.[1])

v. 13 u. 14 entsprechen ungefähr der rede der jünglinge vor dem kaiser, wie ich sie oben (s. 7) dargestellt habe.

v. 16. Das *abwenden der sonne* ist eine Mohammed und seinen anhängern eigentümliche idee, auf die sich in den christlichen redaktionen keine andeutung findet. Wie Tabarî (l. c. 36) richtig bemerkt, muss der prophet sich den eingang der höle gen norden gedacht haben, obwohl die grotte sich tatsächlich nach osten öffnet. Der sinn dieser stelle, wie auch der dieser worte des folgenden verses: *Und wir wendeten sie zur rechten und zur linken* ist offenbar, wie die commentatoren bemerken, dass der Herr die leiber vor der verwesung schützen und ihren schlaf ungestört sein lassen wollte. Gleichzeitig geht aber daraus hervor, dass Mohammed nichts von der vermauerung wusste, die alle christlichen versionen erwähnen. *Der geräumige teil der höle*: die reisenden beschreiben den eingang als sehr enge, doch das innere der grotte höher gewölbt; auch dieser umstand wird gewis im zusammenhang mit dem obigen hervorgehoben.

v. 17. *Du hättest sie für wachende gehalten* etc. von Beidhâwî wohl richtig erklärt: weil sie die augen offen hatten, oder weil sie sich öfter umwendeten: wiederum eine abweichung von der christlichen legende. *Ihr hund* — über den ich schon vorhin genugsam gesprochen habe. Man beachte jedoch, dass Mohammed nirgends den schäfer erwähnt, dem nach einem teil seiner commentatoren der hund gehört haben soll. — *Du*

---

[1]) vgl. jedoch unten s. 120, wo dieselbe zahl in einem christl. arab. ms. und in einer syr. randglosse bei Dionysius Telmaharensis nachgewiesen wird; s. ferner oben s. 70, 5.. — Wenn Ullmann übrigens in n. 1, s. 240, die sieben christl. jünglinge s i e b e n jahre schlafen lässt, .so weiss ich nicht, auf welche quelle er sich beziehen kann.

wärest mit furcht bei ihrem anblick erfüllt worden: ein echt dämonischer, mythenhafter zug, den die ausleger des Qorân verschieden commentieren. So erzählt Beidhâwî,[1]) dass der khalif Moâwiyah auf einem zuge bei der Siebenschläfergrotte vorbeikam und trotz der warnung des Ibn Abbâs jemanden hineinsandte; dieser mann ward aber durch einen feurigen wind getötet. Andere (s. Tabarî, l. c. 41, womit auch Ibn Al'athîr übereinstimmt) berichten, dass der könig, welcher die jünglinge verfolgte, leute in die höle hineinsenden wollte, die jedoch nicht wagten, seinen befehl auszuführen. Ähnlich schreibt auch die orientalische erzählung, welche der graf Caylus veröffentlicht,[2]) wenn sie auch die einzelheiten arg übertreibt: Dakianus wird, als er in die höle eindringen will, durch erschrecklichen dampf zurückgetrieben. Dazu stimmt auch, dass der commentar zu Saʿdi[3]) die schläfer nach ihrem erwachen wie riesen erscheinen lässt, womit man vergleiche, was ich vorhin (s. 33 1, u. s. 45) über die äussere erscheinung derjenigen wesen gesagt habe, welche unter der erde ein traumhaftes dasein führen oder nach langem schlafe wieder zur oberwelt und zum tageslicht zurückkehren: wer sich den dämonen naht, empfindet grausen; die wiedererwachten setzen durch ihr verändertes aussehen alle in staunen. Auf einen ähnlichen zug werde ich in der von Paul Warnefried berichteten und bald zu erwähnenden nordischen sage hinweisen. Die hier commentierte darstellung Mohammeds ist also nicht als eigne erfindung, sondern als uralte, volkstümliche idee aufzufassen. — v. 18 entspricht der hauptsache nach der gemeinen darstellung; v. 19 dagegen findet sonst keine parallele, ergiebt sich jedoch natürlich aus dem zusammenhange. — v. 20. Der zweck der wiederbelebung stimmt mit den christlichen versionen überein: auch Mohammed citiert dies wunder als beweis der wahrheit der auferstehung.

Die worte: *als sie untereinander stritten* habe ich oben

---

[1]) s. Sale, II, 114 p.

[2]) bei Schmidt, franz. Schriftsteller etc. s. 91.

[3]) Übersetzung von Olearius s. 8 ff.

mit Sale auf eine controverse über die auferstehungslehre bezogen, was am besten zu den andern redaktionen stimmt, ob
nun auf die bei den meisten genannte häresie damit angespielt
sein soll, oder auf die theologische disputation, von der die
ältere syr. prosa spricht. Kosegarten und Ullmann nehmen
obige worte zum folgenden, was jedoch wenig für sich hat, da
sonst von einem streite über den bau eines „gebäudes" oder
eines „bethauses" niemand handelt, wenn damit nicht etwa
darauf hingedeutet werden soll, dass Theodosius nach der christlichen legende ursprünglich die heiligen in kostbare särge legen
wollte, jedoch durch eine vision daran gehindert wurde und
nun eine kirche neben der höle erbaute.

v. 21. Das schwanken in der zahl der schläfer habe ich
schon vorhin berührt. Die drei- und fünfzahl führt Mohammed
zuerst ein, und wenn seine commentatoren diese auch miter-
wähnen müssen, so erklären sie die sieben doch für die richtige
zahl,[1]) wobei der khalif Ali als gewährsmann genannt wird.
Die andern beiden ziffern werden als irrige meinung der Juden
(oder der Jacobiten) und der Nestorianischen Christen, hinge-
stellt.[2]) Aus der ausdrucksweise des propheten ist jedoch eine
entschiedene begünstigung einer der drei zahlen nicht zu erkennen, und jene angaben beruhen, soweit es bis jetzt zu übersehen ist, wahrscheinlich auf einem willkürlichen deutungsver-
suche. Nachweislich schwankten die Christen nur zwischen
7 und 8, welche letztere zahl bei Mohammed gänzlich fehlt. Man
muss für die ziffern 3 und 5 daher einen anderen grund suchen.

Ich habe vorhin die Siebenschläfer aus den phönicisch-
griechischen Kabiren herzuleiten gesucht, welche ihrer ursprünglichen bedeutung nach die 7 planeten der alten bezeichneten.
Nun wurden aber die gottheiten der gestirne mit einander in
ihren mythologischen beziehungen verwechselt, und so mag
man auch die planeten mit dem Siebengestirn vermengt
haben, zumal dieses für die schiffahrt der östlichen völker von
bedeutung war, und die Kabiren als schutzgötter der seereisen-

---

[1]) Sale, l. c. 116 y, Tabarî, l. c. 42—43.
[2]) Beidhâwî, Zamachscharî, Tabarî u. a., s. Sale II, 115 w u. x.

den verehrt wurden. Bei den Plei aden schwankte jedoch
auch die zahl nach sechs hin; der Hyaden nannten dagegen die
einen sieben, andere auch drei oder fünf:[1] dieselben zahlen
wie bei Mohammed. Solche mythischen vorstellungen mögen
im volke mit einander vermischt worden sein und sich so in
die vom propheten benutzte überlieferung eingeschlichen haben.
Auch im vergleiche mit einigen andern, sogleich zu besprechenden mythen empfiehlt sich die annahme eines sterncults als
grundlage der verschiedenen berichte.

Das hauptergebnis dieser betrachtungen ist nun, dass die
version des Qorân auf keiner der bekannten christlichen direkt
beruhen kann; vielmehr haben sich in die legende populäre
sagenhafte züge eigener art hineingedrängt, sei es dass Mohammed sie selbst einzeln auf seinen reisen gesammelt, sei es,
dass er eine tradition benutzt habe, welche sie alle vollständig
in sich vereinigte.

Schon mehrfach habe ich eine arabische version der legende
citiert, welche in englischer übertragung von J. C. Rich in
den Fundgruben des Orients, III, 347 ff. veröffentlicht ist.
Der übersetzer behauptet sie aus dem „Câab el Akhbar,
einer sammlung von geschichten und mythen der moh. religion"
(s. 348, a) entnommen zu haben, wo sie dem „Wahab ben
Monabbeh" zugeschrieben sein soll. Das erste ist sicher ein
irrtum, da Ka'b El'ahbâr kein buch, sondern einer der kirchen-
väter des Islâm war.[2] Er war zuerst ein anhänger des juden-
tums, doch später wurde er bekehrt, und man schrieb ihm
grosse gelehrsamkeit .in der jüdischen theologie zu. Er starb
im 32. jahre der Hedschra (652/53 n. Chr.). Wahb ben Munabbih genoss als kirchenlehrer desselben ansehns, und war ebenso, obwohl persischer abkunft, im jüdischen glauben erzogen.
Er starb im jahre 110 der Hedschra (= 728 n. Chr.), nach
andern erst 114 (= 732 n. Chr.). Es würde sich nun fragen,
wer von den genannten männern als autor jener erzählung zu

---

[1] s. Preller [3] I, 384. vgl. auch Kazwini übers. von Ethé, I, 90 f.
[2] s. Sprenger, Mohammed I, 46; 54 f.

betrachten sei. Da dieselbe mit einer mythenhaften geschichte von Nimrod (= Dekianous) verquickt ist, so hätte es viel wahrscheinliches, dass ein in der jüdischen theologie bewanderter moslem, wie jene beiden, sie zusammengestellt habe. Allein da die darstellung mit vielem fremdartigen ausgeschmückt und in das romanhafte ausgereckt ist, so erheben sich sofort bedenken, ob man so früh bereits eine derartige erweiterung ansetzen kann. Denn gemeinhin ist der entwickelungsgang literarischer stoffe der, dass sie erst längere zeit, oft jahrhunderte nach ihrem ersten auftauchen, eine der grundform ganz verschiedene gestalt annehmen. Ausserdem wäre es doch wundersam, wenn die autorität eines Ka'b oder Wahb bei dieser legende nicht soviel einfluss auf die jüngeren schriftsteller, die hierüber handeln — Masudi, Ibn Ḳutaiba, Tabarî, Zamachscharî, Beidhâwî u. s. f. — ausgeübt haben sollte, dass sie die zusätze jener wenigstens andeuten. Doch soweit es mir bekannt ist, gedenkt bis zum 13. jahrh. (um von der späteren zeit ganz abzusehen) keiner der fabelhaften umstände der in rede stehenden redaktion, und was jene autoren mit ihr gemein haben ist gewis, direkt oder indirekt, aus gemeinsamer quelle geschöpft. Ich glaube daher diese version mit recht einer späteren zeit zuweisen und ihre eingehendere besprechung bis zu einem geeigneteren orte aufschieben zu können. Wie Rich zu seinem irrtume gekommen ist, lässt sich wohl so erklären, dass der autor der von ihm übersetzten erzählung aus betrügerischer absicht, um seine glaubwürdigkeit zu erhöhen, Wahb b. Munabbih als quelle genannt, oder dass Wahb wirklich einen dem obigen ähnlichen commentar verfasst hat, den ein jüngerer dann durch allerhand einschiebsel zu solcher ausdehnung anwachsen liess.

Wir wenden uns nunmehr zu der fortpflanzung der legende bei den Christen zurück, um zunächst ein paar belege über die weite verbreitung des ruhmes der heiligen zu citieren. So erwähnen die AA. SS. (l. c. 378 D) eine stelle aus dem leben des dem 8. jahrh. angehörigen heiligen Willibald, nach welcher reisende nach Ephesus kamen und dort die stätte be-

suchten, wo die Siebenschläfer ruhen. Der andere ist eine
deutsche sage, die zwar nicht von den ephesischen schläfern
handelt, jedoch schwerlich die überlieferte form ohne einwirkung
dieser legende erhalten haben dürfte. Sie wird uns von Paul
Warnefried (oder Diaconus, † 799) in dem I. buche, cap. 4,
seiner Longobardengeschichte erzählt. [1])

Er will, sagt er, ein wenig von dem gange der erzählung
abgehend, ein wunder berichten, welches in ganz Deutschland
sehr berühmt ist. Im äussersten norden dieses landes, am
ufer des oceans schlafen nämlich in einer höle unter einem
gewaltigen felsen sieben männer seit unbestimmt langer zeit.
Ihre leiber sind jedoch unversehrt, wie auch ihre kleider, und
sie werden darum von den barbarischen völkern jener gegend
verehrt. Nach dem gewande zu urteilen, müssen es Römer sein;
als jemand aus habsucht einen von ihnen seiner kleidung berauben
wollte, da verdorrten [2]) ihm die arme, durch welche strafe die
andern von einem solchen wagnis abgeschreckt wurden. Vielleicht, setzt dann Warnefried hinzu, werden diese männer,
welche unzweifelhaft Christen sind, die heidnischen völker
jener gegenden eines tages zum rechten glauben bekehren.

Es hat diese erzählung viel merkwürdiges. Ohne zweifel
ist sie aus einer volkstümlichen tradition hervorgegangen, und
hat — eigentümlicher weise — die meiste ähnlichkeit mit
Mohammeds version: auch hier liegt die höle gen norden, auch
hier ist sie nicht vermauert, auch hier wird der, welcher ein-
zudringen wagt, von überirdischer strafe getroffen. (vgl. oben
s. 103.) Die schläfer sind fremde, wie auch commentatoren des
Qorân die dort gemeinten als Griechen bezeichnen. Ist es nun
denkbar, dass zwei so ähnliche mythen sich unabhängig von
einander in so getrennten ländern wie Norwegen und Klein-
asien ausbilden konnten? [3]) Und wenn nicht, wie lässt sich

[1]) AA. SS. l. c. 375, Iken l. c. 304, d'Ancona, Sacre Rappr. II, 351 etc.
[2]) Iken begeht hier den fehler „arruerunt" statt „aruerunt" zu
lesen und demgemäss zu übersetzen: sie rissen ihm die arme aus (!)
[3]) Hier wäre der ort, eine sage über das Geschlecht der Gonzaga
zu erwähnen (s. AA. SS. 375, 2), nach welcher ein stammvater dieses ge-

ihr zusammenhang erklären? Diese fragen sind nicht leicht
zu beantworten. Setzt man selbständigkeit beider als das
wahrscheinlichere voraus, so müsste man sie auf einen uralten
indogerm. mythus (denn Mohammed schöpfte, wie oben angedeutet, wohl aus traditionen, die aus griechischen vorstellungen
entsprangen) zurückführen, vielleicht auf einen cult des Sieben-
gestirns, welches den winter über verschwand und also gleichsam schlafend gedacht werden konnte: dies deutet insbesondere
die nördliche lage der höle an. Hält man jedoch beeinflussung
der einen durch die andere für glaubwürdiger, so könnte eine
solche entlehnung in der art stattgefunden haben, dass Warnefried, als er noch in Italien lebte, eine der moh. ähnliche
Siebenschläferlegende mündlich berichten hörte, und einige
umstände unbewusst in eine nordische mythe von schlafenden
heroen hinübertrug. Dass die ephesische legende einige einwirkung hatte, scheint mir wenigstens daraus hervorzugehen,
dass Warnefried die schläfer als Christen darstellt, von denen
er die bekehrung der heidnischen völker des nordischen landes
erwartete. Ebenso dürfte die Siebenzahl, wenn sie dort nicht
ursprünglich existierte, als aus nachahmung der kirchlichen
mythe hervorgegangen angesehen werden. Auch der vorhin
besprochene angebliche brief Gregors von Tours an
Sulpiz von Bourges gehört in diesen zusammenhang. Wenn
ich auch nachzuweisen bemüht gewesen bin, dass er nicht den
genannten bischof zum verfasser habe, so ist er dennoch nicht
ohne interesse, da sein inhalt gewis auf einer populären überlieferung beruht. Auch bei Marmoutiers [1]) — in dessen nähe
sich übrigens vorhistorische grabstätten befinden — wird im

---

schlechtes, Agimund, aus Skandinavien kommend die Siebenschläfergrotte
im 30. jahre des Theodosius entdeckt haben soll. — Der arabische
geograph Edrisi (s. u. s. 135) berichtet, dass auch in Loja in Andalusien
sieben märtyrer unter dem namen der Siebenschläfer verehrt würden,
dass dies aber nicht die richtigen seien.

[1]) in den Gestis Karoli Magni ad Carcassonum et Narbonum
(ed. Ciampi, Fir. 1823, s. 16) wird ein abt von Marmoutiers als einer
der Siebenschläfer bezeichnet. (s. d'Ancona, l. c. 351).

volke ein aberglauben aus heidnischer zeit (gleichgiltig, ob von
den Kelten oder den Franken herrührend) von 7 schlafenden
dämonen oder heroen geherrscht haben, deren schutz man
erflehte. Als die ephesische legende allgemein bekannt ward,
wurden diese schläfer in christliche jünglinge umgesetzt und
eine lebensgeschichte von eifrigen geistlichen hinzugedichtet.
Ich glaube daher nicht, dass die verwechselung des ausdrucks
germani = brüder mit *Germani* = Deutsche die ursache der
übertragung der ephesischen mythe nach den nördlichen ländern war, wie Grimm [1]) meint, sondern dass auch in jenen
gegenden entsprechende heidnische sagen existierten, welche
erst zu christlichen wurden, als die kirchliche legende aus dem
Orient dazu beispiel und veranlassung ward. Denn nicht möglich scheint es mir, dass eine fremde mythe an einen ort verpflanzt wird, wenn nicht schon vorher ähnliche locale traditionen
im umlauf waren, oder sich sonstige anknüpfungspunkte boten.

Die eigentliche legende ist mittlerweile bekannt genug genug geworden, dass kurze berichte in chroniken und martyrologieen als ausreichend erachtet werden. So handelt von den
ephesischen jünglingen der schon erwähnte lat. teil der
Khalifengeschichte, welche nach dem herausgeber, Land
(Anecd. Syr. I, 103 ff.), in das 8. jahrhundert gehört. Auch
hier wird die häresie gewisser bischöfe als beweggrund der
auferweckung angeführt; der name des ephesischen bischofs,
zu dessen zeit das wunder geschah, ist *Marius*; die heiligen
erscheinen jedoch in der achtzahl: *Maximus, Iamblichus, Mar-
telius,* (!) *Dionysius, Joannes, Serapion, Hexecostadianus* (!) und
Antoninus (l. c. s. 109). Die erzählung selbst ist aber so ge-
drängt, dass weitere berührungspunkte mit andern sich nicht
mit bestimmtheit erkennen lassen, doch weisen die hervorgehobenen momente auf ein nahes verhältnis zu Dionysius
Telmaharensis hin, von dem bald die rede sein wird.

Dann erwähnt der abt Theophanes (ca. 758—816), der

---

[1]) Deutsche sagen II, 29.

eine zeit lang am hofe kaiser Leos IV. lebte, sich jedoch
später in ein kloster zurückzog, dieselbe ganz kurz in seiner
chronik, giebt jedoch als zeit ihres schlafes 184 jahre, wofür
bei Anastasius, der seine Hist. ecclesiastica nach jenem bearbeitete, gar 181 jahre zu lesen sind. Die zeit der auferweckung fällt daher bei Theophanes auf 423. [1])

Um diese zeit dürften auch die gottesdienstlichen schriften
der Griechen, die Synaxarien und Menaeen entstanden
sein, da die späteren, genauer datierbaren Menologieen
(10 jh. u. s. f.) aus ihnen geschöpft haben sollen. [2]) Die in
den ersteren gesammelten legenden gingen in die $\mu\eta\nu\alpha\imath\alpha$ über,
welche nach den monaten in 12 abschnitte geteilt waren und
gleichzeitig den liturgischen und erzählenden apparat des
heiligencultus enthielten. Die tage der Siebenschläfer sind,
wie schon erwähnt, bei den Griechen der 4. August und
22. October, doch da dasjenige, was in diesen schriften über
jene berichtet wird, nichts von wichtigkeit für die entwickelung der legende bietet, so verweise ich hier auf den ent-
sprechenden abschnitt in den AA. SS. (l. c. 377), um zu den
Abendländern überzugehen.

Hier werden sie in den martyrologieen des Usuard, des
Rabanus Maurus und Notker Balbulus erwähnt. [3])
Ersterer, der sein werk Karl dem Kahlen gewidmet haben
soll [4]), nennt als tag der heiligen den allgemein in der römi-

---

[1]) s. AA. SS. 383. D.; Anastasius ed. Classen 136, 19. — Wie Reinbrecht, l. c. 7, dazu kommt, das genannte werk des Theophanes um 550
anzusetzen, ist unbegreiflich. Wenn v. Karajan (l. c. XII.) und alle, die
ihn abgeschrieben haben, auch Theophylactus, den geschichtsschreiber
des kaisers Mauritius, als hierher gehörig citieren, so dürfte dies auf
falscher auflösung der randglosse „Theoph.“ bei Baillet beruhen.
Wenigstens habe ich in der Bekkerschen ausgabe (Bonn, 1834) nichts
über die legende gefunden.
[2]) vgl. Hertzog, Realencyclopädie u. d. betr. artikeln.
[3]) vgl. AA. SS. l. c. 378, 14.
[4]) nicht Karl dem Grossen, wie sonst geglaubt wird, vgl. AA. SS.
Mart. II, s. VI. vgl. A. Ebert, allgem. Gesch. d. Lit. d. M.-A. II, 386.
[5]) AA. SS. VI, Jul. 385 D.

schen kirche giltigen 27. Juli, welchen auch schon Gregor von Tours als solchen gekannt zu haben scheint, da der vorhin (s. 90) citierte schlusssatz der in den AA. SS. veröffentlichten hs. seiner längeren version folgendermassen endet: — *Passio .. quae observatur sexto kal. Augusti.* Usuard benutzte übrigens nachweislich [1]) das werk Ados (geb. um 800, gest. 874) der erzbischof von Vienne war; doch wenn dieser abweichend von ihm den festtag auf den 27. Juni angesetzt haben soll, so ist eine solche angabe sehr unsicher, da nur eine der von Jacob Mosander zur herausgabe benutzten 4 hss. an diesem datum *Eodem die septem Dormientium* liest. [2]) Rabanus (776—856) und Notker († 912) bezeichnen dagegen tatsächlich den 27. Juni als tag der Siebenschläfer.

Die versionen beider[3]) stimmen grösstenteils wörtlich überein, doch dass der jüngere seinen vorgänger nicht direkt abgeschrieben habe, tun mehrfache abweichungen im ausdruck und gelegentliche stellen dar, in denen jener ausführlicher ist als dieser, während er an andern orten wieder einiges weglässt. Beiden dürfte daher dasselbe, etwas vollständigere original vorgelegen haben. Im ganzen ähnelt ihr text dem Gregors von Tours, im XCV. cap. seines werkes *de Gloria Martyrum*, doch dass dieser nicht ihre quelle gewesen sein kann, zeigen die namen *Celeon* (bez. *Caelion* oder *Caelius*) und *Marinus*, welche Gregor in obiger bearbeitung gar nicht nennt, und die dauer des schlafes, für die der Turonenser keine bestimmte zahl angiebt, während Rabanus wie Notker die üblichen 372 jahre anführen. Als regierungsjahr des Theodosius bringt ersterer, mit den meisten übereinstimmend, das 38., letzterer das 30.,

---

[1]) AA. SS. Jun. VII, s. 223. s. Ebert, l. c. s. 386.
[2]) bei Surius, ausg. v. 1586 s. 1147, V. Cal. Jul. Dasselbe gilt von Beda (672—735; vgl. Ebert, l. c. I, 595 ff.), der die Siebenschläfer selbst nicht am 27. Juni nennt, wenngleich einige spätere hss. seines Martyrol. (AA. SS. Mart. II, s. XXII.) einen solchen zusatz bieten.
[3]) bei Canisius, Antiquae Lectionis Tom. VI, Ingolst. 1604. Martyrol. Hrabani s. 687 ff., VII Dorm. s. 721; Martyrol. Notkeri 759 ff., VII Dorm. s. 864. Über Raban vgl. Ebert, l. c. II, 120 ff.

wobei das wort *octauo* aus versehen weggelassen scheint. (vgl.
auch s. 12 n. 4.) Dieses verhältnis macht daher eine gemeinsame vorlage aller dreier wahrscheinlich: sie gehen, nach
meinen früheren ausführungen, auf eine kürzung der lat. vulgata zurück. Was nun ihre datierung des heiligentages betrifft, so müssen wir zuerst sehen, ob irgend ein tieferer grund
zu diesem wechsel zu erkennen sei. Es ist die beantwortung
dieser frage insofern von interesse, da auch heute noch die
deutschen volkskalender die Siebenschläfer auf den 27. J u n i
ansetzen, [1]) und er im volke als einer der sog. loostage gilt. [2])
Man pflegt in Norddeutschland zu sagen: wenn es an diesem
tage regnet, so regne es noch sieben wochen, und so ganz
grundlos ist eine solche wetterprophezeiung nicht. Da jedoch
in andern gegenden der 24. oder 29. Juni, beziehungsweise
der 2. Juli als der hierin entscheidende tag betrachtet wird,
so ergiebt sich hieraus, dass der Siebenschläfertag hierbei nicht
mehr bedeutung hat, als die andern: d. h. diese bestimmungen
besagen weiter nichts als dass, wenn in der ersten sommer-
woche nordwestwinde eintreten, die nächste zeit eine regnerische
zu sein pflegt. Da somit eine uralte mythische bedeutung des
27. Juni nicht nachzuweisen ist, so können wir nach dieser
seite hin auch nicht den grund suchen, weswegen jene geistlichen von dem gemeinen 27. Juli abgewichen sind. [3]) Ein
blosser lesefehler (Junius statt Julius) kann dies jedoch auch
nicht sein, da die martyrologieen jener zeit die römische zählung
führen, also für den 27. Juli VI *kal. Aug.*, für den 27. Juni
V *kal. Jul.* setzen.

Doch eine verwechselung ist dabei im spiele, und zwar
mit der legende von den sieben brüdern, den söhnen der Felicia,
deren fest am 27. juni gefeiert wird.[4]) Die gleiche zahl beider

---

[1]) s. auch kap. VI die calendarien von Hondorff, Goldwurm und
Dresser, u. vgl. Chardry s. XVI, XVII.

[2]) Meyers Convers. Lex. s. v.

[3]) Als auffällig mag jedoch erwähnt werden, dass Rabanus am
27. Juni 847 zum erzbischof von Mainz gemacht wurde.

[4]) vgl. AA. SS. Jun. VII, 224 f.

märtyrergruppen muss diese verwechselung bewirkt haben, und ein weiterer schritt war es dann, auch die ephesischen jünglinge brüder zu nennen, als welche sie, ausser Gregor von Tours, wie wir bereits früher gesehen haben, Rabanus, Notker und einige andere bezeichnen. Demselben irrtum sind wir schon einmal bei Theodosius (*de situ terrae sanctae*) begegnet, doch ist der anlass zu demselben so nahe liegend, dass an eine entlehnung aus diesem nicht notwendig zu denken ist.

Wir müssen uns nun wieder zum Oriente wenden, wo eine mit Usuard und Rabanus etwa gleichzeitige syrische redaktion zu erwähnen ist. Es ist die bereits öfters angezogene des Dionysius Telmaharensis, eines jacobitischen patriarchen,[1] welcher sie in seiner chronik, die von der erschaffung der welt bis 775 n. Chr. reicht, unter dem 10. jahre des Theodosius II. erzählt.

Leider ist nur der I. teil derselben bisher durch den druck[2] allgemein zugänglich geworden, der, wie oben s. 2 bemerkt, unsere legende nur bis zum martyrium der ephesischen jünglinge enthält. Dennoch erkennen wir aus dem vorhandenen abschnitt, dass seine version die übersetzung eines griech. textes ist, welcher auch der älteren syr. prosa vorgelegen haben muss. Dass Dionysius nicht etwa diese benutzte, sondern aus einem originale abschrieb, das unabhängig von ihr übertragen war, geht daraus hervor, dass der ausdruck bei beiden selten genau übereinstimmt, wenn man auch auf auslassungen u. dgl. keine rücksicht nehmen will. Ausser den dort erwähnten griechischen ausdrücken ($\dot{\alpha}\varrho\chi\varepsilon\tilde{\iota}o\nu$, $\pi o\lambda\iota\tau\varepsilon\nu\acute{o}\mu\varepsilon\nu o\iota$, $\gamma\lambda\omega\sigma\sigma\acute{o}\varkappa o\mu o\nu$ [gloskama] u. a.) hebe ich bei ihm noch folgende hervor: $\dot{\alpha}\gamma\tilde{\omega}\nu\alpha$, $\varkappa\acute{\iota}\nu\delta\upsilon\nu o\varsigma$ (und wir sind in $\varkappa\acute{\iota}\nu\delta\upsilon\nu o\varsigma$=besorgnis), (in diesem ganzen) $\chi\varrho\acute{o}\nu o\varsigma$, für welche der andere syr. text syrische worte enthält. Auch die form *Ioannes* statt der eigentlich syrischen *Ioannan* weist auf solchen ursprung. Aber Dionysius übersetzte augenscheinlich nicht selbst, da noch eine andere hs. (Add. 14650, Brit.

---

[1] Assemani, Bibl. Orient II, 98 ff.: 344 ff, s. Bickell, Consp. rei Syr. lit. s. 42.

[2] ausg. von Tullberg, Upsala 1850. s. 167 ff. vgl. auch Assemani l. c. I. 336 ff., AA. SS. l. c. 385, 46.

Mus.) aus dem jahre 875 existiert, welche mit seinem texte
sehr genau übereinstimmt und unter anderm ebenfalls wie er
die achtzahl der schläfer führt,[1]) jedoch dieses stück nicht als
abschnitt einer weltchronik, sondern in einer sammlung von
märtyrer- und heiligengeschichten bringt. — Die namen der
8 jünglinge sind bei ihm mit geringen varianten dieselben wie
in dem vorhin citierten khalifenbuche: *Maximilianus, Jamlicha, Martelus, Dionysius, Johannes, Serapion, Exustadianus* und
Antoninus. Es müssen daher beide auf derselben vorlage beruhen, und da jenes die ketzerei bereits erwähnt, so wird sie
auch bei Dionysius anzusetzen sein. Dass dieser den bischof
von Ephesus *Mares* nennt, wissen wir bereits durch Assemani,
und dies stimmt wiederum mit dem *Marius* des liber calipharum überein. Wie diese abweichungen von der älteren syr.
prosa zu erklären sind, wird später zu erörtern sein, doch will
ich noch daran erinnern, dass der text des Dionysius sich
mehrfach, wo er von jener abweicht, an die dem S i m e o n M e t a -
p h r a s t e s' zugeschriebene version anlehnt (s. oben s. 2 u. 96).

Nur wenig später als Dionysius ist die version des con-
stantinopolitanischen patriarchen P h o t i u s, der 891 starb. Er
hat dieselbe in seine bibliothek, cod. 253, aufgenommen[2]), und
soweit es sich aus der knappen form erkennen lässt, muss sie
auf derselben vorlage beruhen, die von dem gleich zu nennen-
den Simeon Metaphrastes benutzt worden ist. Die namen sind
fast genau dieselben, und die kurz berichteten umstände widersprechen letzterem nicht, wenn sie auch in anderer reihenfolge
erzählt werden. Abweichend sind nur der name des bischofs von
Ephesus *Marus*, für den die vom Surius benutzte hs. des Metaphrast, augenscheinlich ganz willkürlich, *Stephanus* substituiert[3]); die bezeichnung des ketzerischen geistlichen als *episcopus Aegaeorum* gegenüber dem *episcopus Aeginensium* dieses;
und die angabe des 38. regierungsjahres des Theodosius als

---

[1]) vgl. Tullberg, s. 33 ff., Land I, 24 f.
[2]) vgl. AA. SS. l. c. s. 381.
[3]) denn das in den AA. SS. collationierte gr. ms. nennt ihn
Maron (s. 396, n. f.)

zeit der auferweckung, welche Metaphrast ganz übergeht. Doch
da diese punkte, wie schon vorhin gezeigt, in der vermutlichen
vorlage, wahrscheinlich jedoch mit ausnahme des zweiten (s. s.
76), mit Photius übereinstimmen, so fallen die abweichungen dem
jüngeren redaktor zur last.

Die persönlichkeit dieses Simeon Metaphrastes hat
jedoch mehrfach zu controversen anlass gegeben.[1]) Wahrscheinlich sind aber ein teil der unter diesem namen gehenden Heiligenleben von einem so benannten manne verfasst, der um
das jahr 900 lebte. Doch ob auch die Siebenschläferlegende
ihm zugeschrieben werden kann, muss gänzlich dahin gestellt
bleiben. Ich habe es daher vorgezogen, sie unter dem namen
des Laurentius Surius (geb. 1523 zu Lübeck) zu citieren,
der sie zuerst in lat. übertragung (a. 1573) veröffentlicht hat.[2])
Diese bearbeitung ist überdies in den AA. SS. l. c. 392—97
abgedruckt und mit einigen varianten aus einem griech. und
ein paar lat. mss. versehen. — Dass die sehr ausführliche darstellung, wie man bisher meist annahm, aber nicht erfindung
des Metaphrastes sei, habe ich schon in dem reconstruierten texte
gezeigt. Vielmehr geht aus meinen noten[3]) deutlich genug hervor,
dass dem autor der in rede stehenden version eine aus jener um
300 jahre älteren syr. prosa oder deren original geflossene redaktion vorgelegen haben müsse, aus der er einzelne sätze
ausschied und andere stellen verdarb[4]). Ein merkwürdiger zusatz verdient jedoch noch erwähnung. Wo von der häresie
die rede ist, heisst es nämlich[5]): *Milites enim quidam idolorum
cultores, cum in palatio imperatoris versarentur, apertam perse-
cutionem adversus aliquos apud imperatorem commoverunt. Quin
etiam episcopi quidam rectus Dei semitas pervertere cupientes, in
ecclesiis multarum praevaricationum erant auctores.* Diese un-

---

[1]) s. Hertzog, Realencyclopädie IX, 446.
[2]) s. s. 2, note 1; ausg. v. Gastaldi, Turin 1875, Bd. II.
[3]) s. 4 n. 2, s. 5 n. 2, s. 6 n. 10, s. 7 n. 5, s. 10 n. 7, s. 12 n. 4,
s. 16 n. 4, s. 17 n. 5 u. 7, s. 20 n. 1, s. 21 n. 7, s. 22 n. 1 u. 5 etc.
[4]) bes. die AA. SS. 395 D.
[5]) ib. 394 C.

ruhen und aufstände werden sonst nirgend erwähnt, wie auch der ausdruck *idolorum cultores* hier als bezeichnung von götzendienern garnicht an der stelle ist, da zu jener zeit ja das christentum bereits staatsreligion war. Ich bin daher geneigt, diese stelle als eine anspielung auf den bilderstreit aufzufassen, der im 8. und 9. jahrhundert in Constantinopel immer wieder auftauchte und veranlassung zu dergleichen unruhen gab. Eine derartige auslegung würde allerdings eine frühere abfassung dieser redaktion bedingen — etwa gegen 750 —, so dass der name des Simeon Metaphrastes dann höchstens als der des compilators gelten könnte oder ganz zu beseitigen wäre. Doch eine solche möglichkeit kann ja wohl nach dem vorhin gesagten hier zugestanden werden.

Was nun die eigennamen angeht, so finden wir hier als die der sieben jünglinge: *Maximilianus, Iamblichus, Martinus, Johannes, Dionysius, Exacustadius* und *Antoninus*, wie sie auch Photius und die griech. kirchlichen schriften haben. Merkwürdig ist es jedoch, dass an einer stelle (AA. SS. 393, 7: Decius lässt die jünglinge suchen) statt *Maximilianus* der name *Achillides* gebraucht wird, welcher mit dem ersten derjenigen reihe zusammentrifft, die Theodosius (de sit. ter. sctae) und jene ältere syr. prosa einführte. Jedenfalls fanden sich diese namen (*Achillides, Diomedes, Eugenios, Stephanos, Kyriakos, Sabbatios, Probatios*) in der vorlage dieser version, deren redaktor absichtlich dann die andere folge (Maximilianus etc.) dafür einsetzte, wobei ihm der lapsus passierte, dass er an dieser einen stelle Achillides stehen liess. Man könnte nun aus diesem verhältnis schliessen wollen, dass die Achillides-reihe als ältere von der Maximianus-reihe verdrängt wurde, doch ist diese frage nicht so kurzweg zu erledigen, da ja bereits Jacob von Sarug aus der letzteren den *Iamblichus* nennt. Ich glaube, die sachlage würde so am besten erklärt. Die ursprünglichen namen waren die, zu denen Iamblichus gehört. Die kürzeren aufzeichnungen in den kirchlichen schriften, den Synaxarien und Menaeen, behielten dieselben bei, während die längeren versionen des 6.—8. jahrhunderts nach dem vorgange ihres frei erweiternden originals die Achillides-reihe aufnahmen. Schliesslich wurde diese aber durch den kirchlichen einfluss verdrängt, so dass seit dem 9. jahrhundert etwa Maximianus und seine gefährten allgemeine geltung erlangten. Nur bei den Aethiopiern[1]) blieben jene mit einigen verstümmelungen in der form : *Arshaledes*, *Diomedes*, *Eugenius*, *Dimartheus* (=Martinianus?), *Bronatheus* (?), *Stephanus* und *Cyriacus* bestehen, so dass man die aufnahme dieser legende bei ihnen bereits ziemlich früh ansetzen oder direkte entlehnung aus der älteren syr. prosa oder einer derselben nahe stehenden quelle annehmen kann. Wenn nun die Lateiner und die ihnen folgten *Malchus* für *Iamlichus* einführten, so liegen diese namen nicht so fern von einander, da sie beide auf demselben hebr. stamme (חלך) basieren, und übergangsformen belegt sind; so hat das griechische *Μάλιχος* neben *Μάλχος* (Pape, Wb. d. gr. Eigenn.); das russische Menologium *Amulichus*, der Araber Eutychius *Amlichus*[2]). Der wechsel zwischen *Exacustodianus* (vgl. gr. ἐξάκουστος) und *Serapion* könnte so vorgegangen sein, dass der erstere, schwerfälligere, gegen den letzteren einfach umgetauscht wurde, und zwar auf grund der version, welche Dionysius in seine chronik aufnahm, da diese beide namen und die achtzahl bringt. Doch da deren namen wohl erst aus einer neubearbeitung herrühren (s. o. s. 96), und *Serapion* schon bei Gregor erscheint, bleibt diese erklärung zweifelhaft. Wenn wir uns nun zu dem namen *Antoninus* wenden, haben wir gleich das griech. Menologium,[3]) welches Basilius II (976—1025) sammeln liess, ein anderes, welches von Canisius lateinisch herausgegeben ist, und das russische Menologium in betracht zu ziehen. Simeon Metaphrastes ebenso wie Photius, gebrauchen *Antoninus* für den sonst üblichen *Constantinus*, das erstbenannte Menologium lässt für jenen namen *Exacustodianus* fort, das andere ist an den zwei stellen, wo es von diesen heiligen handelt, mit sich selbst nicht in übereinstimmung, indem es unter dem 4. August *Maximilianus*, *Exa-*

---

[1]) Job. Ludolfus, Comm. ad. Hist. Aeth. s. 436; AA. SS. l. c. 376, 7.

[2]) AA. SS. l. c. 376, 6.

[3]) s. AA. SS. l. c. 376, 8, 377, 9—11.

custodianus, Iamlichus, Martinianus, Dionysius, Johannes und *Constantinus* aufzählt, unter dem 22. October jedoch *Johannes* durch *Antoninus* ersetzt. Hierin sollen ihm die gedruckten Menaeen folgen. Das russische Menologium hat dagegen folgende reihe: *Maximilianus, Dionysius, Amulichus, Martinus, Antoninus, Ioannes, Marcellus*, mit welchem letzteren der *Martelus* des Dionysius Telmaharensis zu vergleichen ist.

Hier würde sich nun gleich die version des arabischen bischofs **Eutychius von Alexandrien** (eigentlich Said Ibn Batrik, † 932) anschliessen, die sich in seiner chronik (herausgeg. von Pococke, Oxford 1658)[1]) findet. Die namen derselben stimmen, von einigen verderbnissen (*Amilichus = Iamlichus, Dianus = Exacustodianus, Martinus = Martinianus*) abgesehen, genau mit Metaphrast und Photius überein, so dass diese drei gewis auf einer gemeinsamen quelle beruhen. Hiergegen können einige eigentümlichkeiten des Eutychius nicht nachdrücklich sprechen, z. b. dass er die häresie übergeht, da er seine vorlage nicht unbedeutend verkürzt hat und ihm einige misverständnisse dabei mit untergelaufen sein können. Der hauptsache nach ist sein bericht jedoch gleich dem der oben genannten. Doch um auf den namen *Antoninus* zurückzukommen, so lässt sich aus der allgemeinen verwirrung hierin wohl nur soviel herauserkennen, dass *Constantinus* der ursprünglichere war, da ihn bereits Gregor von Tours führt, und er in den kirchlichen schriften der Griechen ebenfalls auftaucht.

Was die übrigen namen angeht, so sind zunächst die der beiden Christen zu betrachten, welche die tafel mit der passionsgeschichte in der mauer verbargen. — Die ältere syr. prosa nennt sie *Athenodorus* und *Rabanus*, Gregor von Tours *Theodorus* und *Ruben*, Dionysius *Anthodorus* und *Arbus*, eine andere oben citierte syr. hs. *Anthodorus* und *Anabus*, Metaphrast *Theodorus* und *Barbus*, die aethiopische version *Theodorus* und *Macedonius*. Bei dieser verwirrung der älteren quellen ist es schwer möglich, die ursprüngliche form festzustellen.

---

[1]) s. AA. SS. l. c. 381 f.

Der erstere name dürfte wohl Theodorus gewesen sein;
beim zweiten bleiben wir aber bei der grossen verschiedenheit der überlieferung noch mehr im unklaren. Da jedoch eins
der lat. mss. und die griech. hs., welche die Acta Sanctorum
zum vergleiche mit der metaphrastischen redaktion benutzt
haben, *Rubinus* resp. ῾Ρουφῖνος lesen [1]), und mit letzteren die
mittellat. bearbeitungen übereinstimmen, hat es einige wahrscheinlichkeit, dass *Rufinus* wirklich gemeint war, da diese
mit der griech. hs. sonst in keiner engeren beziehung zu
stehen scheinen.

Über den namen des ketzerischen bischofs *Theodorus* und
dessen vermutlichen ursprung habe ich oben (s. 73 u. 76) schon
ausführlich genug gehandelt, und auch, was sich über den vor-
geblichen bischof von Ephesus sagen lässt, ziemlich erschöpft.
Es bliebe höchstens übrig, der entwickelung der verschiedenen
namensformen nachzugehen. — Wie man sich erinnern wird,
wird diese person weder von Jacob von Sarug, noch von der
älteren syr. prosa benannt. Zuerst nachweisbar ist der *Marinus*
des Gregor von Tours, der jedoch ohne zweifel als deminutiv-
form aus *Mares*, *Marus* oder *Maron* hervorgegangen ist,
welche sich beziehungsweise bei Dionysius Telmaharensis, bei
Photius und im mehrfach erwähnten griech. ms. finden (s. AA.
SS. 396 f.). Bei den verstümmelungen, falschen lesungen oder
auflösungen handschriftlicher abkürzungen, die diesen nicht
sehr gewöhnlichen namen entstellt haben, ist es schwer möglich dass ursprüngliche zu reconstruieren. — Wenn der text
des Surius diesen mann jedoch *Stephanus* nennt, so ist das
als willkürlichkeit nicht weiter in betracht zu ziehen. — Mit
etwas mehr sicherheit lässt sich dagegen dartun, dass der
bürger von Ephesus, welcher den hölenberg besass, im originale
Adolius oder ähnlich (vom griech. ἄδολος [?] vgl. Pape, Wb.
d. gr. Eigenn. s. v.) geheissen haben muss, wenn man die form
Aldis in der älteren syr. prosa dabei berücksichtigt. *Adolius*
nennen so Simeon Metaphrastes und Photius, wovon der *Dalius*

---

[1]) s. AA. SS. 1. c. 394 g.

des Gregor und der späteren lateiner als verkürzung nicht bedeutend abweicht. Die vereinzelten lesarten *Dedamus* und *Dedalius*, die die anm. b der AA. SS. s. 396 citiert, dürfen dagegen wohl unbeachtet bleiben, obwohl Dalius aus dem letzteren (*Δαίδαλος, Δαιδάλειος, δαιδάλεος*) verkürzt sein könnte.

Verlassen wir nun die vergleichung der eigennamen, welche, an und für sich gleichgiltig, nur soweit interesse bot, als sich aus ihnen einiges über das verhältnis der einzelnen versionen folgern liess, um noch kurz ein paar summarische berichte über die legende bei orientalischen Christen zu erwähnen.

Ohne irgend welche andeutung über ihre entstehungszeit geben die Acta den inhalt einer a r a b i s c h e n   v e r s i o n,[1] welche für den gebrauch der syrischen Melchiten mit andern heiligenleben zusammengestellt ist. Aus dieser wäre hervorzuheben, dass als einziger der jünglinge *Meletio* (= *Iamblichus*) genannt wird; dass der hölenberg *duo milliaria* von Ephesus entfernt gewesen sein soll; und dass der schlaf 309 jahre gedauert habe, worin wir den übergang zur mohammedanischen lesart — oder auch deren einwirkung zu erkennen hätten. Übrigens findet sich eine dieselbe zahl führende randnote in dem syr. ms. des Dionysius, wie Assemani[2] mitteilt: doch auch der schreiber dieser mag dabei aus mohammedanischer tradition geschöpft haben.

Gleichfalls ohne datum sind ein paar h y m n e n der s y r i s c h e n M a r o n i t e n, welche als heiligentag den 7. März feiern.[3] Beide deuten die erzählung in so allgemeinen zügen an, dass sie für die entwickelung der legende weiter nichts erwähnenswertes bringen, als etwa die angabe, dass auch bei dieser sekte die siebenzahl die orthodoxe ist.

Ebenso verlautet nichts über die abfassungszeit einer a e t h i o p i s c h e n hs. der legende, welche der gelehrte reisende J o b u s L u d o l f u s al. L e u t h o l f besass, und deren inhalt er

---

[1] AA. SS. s. 382, 83; als heiligentag gilt bei ihnen der 1. Sept.; s. l. c. 378, 13.

[2] Bibl. Orient. I, 338.; vgl. auch oben s. 102, 1.

[3] AA. SS. 377, 12—13.

auszugsweise in seinem commentar zur aethiopischen geschichte [1]) angiebt. Die heiligen werden dort am 13. Januar
und 8. März verehrt, bei den Kopten jedoch am 25. Februar.
Über die namen der 7 märtyrer in diesem ms. habe ich schon
oben gesprochen und gezeigt, dass diese der älteren syr. prosa
mit einigen verstümmelungen entnommen sein dürften, womit
auch die angabe, dass die jünglinge etwa 200 jahre schliefen,
wohl zusammentrifft.

Weitere beziehungen beider lassen sich leider nach der
kurzen nachricht des Ludolfus nicht nachweisen, es wäre jedoch
nicht ohne interesse, wenn das in rede stehende ms., von dessen
verbleib mir nichts bekannt ist, einmal veröffentlicht werden
würde.

Ohne bedeutung für die entwickelungsgeschichte und nur
als beweis der verbreitung der Siebenschläferlegende sind die
notizen über sie bei einigen byzantischen und einem syrischen
geschichtschreiber. Der vollständigkeit wegen will ich sie hier
aufzählen, um damit ein für allemal den christlichen Orient zu
verlassen.

Da ist zuerst Georgius Cedrenus (um 1057), der dieser
märtyrer in seinem *Compendium historiarum* kurz gedenkt. [2])
Ferner schreibt Constantinus Manasses, der im 12. jh.
lebte, ein paar verse über sie in seinem *Breviarium historiarum*[3]),
ohne jedoch auf ihre geschichte genauer einzugehen. Nicht
viel mehr berichtet der gelehrte Syrer Gregor Abulfaradsch
(1226—1286), der auch unter dem namen Barhebräus bekannt ist, in seiner arabisch geschriebenen kurzen geschichte
der Dynastien. [4]) Wo er von Decius handelt, erzählt er, dass

---

[1]) Frankfurt a./M. 1691, s. 436.

[2]) Pariser ausg. I, 388 (vgl. AA. SS. l. c. 383, 86), Nibuhr, I, 453
(s. Chardry, s. XV).

[3]) Par. ausg. 1655, s. 56 (AA. SS. l. c. 383,86); ausg. von Im. Bekker,
Bonn 1837, v. 2736—2745.

[4]) ausg. von Ed. Pococke, Oxon. 1663.; deutsch von Georg
Lorenz Bauer, Leipzig 1783, I, 117 u. 133, u. vgl. die anm. das. s. 391;
vgl. Bickell, l. c. s. 43.

die 7 jünglinge in eine höle flohen, dort vermauert wurden und
in einen tiefen schlaf sanken; bei Theodosius spricht er dann
von ihrem wundersamen wiedererwachen, nachdem sie beinahe
„240" jahre geschlafen hatten. Ob sich in seiner ausführlicheren
weltgeschichte mehr hierüber findet, ist mir nicht bekannt. —
Endlich wäre noch Nicephorus Callistus Xanthopulus
zu nennen, der in der ersten hälfte des 14. jahrhunderts in Constantinopel lebte. Derselbe widmet den 7 jünglingen ein kapitel
(lib. XIV, 45) seiner kirchengeschichte [1]), in dem er die umstände ziemlich genau erzählt, jedoch ausser Ephesus,
Decius und Theodosius keine namen aufführt, so dass sich
auch hier der nachweis eines originals nicht erbringen lässt.

---

[1]) herausgeg. von Johannes Lange, Basileae 1553, fol.; s. 762 f.

V. Kapitel.

Die weitere Entwickelung der Legende bei den Mohammedanern.

Schon bei der besprechung der 18. Sure des Qorân haben wir gesehen, dass früh bei den Mohammedanern eine besondere version entstand, welche in mehreren punkten von der gemeinen christlichen abweicht, doch mit einigen seitwärts stehenden redaktionen berührungen hat, so dass ihre eigentümlichkeiten nicht als erfindungen Mohammeds gelten dürfen. Seine dunkle darstellungsweise rief jedoch das bedürfnis nach erörterungen und zusätzen hervor, die wir zuerst bei arabischen historikern finden, aus welchen dann augenscheinlich die späteren commentatoren des Qorân schöpften. Der älteste, der meines wissens die „leute der höle" derartig erwähnt, ist Ibn Kutaiiba († 889 n. Chr.), doch fasst er sich recht kurz über den gegenstand. In seinem Kitâb Elmaʿârif[1]) (handbuch der geschichte) bringt er nämlich nur folgende notiz: „Man sagt, es waren griechische jünglinge, welche in die höle hineingingen in der zeit vor Christus; dann verschloss Gott ihre ohren. Nachdem dann Christus gekommen war, gab er kunde von ihnen, und Gott erweckte sie in der zeit zwischen Christus und Mohammed." Da ich schon vorhin (s. 68.) eine deutung dieser merkwürdigen auffassung versucht habe, kann ich hier sogleich zum nächsten uns interessierenden autor, zu Tabarî, über-

---

[1]) Ibn Coteibas Handb. d. Gesch., ed. F. Wüstenfeld, Göttg. 1850, s. 26.

gehen, der 922 n. Chr. starb. In seiner Chronik[1]) berichtet
er die geschichte der heiligen ziemlich ausführlich und unter
ersichtlichem einflusse derjenigen christlichen version, als deren
vorzüglichsten repräsentanten wir den text des Surius kennen
gelernt haben. Doch haben andere traditionen, insbesondere
auch der Qorân, ebenfalls eingewirkt. Um nicht früher ge-
sagtes in unnützer breite zu wiederholen, will ich die erzählung
nur kurz, mit hervorhebung der auffälligen züge, hier wiedergeben. „Die leute der höle waren aus einer stadt Syriens und
lebten zu der zeit, als Decianus dort herrschte, ehe die Römer
das land eroberten. Es waren ihrer sechs, und sie verehrten
Gott, während alle anderen noch götzendiener waren. Der
könig liess sie vor sich rufen, und sie verteidigten ihren glauben,
wie der Qorân berichtet (S. XVIII v. 13). Noch war aber
kein prophet, auch Christus nicht, erstanden, sondern aus
eigener einsicht waren jene zu solchem glauben gelangt. Der
könig befragte nun einen kadhi, dessen sohn auch zu den
gläubigen gehörte — die sechs männer stammten alle
aus vornehmer familie — was er tun sollte. Dieser riet ihm,
dass er ihnen eine nacht bedenkzeit gewähre, was der könig auch
tat. Sie führen aber den namen junge leute, welcher im
Qorân ein ehrentitel ist. Sie flohen nun aus der stadt, und
ihre namen waren *Maximilianos*, *Malchos*, *Yamblichos*, *Marti-
nianos*, *Dionysius* und *Johannes*. Hierauf gelangten sie zu einem
berge in der nähe der stadt, der hiess Yaʿhlos. Dort trafen
sie einen schäfer mit namen *Antoninos*, den sie baten, dass
er sie verbergen möchte. Auf dessen frage, wer sie seien,
erklärten sie ihm, dass sie um ihres glaubens willen verfolgt
würden und bekehrten ihn gleichfalls. Der schäfer führte sie
darauf zu einer geräumigen höle, deren eingang jedoch enge
war, in welcher seine gefährten sich vor schlechtem wetter zu
schützen pflegten. Sein hund folgte ihnen, und da sie fürchteten, dass er sie verraten möchte, suchten sie ihn durch

---

[1]) nach dem persischen auszug übers. von Zotenberg, Paris 1869,
II, 32 ff.

schläge zu vertreiben. Er aber blieb bei ihnen und brach endlich in die worte aus: „Warum schlaget ihr mich? Auch ich
glaube an euren Gott." In der höle angelangt, legten sie sich
nieder und ebenso der hund, wie auch der Qorân sagt (S. XVIII,
17). Da schickte Gott ihnen schlaf, und während dessen nahm
er ihre seelen, auch die des hundes, zu sich.

Am andern tage liess der könig sie suchen, doch umsonst,
und nachdem er dies einen monat fortgesetzt hatte, gab er sein
vergebliches bemühen auf. Sie blieben nun 309 jahre in der
höle, und Gott schickte jede woche einen engel, der sie
umwandte, damit ihre leiber nicht verfaulten, wie es auch im
Qorân heisst. Nach den worten desselben (XVIII, 16) muss
die höle gen norden gelegen haben. — Inzwischen starb Decianus und Syrien kam in die hände der Römer. Unter deren
erstem könig erschien Jesus, welcher den kindern Israel kunde
von den sieben heiligen gab und verhiess, dass Gott sie auf-
erwecken würde, um die, welche die auferstehung läugneten,
zu bekehren, wie auch der Qorân sagt (XVIII, 20). Daher
erzählt auch das Evangelium von ihnen, sagt aber
nicht, in welcher gegend Syriens die höle gelegen sei.

Nach den 309 jahren glaubten aber alle bewohner Syriens
und Roms an Gott, und nun erwachten die leute der höle aus
ihrem schlafe. Sie wussten aber nicht, wie lange zeit verflossen
wäre, wovon auch der Qorân spricht (XVIII, 18). Sie schickten
nun den Yamblichos in die stadt, damit er lebensmittel kaufte;
er hatte aber geld aus der zeit des Decianus mit sich, welches
grösser war als das damals giltige. Er betrat die stadt, erkannte sie jedoch nicht wieder und erstaunte, als er alle leute
zu Gott beten hörte. Als er nun zu einem bäcker kam, um
brot zu kaufen und ihm das alte geld bot, glaubte dieser, dass
Yamblichos einen schatz gefunden hätte. Dieser läugnete es
aber, und erfuhr nun, dass ein anderer könig, der an Jesus
glaubte, dort herrschte. Dieses gespräch hörten diener des
königs und führten Yamblichos vor ihn. Yamblichos erzählte
ihm ihre geschichte, und der könig erkannte nun, dass er einer
der gefährten der höle sein müsse, von denen das Evangelium'

spricht. Es brachen nun alle auf, und Yamblichos führte sie
zur höle. Ehe sie aber eintraten, bat Yamblichos sie zu warten,
bis er seinen gefährten das vorgefallene mitgeteilt hätte, da
diese sonst in furcht geraten möchten, dass Decianus sie verfolgen wolle. Yamblichos ging nun hinein und berichtete
seinen genossen das geschehene. Darauf fiel er tot nieder, und
diese starben gleichfalls. Der könig und das volk warteten
unterdessen einen ganzen tag lang, und als Yamblichos nicht
wieder erschien, befahl jener, dass einer in die höle hineingehen sollte, doch wagte niemand dies auszuführen, da alle
die höle fürchteten. Darauf beschlossen sie eine kapelle daselbst zu erbauen und schrieben auf einen stein der mauer der
höle die geschichte dieser leute, wie wir sie eben erzählt haben."

Indem wir diejenigen teile der erzählung, welche den Qorân
berücksichtigen, hier als hinreichend erörtert bei seite lassen,
wenden wir uns zu den momenten, die neu aus christlichen
quellen hinzugekommen scheinen. Da sind zuerst die namen
des Decianus und der heiligen männer, bei denen nur das zusammentreffen von *Yamblichos* und *Malchos* merkwürdig erscheint, da diese bei den verschiedenen christlichen versionen
dieselbe person bezeichnen. Ich weiss nun nicht, ob die namen
in den von Zotenberg benutzten mss. deutlich genug erkennbar sind, dass er sie mit bestimmtheit in der vorhin angeführten form wiedergeben konnte, da dieselben in den sonstigen
arabischen überlieferungen arg entstellt sind. *Yamlikha* steht
fast bei allen sicher, ebenso *Maksalminia* (od. *Makschalinia*) —
bei den andern namen ist man jedoch mehr auf erraten als
wirkliches deuten angewiesen. Am nächsten kommen noch
Malchos die formen *Maschlinia* (Beidhâwî und Zamachscharî)
und *Messilyya* (auf einem siegel, s. Reinaud, Mon. mus. II, 59)
— aber ob darunter Malchos zu verstehen sei, ist nicht ganz
klar — man könnte ebenso an den gelegentlich vorkommenden[1]
Martelus oder *Marcelus* denken. Etwas anderes ist es mit der

---

[1] bei Dionysius Telm., im liber caliph. u. im russ. Menolog., s. oben.

vom abbé Lanci[1]) veröffentlichten inschrift, welche die 7 männer
folgendermassen nennt: *Melicha*, *Martinianu*, *Meksamianus*,
Diyonès, *Ioannes*, *Sarebùnes*, *Cöstatinus*, in deren ersten
Malchos sicher zu erkennen · ist.   Denn diese muss ˙bei
der verhältnismässigen reinheit ihrer formen direkt auf eine
lat. quelle zurückgehen. Nichtsdestoweniger mag der name
Malchos auch von Tabarî und den andern beabsichtigt sein,
und dann hätten wir bei den Arabern entweder verschiedene christliche vorlagen anzunehmen, oder eine von ihnen
benutzte zu vermuten, welche jene sonst getrennten namen
nebeneinander aufgenommen hatte. — Auffällig ist es nun,
dass Tabarî die stadt Ephesus nicht benennt, doch mag dies
an einem zufall, nicht an der tradition liegen. — Ferner sehen
wir, dass *Maximilianus*, *filius hyparchi*, zu dem sohne eines
kadhi geworden ist, und dass auch hier die heiligen als söhne
vornehmer bezeichnet werden, ebenso, dass besonderer nachdruck auf ihre eigenschaft als j u n g e l e u t e gelegt wird. —
Der mittlere teil der erzählung entfernt sich dann am meisten
von der christlichen vulgata, wogegen der schluss wieder ziemlich genau mit ihr übereinstimmt. Von geringer bedeutung
sind abweichungen, wie der umstand, dass Decianus ihnen nur
eine nacht frist gewährt; dass die verteilung der reichtümer
an arme übergangen wird; dass Decianus sie umsonst verfolgt;
die art und weise, wie man Yamblichos vor den könig bringt,
die geschichtlichen irrtümer u. s. f., da diese auf misverständnis oder auf unvollständigkeit in der vorlage beruhen mögen.
— Als neu tritt uns jedoch die s e c h z a h l der gefährten entgegen, zu denen sich erst später als siebenter der s c h ä f e r
gesellt, welcher hier den namen *Antoninus* (wie einer der
sieben bei Metaphrast u. a.) führt. Von nun ab begegnen wir
aber diesem schäfer als stehender figur der mohammedanischen
legende — wie sie vermutlich entstanden ist, werden wir sogleich sehen. Ferner ist hervorzuheben, dass hier in übereinstimmung mit Ibn Kutaiba die jünglinge in die zeit vor Christus

---

[1]) Trattato delle simboliche rappresentanze arabiche I, 88.

versetzt werden[1]); ebenso dass der engel, welcher ihre leiber umwandte, hier zum ersten mal ausdrücklich erwähnt wird (womit die oben 64,3 ausgehobene stelle aus Jacob v. Sarug zu vergleichen ist). Merkwürdig 'ist auch die behauptung, dass Jesus von den Siebenschläfern geweissagt haben, und dass ihre geschichte in das Evangelium aufgenommen sein soll, womit dann auch die art, wie der bericht des Yamblichos beglaubigt wird, in zusammenhang steht. Hierin scheint mir nun ein arges misverständnis und willkürliche erweiterung jener stelle der christlichen redaktionen zu liegen, an welcher sie von der bleiernen tafel handeln, auf die zwei Christen die geschichte der märtyrer für zukünftige zeiten niederschrieben. Gegen ende erwähnt Tabarî zwar eine tafel, doch weil er, wie Mohammed, die vermauerung übergeht, ist er genötigt, sie beim bau des bethauses anbringen zu lassen. Die andern hier betonten momente, wie auch die angabe des schäfers, dass er und seines gleichen schutz vor dem wetter in der höle suchen, und die furcht vor dem betreten derselben seitens des volkes sind alte mythische züge, welche den christlichen versionen unbekannt blieben, oder von ihnen verschmäht wurden.

Auf die obige darstellung lässt nun Tabarî eine andere folgen, der er jedoch geringere glaubwürdigkeit beimisst, da sie das zumauern der höle erwähnt, was dem Qorân widersprechen würde. Eigenartig ist der erste teil dieser version, der einem ganz fremden, mir unbekannten sagenstoff angehört und anorganisch mit der Siebenschläferlegende verknüpft ist: der könig, heisst es dort, liess am tore der stadt ein götzenbild errichten, das jeder, welcher hineingehen wollte, anbeten musste. Da kam einer der apostel Jesu dorthin, und weil er sich weigerte es anzubeten, blieb er vor der stadt. Es befand sich da nun eine badeanstalt, in welche der apostel als diener eintrat. Er bekehrte den besitzer derselben und ebenso einige junge leute aus der stadt, welche dort zu verkehren pflegten und nun da-

---

[1]) in einer späteren bemerkung (l. c. 39 f.) citiert Tabarî allerdings den bericht „anderer", nach dem sie bereits Christen waren.

selbst blieben. Da kam der sohn des königs eines tages mit
einer öffentlichen dirne in das bad, und als ihn der apostel
darob tadelte, schmähte und schlug er ihn. Darauf betrat er
mit der dirne das bad, und beide erstickten daselbst. Der
könig erkundigte sich nach den leuten der stadt, welche das
bad besuchten, und als er ihre namen erfuhr, liess er nach
ihnen forschen. Sie aber entflohen, und mit ihnen der bade-
meister und der apostel; ihnen schloss sich ein bauer mit seinem
hunde an, der sie in eine höle führte. Dies waren die gefährten der höle. Sie werden vom könige gesucht und, wie
schon erwähnt, vermauert. Nachdem sie 309 jahre geschlafen,
kommt ein schäfer vorbei, der sich mit seiner herde vor der
kälte in der höle bergen will und den vermauerten eingang
öffnet. Nun erwachen jene, schicken einen von ihnen zur stadt
mit einer münze, welche den umfang des fusses eines kleinen
kameels hatte (!). Er kommt zum bäcker, der ihn zum könige
führt, worauf der abgesandte seine geschichte erzählt. — In
dem zweiten teile dieser darstellung möchte ich besonders auf
den schäfer hinweisen, der sich vor dem wetter flüchtet. Er
spielt dieselbe rolle, wie der Adolius der christlichen legende,
und wahrscheinlich haben wir in diesem letzteren nach der
ursprünglichen fassung einen solchen hirten zu erkennen, der
vor dem regen schutz suchend die höle entdeckt. Die spätere
ausschmückende form der legende machte ihn dann uneigent-
lich zum besitzer des berges und liess von seinen knechten
dort einen stall zur unterkunft der herde erbauen.

Bei Tabarî folgt nun eine discussion der frage über die
zahl der schläfer. Der vers des Qorân (XVIII, 21), welcher
hierüber handelt, soll sich nach ihm auf die „leute des Evangeliums" und die ketzer beziehen, welche diese geschichte den
Juden und ungläubigen von Mekka überliefert hatten. Er selbst
sucht nachzuweisen, dass die siebenzahl die richtige sei. Interessant ist noch der schluss, in welchem Tabarî angiebt, dass
Mohammed ben Dscharîr neun personen erwähne, und zwar
soll der achte *Natos*, der neunte *Kalos* geheissen haben. Hierin
haben wir wahrscheinlich einen nachklang der früher besprochenen

sardischen Neunschläfer zu erkennen.¹) — Mohammed b. Isʿhâq,
der verfasser des Moghazî, endlich berichtet von acht schläfern,
wobei man an die s. 62 f. besprochenen christlichen versionen zu
denken hat.

Ein jüngerer zeitgenosse Tabarîs ist Masudi, der, zu Bag-
dad im anfang des 10. jahrhunderts geboren, 956 in Alt-Kairo
starb, nachdem er weite reisen gemacht und schriftstellerisch
sehr fruchtbar gewesen war. In den *Goldenen Wiesen*,²)
einer kurzen weltchronik, berührt er auch unsere legende an
den stellen, wo er von Decius bez. von Valens handelt. An
ersterer sagt er, dass zur zeit jenes königs die gefährten der
höle flohen, dass man jedoch nicht einig sei, ob es dieselben
wären, wie die gefährten des *raqîm*. Dies letztere wort bedeute
nach den einen die tafel über dem eingange der höle, welche
die geschichte der jünglinge enthielt. Im übrigen beruft er
sich dann auf Ahmed ben Taïb, welcher einen bericht des
Mohammed ben Musa von dessen reise, die ihn auch zum orte
der gefährten des *raqîm* führte, veröffentlicht habe. Dieser
Ahmed soll besondere abhandlungen über dieselben geschrieben haben, wie auch Masudi in seiner *Mittleren Geschichte*
(*Kitâb el awsat*) alles, was über sie gesagt sei, gesammelt haben
will. Leider ist dieses werk, aus dem wir wahrscheinlich
manchen wichtigen aufschluss erhalten hätten, nicht auf uns
gekommen, so dass wir mit jenen dürftigen notizen vorlieb
nehmen müssen. — Die zweite der angeführten stellen setzt
die auferweckung der jünglinge unter Valens (*Awalas*), bringt
jedoch sonst nicht vielmehr als ein paar hierhin bezügliche
citate aus dem Qorân (XVIII, 18 u. 16). Zu beachten ist nur
der zusatz, dass die schläfer aus Ephesus stammten. Über
Theodosius II. findet sich dann später (l. c. 327) die notiz,
dass er in dieser stadt residiert haben soll. Aus diesem wenigen
lässt sich natürlich kein schluss auf die quellen Masudis machen

¹) s. oben s. 26, 4.
²) Maçoudi, les Prairies d'or, texte et traduction par C. Barbier
de Meynard et Pavet de Courteille. Paris 1861. II, 306 ff., 325.

so dass wir sofort zu den nächsten autoren übergehen können.
Es sind dies ein paar der bekanntesten commentatoren des
Qorân, und unter ihnen zunächst Zamachscharî († 1143),
der dichter des didaktischen werkes *die Goldenen Halsbänder*.
Da ich ihn bei der besprechung der betreffenden stelle aus
jenem heiligen buche gelegentlich citiert habe, will ich hier
nur dasjenige, was neu aus seinen erklärungen hervortritt, erwähnen. Den streit über die zahl der schläfer lässt er vom
propheten selbst entscheiden (zu v. 21). Der Sajjid (das mili-
tärische haupt) von Nadschran hätte behauptet, es wären drei
Jacobiten und ihr hund gewesen, der Akib (civilvorsteher) hätte
dagegen fünf Nestorianer mit dem hunde als sechsten genannt.
Doch der prophet solle sich für die siebenzahl entschieden haben.
Nach dem khalifen Ali wären es sieben personen: *Jamlicha,
Makschalinia* und *Maschlinia* zur rechten des königs, *Mar-
nusch, Dabarnusch* und *Schadanusch* (= Martinian, Dionysius
und Johannes?) zu seiner linken. Der siebente war aber
der hirt, der mit ihnen gleich gesinnt war, und der name
ihrer stadt war Ephesus, und der des hundes *Qitmîr*. . Man
beachte, dass *Qitmîr* hier zum ersten male genannt wird, so
dass *raqîm* im Qorân sehr wohl, wie ich oben vermutete, der
ursprüngliche, später misverstandene name desselben gewesen
sein könnte. — Zu vers 20 wird dann kurz die geschichte vom
götzendienst des Diqjanus, die flucht der jünglinge und ihr
begegnis mit dem hunde erzählt. Bei dem letzteren deutet
Zamachscharî jedoch an, dass der hirt einer andern tradition an-
gehöre, was noch klarer aus einer note des gleich zu besprechenden al Beidhâwî hervorgeht[1]): ein fernerer beleg, dass diese
person erst nach Mohammed hinzugetreten ist.
    Weiter erzählt dann Zamachscharî von dem schlafe und
der wiedererweckung, und sagt: „Es beherrschte zu dieser zeit

---

[1]) bei Sale, Koran II,, 114, o.: This dog had followed them as they
passed by him etc. *But some say*, it was a dog belonging to a shepherd who followed them, and that the dog followed the shepherd, which
opinion is supported by reading, as some do, *câlebohom*, their dogs
master, instead of *calbohom*, their dog.

ihre stadt ein frommer gläubiger mann, und das volk seines
reiches war uneins über die göttliche offenbarung.“
Hier sehen wir also deutlicher als bei Tabarî die häresie, von
der auch die späteren christlichen versionen sprechen, erwähnt.
Eine werkwürdige übereinstimmung mit Vincenz v. Beauvais
und Jacob a Voragine[1]) zeigen aber die folgenden worte: „Da
trat der könig in sein haus und verschloss seine tür und legte
trauergewand an und setzte sich in asche und bat seinen
herren, ihm die wahrheit zu offenbaren.“ Hier muss Zamachscharî oder sein original eine christliche redaktion benutzt
haben, die auch jenen beiden vorgelegen hat. — Auch im
übrigen ist der einfluss einer solchen erkennbar, wenn unser
commentator ausdrücklich sagt, dass Gott einem hirten das herz
erregte, dass er zerstörte, womit der eingang der höle
verbaut war. Besonders tritt dies auch im schlusse — das
in der erzählung dazwischen liegende giebt zu keiner besonderen bemerkung anlass — hervor, wo es heisst: „Da legte
der könig sein gewand über sie und befahl einem jeden
einen sarg von gold zu machen. Aber er sah sie im traume,
wie sie unwillig waren wegen des goldes.“ Wenn Vincenz
und Jacob den ersteren umstand übergehen, so kann dies nur
eine absichtliche fortlassung ihrer gemeinsamen vorlage sein,
da andere, wie aus einer früheren note (s. 22, 5) zu ersehen,
hier mit Zamachscharî übereinstimmen. — Der zusatz desselben: „da machte er sie (die särge) von indischer platane“,
dürfte aber eigene erfindung oder die seines direkten originals
sein. Bemerkt sei noch, dass auch Zamachscharî des baues
„einer moschee“ über der öffnung der höle gedenkt, und dass
er die in vers 18 erwähnte stadt (nach welcher Iamblichus abge-
sandt wird) sonderbarer weise mit Tarsus commentiert,
welche note sich auch bei Beidhâwî findet. Dieser widerspruch
ist nur dadurch zu erklären, dass Tarsus als ort der Siebenschläfer von einer andern mohammedanischen überlieferung

___

[1]) s. oben s. 13, 1.

genannt wurde, welcher beide ausleger hier gedankenlos gefolgt sind.

Am füglichsten schliessen wir hier einige bemerkungen
über den commentar des al Beidhâwî an, der im 685. jahre
der Hedschra (ca. 1 07) starb. Der hauptsache nach stimmt
er fast wörtlich mit Zamachscharî überein, doch fehlt, soweit
ich aus dem mir zugänglichen material übersehe, bei ihm alles,
was aus der eben erwähnten christlichen version geschöpft sein
könnte. Es scheint daher, dass Beidhâwî seinen vorgänger
nicht direkt abschrieb, sondern dieselbe vorlage benutzte, wie
Zamachschârî, zu der letzterer jedoch aus einer andern quelle
entnommene zusätze machte. Auch einen teil seiner sonstigen
bemerkungen habe ich bereits früher (s. 19, 4; 35, 2; 131, 1) erwähnt, so dass nur wenig nachzuholen bleibt. Beachtenswert ist
folgende stelle[1]): „Einige glauben, dass die gefährten des *raqîm*
von den Siebenschläfern verschieden waren. Denn die ersteren
sollen drei leute gewesen sein, welche vor schlechtem wetter
schutz in einer höle suchten, welche dann durch das herab-
fallen eines ungeheuren steines verschlossen wurde. Da baten
sie Gott, dass er sie befreien möchte, und nachdem jeder eine
verdienstliche handlung erzählt hatte, wurden sie auf wundersame art erlöst, indem der fels sich auseinander spaltete."[2])
Dieser bericht gehört augenscheinlich einer mythe an, die mit
unserer legende verwandt, doch nicht identisch ist Vorhin
haben wir einen hirten kennen gelernt, der sich vor schlechtem
wetter flüchtend die höle der heiligen männer entdeckt, jedoch
nicht an dem schlafe teilnimmt. Wie wir aber in deutschen
sagen (s. 35—36) landleute gefunden haben, die sich, um vor
dem regen schutz zu suchen, in das innere von bergen begeben und dort jahre lang verschlafen, so müssen wir auch
ähnliche sagen bei den völkern des Morgenlandes voraussetzen,
von denen obige eine besondere form ist. Durch eine ver-
mischung beider mythen wird nun jener schäfer hervorgegangen

---

[1]) Sale, Koran II. 113 g.
[2]) ausführlich bei Kazwíni, übers. v. Ethé. I, 330 ff.

sein, welchen die mohammedanische legende als gefährten der schläfer nennt. Man liess den hirten, welcher durch zufall die grotte der heiligen auffand, nach der letzteren erzählung ebenfalls in einen langen schlaf fallen, war jedoch nun in bezug auf die zahl der hölenmänner in verlegenheit, da nach orthodoxer islamitischer ansicht nur sieben sein durften. Aus diesem grunde wurde die zahl der jünglinge um einen vermindert und dafür der schäfer eingeführt, den man nunmehr mit dem hunde der alten überlieferung in beziehung setzte. — Möglicherweise fand diese fassung auch eine stütze an einer alten Aesculapmythe, aus dessen sagenkreis die legende, wie ich vorhin nachzuweisen bemüht war, hervorgegangen ist. Nach dieser wurde der gott, da er als kind ausgesetzt war, von einem hirten entdeckt und aufgezogen.[1] Doch giebt es auch eine alte ephesische sage, welche von der verehrung eines hirten erzählt, der durch zufall einen marmorbruch auf dem Prion auffand.[2]

Von weniger bedeutung, doch immerhin erwähnenswert mögen noch folgende stellen sein: zu v. 18. Euer Herr kennt am besten die zeit etc.: sie wussten nicht, wie lange sie geschlafen hätten etc.: „aber als sie sahen, dass ihre haare und nägel sehr lang gewachsen wären, gebrauchten sie die obigen worte."[3] Welch wunderbar realistische vorstellung! — Zu v. 20. Als sie miteinander stritten über ihre sache: „über die auferstehung; einige sagten, dass nur die seelen, andere dass die seelen mit den leibern auferstehen sollten: oder über die schläfer, indem einer sagte, sie wären tot, ein anderer, sie schliefen; oder über das errichten eines gebäudes, indem einige rieten, ein wohnhaus, andere, einen tempel dort zu erbauen."[4] Von diesen vermutungen hat nach meinen früheren ausführungan die erstere die meiste wahrscheinlichkeit. — Endlich der schluss: Als sie zur höle gelangt

---

[1] s. Preller[1], l. c. 324, vgl. oben s. 65.
[2] s. Prokesch, l. c. s. II, 103 ff.
[3] Sale, l. c. 115, q; vgl. unten s. 138.
[4] Sale, l. c. 115, t.

waren, spricht Iamblichus: „wartet, dass ich zuerst eintrete damit ihr (sie?) nicht erschreckt. So trat er ein, und da wurde ihnen der eingang unsichtbar. Da bauten sie dort eine moschee." Die ausgehobenen worte drücken in eigentümlicher weise denselben mythischen gedanken aus, den andere moh. versionen mit der furcht des volkes die höle zu betreten bezeichnen.

Sale citiert in seiner Qorân-übersetzung gelegentlich als commentator Jallâl'oddin, bringt jedoch nicht vielmehr von seinen noten als übereinstimmungen mit Beidhâwî — eine eigentümliche erklärung der 309 jahre des schlafes habe ich schon früher (s. 70, 5) angemerkt. Wenn dieser ausleger derselbe ist, wie der persische dichter Dschellaleddin Rumi († 1273) — mir fehlen die mittel die identität festzustellen — so möge noch ein citat aus dessen „Mesnewi" hier platz finden. Es ist das sprichwort: *Nicht sorge um die schläfer in der grotte.*[1]

Doch um zu unserer chronologischen folge zurückzuhehren, so würde der geograph Edrisi (um 1152) zu erwähnen sein. Derselbe berichtet[2], dass er die höle selbst im jahre 510 (1131) besucht habe, doch sei es nicht die in *el Afachin* (*Ephesus*) belegene, sondern sie befinde sich zwischen *Amouria* und *Nikia* (*Nicäa*) auf einem etwa 100 ellen hohen berge. Durch einen klaftertiefen schacht und einen unterirdischen gang sei er zur höle gelangt, wo sieben männer auf der seite lagen, zu ihren füssen habe sich das gerippe eines hundes befunden, man wisse aber nicht, wann sie hineingekommen wären.

Von grösserem interesse ist Ibn Ala'thîr (1160—1223), ein trefflicher arabischer historiker, der in seiner Weltchronik[3] die Siebenschläferlegende sehr ähnlich wie Tabarî darstellt. Als bemerkenswerte unterschiede hebe ich folgende hervor: Er be-

---

[1] s. v. Loeper, Goethes Werke IV, 224.
[2] s. Géographie d'Edrisi, trad. p. A. Jaubert, II, 299 f. (Recueil de Voyages etc. publ. p. l. Société de Géographie.)
[3] ausg. von Tornberg, I, 254—58.

zeichnet die stadt der heiligen als Ephesus, und berichtet an
erster stelle die erzählung von dem christlichen apostel, der als
badediener jene jünglinge bekehrt, fügt ihr jedoch einen voll-
ständigeren schluss bei als Tabarî. So erwähnt er auch, dass
die vor Dekianus fliehenden gefährten am eingange der höle
eine quelle und einen fruchtbaum finden, die ihnen nahrung
gewähren, welchen umstand auch eine demnächst zu be-
sprechende version [1]) bringt. Als Dekianus dann die höle
findet, schickt er seine diener hinein, doch diese sind gezwungen wieder umzukehren, ohne ihren auftrag vollführen zu
können. Dass ein vom regen überraschter hirt die höle wieder
öffnet, erzählt auch Ibn Al'athîr, ebenso gedenkt er der häresie.
Wie Jamlikha mit dem christlichen könige und der volksmenge
zur höle zurückkehrt, bittet er auch zuerst allein eintreten zu
dürfen, um seine gefährten vor unnötiger furcht zu bewahren.
Als er ihnen darauf das vorgefallene mitteilt, flehen sie alle zu
Gott, dass er sie sterben lasse, damit niemand sie sehen könne.
Gott erhört ihre bitte, und wie der könig darauf eintritt, findet
er ein kästchen mit einer bleiernen tafel, welche die namen
und die geschichte der jünglinge enthält. Andere sollen jedoch
berichten, dass er sie noch lebend gefunden hätte, und dass
ihre kleider unversehrt gewesen wären. — Der schluss stimmt
dann wieder mit Zamachscharî überein: der könig will ihnen
goldene särge machen lassen, wird jedoch durch ein traumgesicht davon abgehalten, worauf hölzerne särge angefertigt
werden. — Die namen der jünglinge sind bei Ibn Al'athîr:
Maksalmînia, *Jamlikha*, *Martûs* (= Martinianus), *Nirûjs* (?),
Kstums (= Constantinus), *Dînmûs* (= Dionysius), *Rîtûfs* (?) und
Kalûs (= Kalos bei Tabarî, l. c. 44); der hund heisst wie
gewöhnlich *Qitmir.*

Ob Ibn Al'athîr seine version aus Tabarî entnahm und die
zusätze nach andern beifügte, oder ob beiden dieselbe quelle
vorlag, von der Tabarî die betreffenden stellen wegliess, muss

---

[1]) Fundgruben des Orients III, 367.

ich unentschieden lassen, da diese frage nur durch eine vergleichende untersuchung ihrer ganzen werke gelöst werden kann.
Ferner soll ein christlicher arabischer schriftsteller, Georg
Elmacin († 1273), die Siebenschläferlegende erwähnen, doch
weder die Acta Sanctorum [1]), die ihn, soviel ich ersehe, in diesem
zusammenhange zuerst nennen, noch diejenigen, welche aus
diesem werke geschöpft haben, bezeichnen auf irgend welche
weise die betreffende stelle. Ohne erfolg und eigentlich ohne
hoffnung auf einen solchen habe ich die mir zugängliche *Historia sacracenica* dieses autors durchforscht; denn da sie mit
Mohammed beginnt, so war es nicht wahrscheinlich, dass ich in
ihr das gesuchte finden würde. [2])

Der mit dem vorigen gleichzeitige Kazwíni († 1283) handelt dagegen an zwei stellen seiner Kosmographie von
diesen heiligen. [3]) Besonders merkwürdig ist jedoch sein bericht in dem ersten teile seines werkes („die Wunder der Schöpfung") in dem abschnitte, wo er über die berge spricht. Der berg
el-Raqîm, heisst es dort, liegt in el-Rum (Klein-Asien) zwischen
ʾAmmuria und Nicaea. Von ʾObâda ben el-Sâmit wird überliefert, dass Abu Bekr el-Siddîc ihn als gesandten an den
griechischen kaiser schickte, damit er denselben zur annahme
des Islam auffordern sollte. Der berichterstatter erzählt dann,
dass er auf seiner reise in die griechischen länder einen roten
berg bemerkt habe, welcher ihm als der berg der grotte bezeichnet wurde. Die reisenden gelangten darauf zu einem
kloster, von dessen bewohnern sie zur höle geführt wurden.
Sie kamen zuerst zu einem eisernen tor, durch welches sie in

---

[1]) l. c. 381, 29.

[2]) arab. u. lat. herausgegeb. v. Thomas Erpennius, Lugd. Bat. 1625.
Ich habe mich aus obigem grunde mit der lectüre des ersten kapitels
und der durchsicht der lat. randglossen — leider fehlt ein index — be-
gnügt. Möglicherweise wird man aber den citierten passus in Elmacins
Universalgeschichte entdecken, die mir nicht in die hände gekommen ist.

[3]) s. Makrízis Gesch. d. Kopten, mit übersetzung u. anmerkungen
v. Ferd. Wüstenfeld. Göttingen 1845, s. 26 ff. (in der note). — Kazwínis
Kosmographie übers. v. Ethé, I, 328 ff.

ein in den berg gegrabenes haus traten. In diesem sahen sie
d r e i z e h n   m ä n n e r auf dem rücken liegend schlafen, jeder
mit einem bestaubten gewande bedeckt. Die meisten hatten
bis zum schienbein reichende und wunderbar gearbeitete stiefel[1]
an. Ihre gesichter waren so klar wie die von lebenden, einige
von ihnen waren jünglinge, andere greise, alle aber hatten die
tracht der Moslemin. Der letzte zeigte einen noch ganz frischen
säbelhieb durch das gesicht. Auf die fragen der reisenden
antworteten die führer, dass sich alljährlich leute am tore der
höle sammeln, und dass sie dann den staub abwischen und
bart und nägel verschneiden müssen. Sie seien propheten,
welche schon 400 jahre vor dem Messias gelebt hätten. —
Kazwíni setzt dann hinzu, dass es nach Ibn Abbâs ihrer sieben
waren: *Maximilianus*, *Iamblichus*, *Martinus*, *Baninunus* (?),
Serapion, *Dionysius*, *Kahschitotiunus* (Exacustodius), und der
name des hundes *Qitmír*.

Es lässt sich leicht erkennen, dass hier zwei verschiedene
mythen mit einander vermengt werden. Doch ist Kazwíni
nicht allein dieses irrtums schuldig, da, wie vorhin erwähnt,
E d r i s i dieselbe verwechselung begeht. Auch er bezeichnet die
lage des hölenberges wie Kazwíni, beschreibt jedoch die örtlichkeit abweichend von ihm und will auch nicht dreizehn,
sondern nur sieben schläfer dort gesehen haben. Welchem
sagenkreise die dreizehn im berge Raqîm angehören, führt
v. H a m m e r in einem artikel in Vulpius' Curiositäten aus,[2]
indem er sie als d i e   z w ö l f   g n o s t i s c h e n   w e i s e n nebst
ihrem oberhaupte erklärt, welche den templern bei der verteilung der würden ihres ordens vorgeschwebt haben. Er erinnert bei dieser gelegenheit an die h ö l e   v o n   S e r m e n r a i,
in welcher der z w ö l f t e   I m a n (Mehdi) schläft, bis er am
jüngsten tage alle religionen unter eine vereinigen wird; ebenso
daran, dass die lichtlehre Z o r o a s t e r s aus einer dunkeln höle
hervorgegangen sei.

---

1) Ethé l. c.: beinschienen.
2) Bd. IX, Weimar 1821, s. 118 ff.

Ein weiteres eingehen auf diesen stoff unterlasse ich jedoch, da er mit der Siebenschläferlegende nur in entfernterem zusammenhange steht. [1])

Endlich bleibt von den Arabern noch M a k r í z i zu erwähnen, (geb. 1364 in Cairo, † 1441) [2]), der in seiner G e s c h i c h t e d e r K o p t e n [3]) der Siebenschläfer in einigen worten gedenkt. Er erzählt von der Christenverfolgung des Decius, und berichtet, dass „die jungen männer, die herren der grotte" aus der stadt Ephesus nach dem östlich von derselben gelegenen berge flohen, und dort fortwährend 300 jahre schliefen, was nach mohammedanischer rechnung neun jahre mehr ausmache. [4])

In P e r s i e n hat die legende, soweit ich es übersehen kann, eine eigene gestaltung gefunden. Kurz spielt auf dieselbe Sa'di in seinem G u l i s t a n (1258 gedichtet) an. Nach der übersetzung Nesselmanns [5]) lautet die stelle:

Lots weib verkehrte einst mit bösewichtern,
Darum verstiess sie der prophetenorden,
Der Siebenschläferhund ist kurze zeit
Der guten spur gefolgt und mensch geworden.

Adam O l e a r i u s , der dies werk vornehmlich in Europa bekannt machte, scheint jedoch diese worte genauer übertragen zu haben [6]): *Noah Sohn hielte sich zu Gottlosen Leuten, dadurch*

---

[1]) doch vgl. oben s. 65, 6.

[2]) s. über ihn: M.: Histoire des Sultans Mamelouks, trad. p. Quatremère, Par. 1837 ff; Préf. p. IV ff.

[3]) ausg. von Wüstenfeld (s. oben 137, 3) s. 26.

[4]) womit die s. 70, 5 citierte erklärung Dschellaledins zu vergleichen ist. — Zusätzlich noch ein citat aus Hammer, Rosenöl I, 303: „die ratgeber und helfer des M a h a d i , als khalifen der friedlichen welt, werden die heiligen S i e b e n s c h l ä f e r sein." (Varnhagen, Ztschr. f. rom. Phil. V, 164.) — vgl. s. 138 unten.

[5]) der Rosengarten des Scheikh Musli-eddin Sa'di, 1864, I, 4, s. 34.

[6]) Persianisches Rosenthal des Schich Saadi, 1654; s. 7 ff. vgl. auch Hall. Litt. Ztg. 1839, no. 52, sp. 413—15. Semelet, Gulistan, trad. en français, Par. 1834, p. 129 giebt ein citat aus Niebuhrs beschreibung

musste er des Hauses der Prophecayung müssig gehen. Aber der
Hund der Gefehrten zur Höle des grossen Berges ist wenig Tage
mit frommen Leuten umbgangen, und dadurch zu einen menschen
geworden." Denn hätte der dichter wirklich den ausdruck Siebenschläfer gebraucht, so würde die folgende erklärung damit
in merkwürdigem widerspruch stehen.   Was uns bei dieser
stelle nun hauptsächlich interessiert, ist der commentar eines
persischen auslegers, welchen Olearius in seinem werke als
sechstes kapitel hinzusetzt. Es wird dort erzählt, dass Dakianus,
der könig von Persien, in der nähe von Nachtzuan in der
Landschaft Karabach (Nachtschewân in Karabagh im heutigen
russischen gouvernement Eriwân) residierte, und dass zwei
seiner räte und ein trabant vor ihm flohen, weil er
dem heidnischen glauben anhieng. Sie finden einen schäfer mit
seinem hunde, der sich ihnen anschliesst. Auch der hund
folgt ihnen, da sie jedoch fürchten von ihm verraten zu werden
schlagen sie ihm die beine ab.   Da erhält der hund stimme
und sagt, auch er wolle mit ihnen den wahren Gott suchen.
Da tragen sie ihn auf den schultern zu einer höle, wo sie sich
schlafen legen, während der hund wache hält.   Nachdem sie
wieder erwacht sind, geht einer von ihnen in die stadt, um
speise zu kaufen, ist aber erstaunt, dass alle menschen
so klein gegen ihn erscheinen.   Eine alte münze erweckt gegen ihn verdacht, worauf er vor den könig geführt
wird, und es stellt sich heraus, dass die gefährten 900 jahre
geschlafen haben.   Als der abgesandte darauf den könig nebst
gefolge zur höle führt, bitten seine genossen Gott, dass er sie
nicht den menschen offenbaren möchte.   Nun gehen diese
leute noch heutigen tages tiefer in den berg
hin.ein. Der könig lässt ihnen ein herrliches grabmal am
eingang der höle errichten, zu dem noch heute wallfahrten
gemacht werden.   Die andacht beginnt mit einem gebet am

Arabiens, nach welchem die Araber von Jemen die höle bei Taaes
nahe dem berge Sabber entdeckt zu haben glauben. Iamblichus heisst
bei ihnen *Thamus ibn Hamus abu-Arbas*, Theodosius *Abd el Rachmân*.

grabe des hundes. Merkwürdig ist es hier, dass die dreizahl — wenn wir von der durch die hinzufügung des hirten entstandenen verwirrung hierbei absehen — festgehalten wird, die auch im Qorân erwähnung findet. Alle andern züge sind im grossen und ganzen dieselben wie bei den übrigen mohammedanischen versionen, bis auf die durch den druck hervorgehobenen stellen, auf welche ich schon früher gelegentlich als volkstümliche mythische erweiterungen hingewiesen habe. Wie der redaktor jedoch darauf gekommen ist, die scene der sage nach Nachtschewân zu verlegen, vermag ich nicht zu erklären. Vermutlich herrschte jedoch in der dortigen, einst zum persischen Armenien gehörigen gegend eine der schläferlegende ähnliche mythe, die dann durch anlass des Qorâns umgedeutet ward.

Was jedoch die dreizahl betrifft, so begegnen wir ihr auch in dem älteren Tutinameh des Sijâï-eddîn Nechschebi, welches nach des dichters angabe im jahre 730 der flucht (= 1352 n. Chr.) vollendet ward.[1] In der siebenten erzählung heisst es dort:[2] „Daher folgte auch jenes tier, dessen in den worten: *und der vierte derselben war ein hund*, gedacht wird, den heiligen schläfern nach. Diese wollten ihn zurückscheuchen und aus ihrer gesellschaft entfernen; da sprach das tier: warum haltet ihr mich denn ab, euch zu begleiten, und verstosst ihr mich aus eurer nähe? Jene sagten: weil du nicht von unserer art bist. Da antworte das tier: in der liebe ist gleichartigkeit keine bedingung" u. s. w. — Wenn nach diesen citaten ein schluss nicht zu voreilig wäre, so möchte man sagen, dass die dreizahl bei den Persern den vorzug hatte.

Die erwähnte menschwerdung des hundes ist jedoch schwerlich wörtlich zu fassen, sondern eher als umdeutung aus dem umstande abzuleiten, dass er nach dem glauben der Mohammedaner in das Paradies versetzt sein soll. Dass er zum löwen ward, habe ich durch eine alte griechische mythe zu

---

[1] s. Touti Nameh, dtsch. übersetzung von Iken, mit einem anhange von demselben u. L. Kosegarten, Stuttg. 1822, s. 174 ff., 316.

[2] ib. s. 211.

erklären gesucht, und hier mögen die verse Rückerts (Damentaschenbuch a. d. j. 1822, s. 139), der jedenfalls aus orientalischen quellen schöpfte, citiert werden:

„Ein hündlein, das einst wache tat bei schäfern,
Ging in die höl' ein mit den Siebenschläfern;
Und als sie drinnen zeit und welt verschlafen,
Verschlief es auch den niedern dienst bei schafen;
Und als im himmel ihnen ward die krone,
Ward es zu einem leu'n an Gottes throne."[1])

Was die sonstigen persischen autoren angeht, welche hierüber gehandelt haben sollen, so verweise ich auf den betreffenden abschnitt in den AA. SS. (s. 381, 29), da ich ferneres über
ihre versionen nicht habe in erfahrung bringen können. Es
werden dort die chronik „Mogemal[2]) Toüarich" und die
historiker Mirchond[3]) und dessen sohn Chondemîr (ca. 1500)
angezogen, jedoch ohne angabe der bezüglichen stellen. Auch
ein persischer ausleger des Qorân, Hussein, wird dort genannt und aus seinem commentar citiert, dass er den kaiser
Decianus, die stadt Ephesus und den berg Betahalos
anführe. Vielleicht ist es Hussein ben Mesud von Karabagh
(† 1122), der eine sammlung von 4119 überlieferungen zum
gesetze unter dem titel *Massabih* (= lampen) veranstaltete; in dem
commentar dazu, *Mish-cat-ul-Massabih*, finde ich freilich nichts.[4])
Aus neurer zeit ist dann der Franzose Jean Chardin zu erwähnen, der im 17. jahrhundert reisen nach dem Orient unter-
nahm und uns u. a. auch interessante nachrichten über das
damalige Persien übermittelt hat. Bezüglich der abergläubischen
gebräuche bei übersendung von briefen gedenkt er auch des

---

[1]) vgl. v. Löper, Göthe, l. c., der dabei an den held Judhischthira
im Mahabharata erinnert, der bei seiner himmelfahrt sein treues
hündlein mit hinauf nimmt.

[2]) vgl. Reinaud, Mon. Mus. I, 186, n. 1.

[3]) in der Geschichte der Seldschuckiden, pers. u. dtsch. von Vullers,
findet sich nichts über die Siebenschläfer.

[4]) engl. v. A. N. Matthews, Calc. 1809 f; s. Graesse, Literärgesch. II, 1, 318.

Siebenschläferhundes, *Cratin* oder *Kratim*, dessen name man dreimal neben das siegel zu setzen pflege, und berichtet bei dieser gelegenheit die legende, dass das tier, als die sieben heiligen in das paradies geführt wurden, sich an das gewand eines derselben anhing und so mit zum himmel aufstieg. Als Gott dasselbe sah, wollte er es nicht wieder fortjagen und gab ihm daher das amt, briefe und das gepäck von reisenden zu behüten.[1]

Wir kommen nunmehr zu jener arabischen version, welche ihr übersetzer, Rich, jedenfalls irrtümlich dem Wahb ben Munabbih oder dem Ka'b El 'ahbâr zuschreibt.[2] Es findet sich dieselbe mit einigen abweichungen und zusätzen auch in den *Nouveaux Contes Orientaux* des grafen Caylus,[3] der sie jedoch aus dem persischen übertragen hat. Beide bearbeitungen gehen auf dasselbe original zurück, doch da mir ein sicherer anhalt zur datierung fehlt, und dieses dort, wo es mit den andern moh. redaktionen übereinstimmt, aus jenen — nicht umgekehrt — geschöpft haben dürfte, so findet die besprechung dieser eigentümlichen version am·besten hier ihre stelle.

Da mir Richs übertragung als die kürzere auf einem älteren text zu beruhen scheint, will ich sie zu grunde legen und in noten wichtigere abweichungen der des Caylus angeben, das ganze jedoch nur inhaltlich wiedererzählen, da der umfang zu bedeutend im vergleich zur wichtigkeit ist.

Im lande Fars[4] lebte einst ein mann aus jüdischem stamme[5] namens Dekianus, der ein hirte war und treu Gott diente. Als er einst seine schafe auf einem berge hütete, fiel eins in eine höle, und wie er es aus derselben befreien wollte, fand

---

[1] s. Voyages de Mr. le Chevalier Chardin etc. Amsterdam 1711, II, 301.

[2] Fundgruben des Orients III, 347—381; s. oben s. 105 f.

[3] La Haye 1743, p. 20—107; Cabinet des Fées, 25, Genève 1786, s. 21—73; abgedruckt bei F. W. V. Schmidt, Sammlung franz. Schriftsteller aus dem neunzehnten bis in das dreizehnte Jahrhundert zurück etc. Berl. u. Stett. 1818, 75—105, nach welchem buch ich citiere.

[4] C. nennt allgemeiner Alt-Persien.

[5] C. übergeht dies.

er eine tafel, auf welcher vier zeilen in rätselhafter schrift
standen. Alle weisen, die er bat sie zu entziffern, vermochten
es nicht, bis er nach langer reise einen gelehrten greis in
Kaisseria[1]) (Kaisarieh) fand, der sie ihm ausdeutete. Nach
der inschrift waren dem besitzer derselben ungeheure reichtümer bestimmt, die dort verborgen lagen, wo Dekianus die
tafel entdeckt hatte, doch gleichzeitig war ihm ein unseliges
ende und ewige verdammnis beschieden. Obwohl über diese
prophezeiung anfänglich entsetzt, beschloss Dekianus doch der
verlockenden aussicht auf die schätze zu folgen. Er bat aber
den greis mit ihm zu gehen und versprach ihm mit einem
eide die hälfte der schätze. Dieser fürchtete freilich, dass der
hirt nicht wort halten würde, gab aber schliesslich dessen drängen
und beteuerungen nach.

Zur stelle gelangt, grub Dekianus nach, und nachdem er
zwei starke türen erbrochen hatte, fand er sich mit dem greise
in einem gewölbe, das sieben zimmer enthielt, und in dem
einen waren noch kostbarere schätze als in dem andern. Beim
anblick derselben erwachte habsucht im herzen des Dekianus,
und seines eides uneingedenk erschlug er seinen begleiter, obwohl dieser auf seinen anteil zu verzichten versprach. Geschickt
wusste er nun die schätze in sein haus zu bringen,[2]) ohne
dass jemand etwas merkte, worauf er Fars verliess,[3]) um in
einer fernen stadt, wo er unbekannt war, seine reichtümer zu
geniessen. Bald erregte sein aufwand und seine pracht auf-
sehen; er gewann durch freigebigkeit die gunst der vornehmen
männer und erwarb schliesslich durch reiche geschenke[4]) die
freundschaft des königs, der ihm grossen einfluss in staatsge-
schäften einräumte. Da verlangte eines tages der kaiser von

---

[1]) C. in Egypten.

[2]) C. beschreibt die art und weise, wie er es tat. (s. 79.)

[3]) nach C. blieb er am orte, gab jedoch vor, durch handel mit
Egypten so reich geworden zu sein. (s. 79.)

[4]) C. zählt diese genau auf, wobei zu bemerken ist, dass die neunzahl eine grosse rolle spielt (s. 81).

Roum[1]) vom könige von Persien den rückständigen tribut
von drei jahren.[2]) Dieser war darüber in sorge, doch Dekianus
übernahm es, die sache zu ende zu führen. Er sammelte zu
diesem zwecke ein heer von 100,000 mann, zog gegen den
kaiser, vernichtete dessen heer und machte sich zum herren
des landes Roum. Darauf kehrte er zurück, überwand auch
den könig von Fars, tötete ihn und nahm vom lande besitz,
in welchem er einen statthalter zurückliess, während er selbst
in Ephesus im lande Roum seine residenz aufschlug. Er
baute dort einen überaus prächtigen palast, in welchem hundert[3])
goldene throne standen; fünfzig[4]) viziere und fünfzig[5]) pförtner
waren dort, ebenso harrten siebenzig[6]) sterndeuter und siebenzig
ärzte seines winkes. Aber über alle stellte er sechs jünglinge,
die an schönheit und klugheit ihres gleichen nicht hatten, und
deren namen waren: Yamlîkha, Yamlîsa, Mostalakha,
Adranusch, Amidanusch und Sadranusch[7]) — doch
Yamlîkha genoss unter ihnen das meiste ansehen.[8])

Eines tages erschien nun dem Dekianus der Böse in gestalt
eines greises und sprach: „Ich bin ein prophet des Allmächtigen,
welcher mich gesandt hat, um dir zu sagen: Ich bin der gott
des himmels, aber Dekianus ist der gott der erde." Darauf
verschwand er, erschien ihm jedoch wieder als engel, als er am

---

[1]) C.: von Griechenland.

[2]) C.: von 7 jahren; ausserdem giebt er den wortlaut des kaiser-
lichen briefes an.

[3]) C.: 1000 (s. 85).

[4]) C.: 60 (ib.)

[5]) C.: 700 (ib.)

[6]) C.: 7000 (ib.) etc.

[7]) C.: Jemlikha, Mekschilinia, Meschlima, Debermusch und
Schaznusch — der sechste? — Bei R. sind die namen arg entstellt,
die beiden ersten sind jedenfalls spaltung aus dem einen. Doch bemerkt
der herausgeber (s. 354, c.), dass er einen talisman besitze, auf welchem
die schläfer folgendermassen heissen: Jamlikha, Makschlina, Maslina,
Martusch, Dabernusch, Schaspusch, Cofschistanusch, welche,
bis auf den vorletzten, mit der allgemein giltigen reihe übereinstimmen.

[8]) bei C. steht dieser abschnitt nach dem folgenden.

ufer des meeres jagte, um ihm dieselben worte zu wiederholen.
Noch wollte Dekianus ihm nicht glauben, daher trat der Böse
zum dritten mal vor ihn[1]), brachte ihm dieselbe botschaft, und,
zum zeichen ihrer wahrheit, hiess er den könig die verhängnis-
vollen worte aussprechen, als ein gewaltiger fisch, der
zu der zeit an der oberfläche des meeres zu erscheinen pflegte,
um Gott ein dankgebet darzubringen, aus den fluten auftauchte.
Kaum hatte der fisch die lästerrede vernommen, als er wieder
verschwand; doch Dekianus legte dies zu seinen gunsten aus
und liess sich fortan als gott verehren. Er baute nun eine
kostbare halle von gold und silber und liess sich persönlich nur
von den sechs jünglingen bedienen. Aber die nicht an ihn
glauben wollten, liess er grausam hinrichten. Yamlîkha zwei-
felte an der wahrheit, und als Dekianus einst beim mahle von
einer fliege belästigt ward, so dass er von sinnen kam, da
gelangte er zur erkenntnis, dass er kein gott sein könnte. Er
lud nun seine gefährten zu einem feste ein, bei welchem er
ihnen seine gedanken darüber mitteilte und alle für seine überzeugung gewann, dass es nur einen Gott gebe.[2]) Die vezire
schöpften zwar verdacht und teilten dies dem könige mit, der
die jünglinge vor sich kommen liess, um sie zu befragen.
Doch ihre antwort, dass sie an einen Gott glaubten, bezog
er auf sich selbst und liess sie beschenkt wieder frei. Yamlîkha sah jedoch ein, dass sie nicht länger am hofe des königs
bleiben könnten, und als derselbe einst auf ein paar tage zur
jagd auszog, verabredete er mit seinen gefährten die flucht. Da
sie jedoch von den leuten des Dekianus beobachtet wurden,
gaben sie vor, sich mit einem reiterspiel[3]) ergötzen zu wollen,

---

[1]) dasselbe motiv wie bei Macbeth (!)

[2]) R.'s version (357—62) ist hier die weitschweifigere; so heisst es,
dass Dek. Yamlîkha von Yamlîsa beobachten lässt (!); nachher lässt er
zwei mal die jünglinge vor sich kommen, und beim zweiten mal befiehlt er einen ehernen stier zu heizen, um sie, wenn sie ab-
trünnig sein sollten, hineinzuwerfen etc. Ich bin hier der knapperen
darstellung C.'s gefolgt, da die erwähnten umstände für den gang der
erzählung ohne bedeutung sind.

[3]) R.: *Jerit* (364), nach C.: *Tcheukian* (s. 88).

und entrannen bei dieser gelegenheit ihrem aufseher, dem sie zuriefen, dass sie sich vom könige und seiner falschen religion lossagen wollten. Nachdem ihre pferde gestürzt waren, setzten sie ihren weg zu fuss fort, bis sie vor erschöpfung kaum weiter konnten. Da fanden sie einen schäfer mit seiner herde, der sie mit nahrung erfrischte. Als sie ihm ihre geschichte erzählt hatten, bekannte auch der schäfer, welcher Habil[1]) hiess, dass er an den einen Gott glaube und erbot sich, sie zu einer höle zu führen. Sein hund folgte ihnen und liess sich selbst durch steinwürfe nicht zurückschrecken. Wie ihm jedoch ein bein zerbrochen wurde, erhielt er stimme u. s. w. Endlich erreichten sie die höle, hatten jedoch nichts zu essen. Da sandte Gott seinen engel Gabriel herab, der bewirkte, dass ein verdorrter baum in der nähe der höle früchte trug, und dass eine versiechte quelle frisch hervorsprudelte.[2]) Die jünglinge erlabten sich und legten sich nieder, und der engel Gabriel erschien wieder und senkte schlaf auf ihre augen.

Als Dekianus darauf zurückkehrte, war er betrübt, die jünglinge nicht zu finden, und er liess sie überall suchen. Als jedoch alle mühe vergebens schien, trat der Böse wieder in gestalt eines greises zu dem könige und benachrichtigte ihn, dass jene in einer höle des berges Endschelus (Enjelous) lägen. Dekianus brach mit seinem gefolge dorthin auf, und auf rat des Bösen liess er den eingang vermauern, damit die jünglinge hungers stürben, doch auf die mauer wurde eine inschrift gesetzt, welche den grund angab, warum dieselben auf solche art bestraft wären. Aber der Allmächtige sandte einen engel, der beständig bei ihnen blieb und sie von zeit zu zeit umwandte.[3])

---

[1]) C.: *Kefchtetiouch* (s. 89).

[2]) Dieser umstand fehlt bei C., vgl. jedoch oben Ibn Al'athîr.

[3]) Bei C. ist diese stelle bedeutend erweitert: Dek. schickt diener in die höle, doch diese werden durch einen erschrecklichen dampf zurückgetrieben. Er lässt eine mauer ziehen, aber eine öffnung bleibt, damit er die jünglinge eines tages ergreifen könne. Unwiderstehlich fühlt er sich dorthin gezogen, und da er meint, dass

Dekianus starb, und nach 309 jahren erwachten die jünglinge auf das geheiss Gottes als wahrzeichen der auferstehung.
Da sie hunger hatten und baum und quelle vertrocknet fanden,
wollten sie den schäfer zur stadt schicken, doch weil dieser
sich fürchtete, machte sich Yamlîkha auf den weg.[1] Als er
nach Ephesus kam, war er sehr erstaunt über die veränderungen;
schliesslich ging er aber zu einem bäcker, um brot zu kaufen.
Dieser meinte beim anblick des dargebotenen geldes, dass der
käufer einen schatz gefunden habe, und wie dieser es läugnete,
brachte er ihn zum kaiser Theogokusch.[2] Er wurde von
diesem verhört und erzählte seine geschichte, welche die weisen
bereits aus dem Evangelium kannten, doch sollte er noch einen
ferneren beweis der wahrheit darbringen. Yamlîkha führte nun
mit hülfe des engels Gabriel den kaiser nebst gefolge zu seinem
vormaligen hause, in welchem er weib und kind zurückgelassen
hatte. Vor der tür trafen sie einen uralten greis: den gross-
sohn Yamlîkhas. Dieser bezeichnete darauf eine stelle im
hause, an welcher er einen schatz vergraben hatte. Derselbe
wurde richtig gefunden, und nun glaubte jedermann an die
wahrheit des wunders. Aber auch Yamlîkhas sohn lebte noch,
freilich war nur noch etwas haut von ihm übrig, welche in
in einem korbe unter baumwolle aufbewahrt wurde. Dieses
fragmentarische geschöpf ward herbeigebracht, erkannte seinen
vater und starb. Nachdem Yamlîkha einen teil seines schatzes
unter den anwesenden verteilt hatte, führte er sie zur höle.
Auf seinen wunsch trat er zuerst ein, um seine gefährten auf
das kommen der menge vorzubereiten, damit sie nicht in un-

---

die schläfer von fremder hand unterstützt werden, stellt er ein heer
rings um den berg, um dies zu verhindern. Auf seine reden und
schmähungen antwortet nur Catnîer der hund. Zu seiner strafe
sterben seine drei söhne, und es erhebt sich eine empörung. Schliesslich wagt er es, einen pfeil auf die schläfer abzuschiessen, da stürzt
aber eine schlange hervor, die ihn zur stadt verfolgt und dort tötet.

[1] nach C. wechselt er mit ihm kleider.
[2] C. nennt ihn Enkusch (Encouch).

nötige furcht gerieten.[1]) Als diese das wundersame abenteuer erfahren hatten, baten sie Gott, ihre seelen zu sich zu nehmen.[1]) Der Allmächtige erfüllte diesen wunsch, und nachdem der kaiser mit den seinen lange umsonst geharrt hatte, schickte er Yamlîkhas greisen sohn hinein.[2]) Dieser erblickte die heiligen männer und gab dann seinen geist auf, und alsbald verschloss sich der eingang der höle auf ewig. Der kaiser liess jedoch einen gedenkstein mit der geschichte der heiligen schläfer dort aufrichten.[3]) Die nachricht von dem wunder verbreitete sich schnell und zog viele frommen zur höle. Aber auch die ungläubigen kamen, indem sie behaupteten, dass die heiligen schläfer zu ihnen gehört hätten. Darob erhob sich streit und kampf, in welchem die ungläubigen vernichtet wurden. Dann wurde am eingang der höle ein „mesjed" errichtet. Und nach einem bericht sollen engel vom himmel gestiegen sein, welche die jünglinge in kostbaren särgen beisetzten. Doch giebt es viele berichte, darunter auch einen, nach welchem die schläfer vier waren, und der fünfte ihr hund." —

Es ist diese version eine eigentümliche mischung der verschiedenartigsten mythen. Für die vorgeschichte des Dekianus, seine wundersame auffindung des unermesslichen schatzes, ist mir eine parallele nicht bekannt, doch wird ein kenner der orientalischen literaturen wohl eine erzählung aufzufinden im stande sein, die dem redaktor der unsrigen vorgeschwebt haben dürfte. Nachher tritt Dekianus als mächtiger eroberer auf,[4])

---

[1]) nicht bei C.

[2]) nicht bei C.; dieser erwähnt vielmehr eine überlieferung, nach der der könig, als niemand die höle zu betreten wagt, selbst hineingeht und dort stirbt.

[3]) Nach C. wird eine säule errichtet, auf welche die geschichte der Siebenschläfer eingraviert ward.

[4]) Auch ausserhalb der legende findet sich übrigens dieser name so citieren die AA. SS., Jun. VII, 326, einen *Dakianus* als *fictitius persecutor in Gallia;* auch Chardin, Voyages etc. II, 326, berichtet, dass ein Perser eine griech. münzaufschrift mit dem namen *Dakianus* gesehen haben will.

und hierin haben wir vielleicht historische erinnerungen zu erkennen. Wenn wir die entstehung der in rede stehenden redaktion nach Persien verlegen — und daraufhin deuten die örtlichen angaben im eingange — so müssen wir zusehen, welcher von den dortigen herrschern sich durch kriegszüge nach westen auszeichnete. Es scheint mir nicht unmöglich, dass Timur unter dem eroberer gemeint sein könnte. Derselbe, einem hirtenvolke entsprossen, wurde in der nähe von Samarkand geboren, und unterstützte später den emir Hussein von Chorasan, welches land ganz nahe dem in der erzählung erwähnten Fars liegt, auf verschiedenen kriegszügen. Schliesslich überwarf er sich aber mit ihm, zog gegen ihn zu felde, besiegte sein heer und nahm ihn gefangen. Nachdem dann Hussein ermordet war, stieg er selbst auf den thron.[1] Dann unterwarf er sich Persien und drang bis nach Russland vor. Er wandte sich endlich gegen Bajesid, der ihn hochmütig zum kampfe reizte, jedoch von Timur in der gewaltigen schlacht bei Angora (1402) besiegt und gefangen wurde. Diese züge entsprechen im allgemeinen denen unserer version, und wenn diese beziehungen tatsächlich begründet sind, so hätten wir auch eine handhabe, dieselbe annähernd zu datieren. Sie müsste dann im 15. jahrhundert etwa entstanden sein, was ihrem charakter durchaus nicht widersprechen würde.

Wie der verfasser auf eine solche gedankenverbindung kommen konnte, ist nicht schwer einzusehen, wenn wir ihm einige kenntnis der geschichte des historischen Decius zuschreiben. Derselbe wurde bekanntlich von seinem vorgänger Philippus nach Pannonien und Mösien geschickt, um die dort stationierten meuterischen legionen zu unterwerfen. Doch wurde er in den aufstand mitgerissen, zog gegen Philippus zu felde und besiegte ihn, worauf er selbst den thron bestieg, während jener zu Verona eines gewaltsamen todes starb.

---

[1] s. Histoire de Timur-Bec etc. écrite en Persan par Cherefeddin trad. par Petis de la Croix, Delf 1723, I, bes. chap. XXVI (175 ff). — Zinkeisen, Gesch. d. osm. Reiches in Europa I, 356 ff.

Diese empörung gegen seinen früheren herrscher, der krieg gegen denselben und seine ermordung mag nun auch anlass gegeben haben, dem Dekianus unserer erzählung dieselben taten beizulegen. Hierin berührte er sich aber gleichzeitig mit Timur, und so wurden beide personen in eine zusammengeschweisst. —

Die erzählung von der fliege, welche Dekianus peinigt, bezieht sich dagegen ursprünglich auf Nimrod. So erzählt Olearius in Sa'dis Gûlistan[1]): *Eine von den mucken fleugt Nimrod auf die stirn, er jaget sie weg; sie aber setzt sich auf die nase, und als sie da auch verfolgt wird, kreucht sie gar in die nase, dass er ohne unterlass die stirn kratzen muss.* Hiergegen müssen Nimrod nun seine kammerknaben helfen, die ihm aber zuletzt den kopf spalten und so die mücke befreien.[2]) Wie der redaktor dazu geführt ward, diese mythe in seine darstellung einzuflechten, ist nicht gerade schwer ersichtlich, da auch Nimrod als mächtiger herrscher und als städtebauer berühmt war. Seine lust an der jagd klingt auch in unserer erzählung wieder; denn wiederholt wird berichtet, dass Dekianus diesem vergnügen oblag. — Der grosse fisch, welcher weiterhin in dieser version erscheint, ist vermutlich der in der phönicischen sagenwelt bekannte Oannes.[3]) Der übrige teil der geschichte ist dann im allgemeinen nur eine erweiterung des berichts des Qorân und seiner commentatoren; doch ist wohl zu beachten, dass hier noch mancherlei direkt aus einer christlichen version entnommen sein muss, da sich einige züge darin befinden, welche die andern von mir erwähnten Mohammedaner entweder gar nicht, oder doch nur ganz vereinzelt erwähnen: ich erinnere an das vermauern der höle, an den namen Theogokusch (=Theodosius) und den bergnamen Endschelous (= bei den Syrern Anchjlus od. dergl.). Doch ist das meiste verwirrt

---

[1]) ende des 7. buches; vgl. v. Loeper, Goethe IV, 221 ff., und A. Wurm, Commentar zu Goethes west-östl. Divan s. 275.

[2]) Im Talmud wird eine ähnliche mythe von dem kaiser Titus erzählt.

[3]) s. Movers, l. c. I.

und entstellt: die bleiernen tafeln finden sich an zwei
stellen, einmal als inschrift des Dekianus auf der mauer, welche
die höle verschloss, und dann als gedenkstein, den „Theogokusch" errichten liess. Die häresie tritt in einen blutigen
kampf über: hier sind offenbar die worte des Qorân *die welche
siegten* grob sinnlich ausgedeutet. Der wunsch des Theodosius,
die schläfer in kostbaren särgen bestatten zu lassen, und das
traumgesicht, welches ihn davon abhält, werden in eins zu-
sammengezogen: engel steigen herab, um die jünglinge köst-
lich beizusetzen. Vieles endlich ist willkürliche erweiterung,
wo die vorlage des redaktors diesem nicht ausführlich oder
klar genug erschien, so die art und weise, wie die sechs
ihre flucht bewerkstelligen. Noch müssiger ist die erfindung
von der nachkommenschaft des Yamlîkha: das zeugnis des
Evangeliums für die wahrheit seiner erzählung däuchte dem
bearbeiter noch nicht hinreichend, und so gab er dem sohne
und enkel des Yamlîkha ein unnatürlich langes leben. Endlich
ist auch der widerspruch recht auffällig, dass Dekianus anfangs
als eifriger anhänger des wahren glaubens geschildert wird,
und dass es nachher (l. c. p. 363) — in übereinstimmung mit
einigen oben erwähnten moh. quellen — von den jünglingen
heisst: sie gelangten durch eigene einsicht zur richtigen erkenntnis, denn zu ihrer zeit gab es noch keine propheten.
Kurz, diese version ist das werk eines sehr mittelmässigen
kopfes, der die verworrene und ungleiche darstellungsweise der
Araber und Perser noch verworrener machte.

VI. Kapitel.

Die Verbreitung der Legende im Abendlande während des Mittelalters.

Nicht die bunte mannigfaltigkeit, die phantastische aus-schmückung, die vermengung mit andern sagenstoffen, die wir bei den völkern des Ostens angetroffen haben, macht sich bei der behandlung der Siebenschläferlegende unter den mittel- und westeuropäischen nationen bemerkbar. Vielmehr tritt uns hier ein engeres festhalten an der überlieferung entgegen, und nur in vereinzelten fällen lassen redaktoren ihrer einbildungskraft freieren lauf, besonders da, wo die knappere gestalt ihrer direk-ten vorlage sie zu eigenen ergänzungen anregte. Vereinzelt auch finden wir annäherungen an fremdartige berichte — doch der hauptstrom ergoss sich von jener version, die wir oben als die mittellateinische vulgata kennen gelernt haben. Die übertragung Gregors von Tours muss als erste abzweigung aus deren original angesehen werden, während die vulgata selbst etwa im 8. jahrhundert entstanden sein dürfte, da im 9. bereits verkürzungen derselben bei Rabanus und Notker erschienen.

Der grund der verschiedenheit in der behandlung der legende bei den Griechen und Orientalen einerseits und den Abendländern andererseits ist unschwer zu ersehen: dort hatte sie ihren eigentlichen boden, sie lebte im volke und es währte eine geraume zeit, ehe sie in den kirchlichen schriften der

ersteren eine bestimmte form annahm. Hierher dagegen ward
sie erst literarisch verpflanzt, und zwar in einer fassung, die
von der kirche gewissermassen sanktioniert war und somit
keine veranlassung zu zweifeln und änderungen darbot.

Die älteste wiedergabe der Siebenschläferlegende in einer
abendländischen sprache ist die kurze homilie des englischen
abtes Älfric, eines der bedeutendsten autoren der älteren zeit,
dem wir verschiedene theologische und grammatische schriften
verdanken. Die in rede stehende homilie gehört einer sammlung
an, die in der zeit von 990—994 vollendet worden sein muss. [1])
Die darstellung ist daselbst sehr knapp, enthält jedoch nichts,
was der annahme einer mehr oder weniger direkten ableitung
aus der vulgata widerspräche. Doch nochmals behandelte Älfric
dieselbe legende in seinen metrischen *Passiones sanctorum* (um
996)[2]), die in einem eigentümlichen, zwischen stabreim und
prosa schwankenden verse[3]) abgefasst, doch erst teilweise
publiciert sind.[4]) Zu den noch nicht veröffentlichten stücken
gehören auch die Siebenschläfer, so dass mir über sie kein
urteil zusteht.

Bald darauf gedenken der heiligen mit einigen worten
zwei deutsche chronisten: der bekannte Hermannus Con-
tractus († 1054) und Sigebert von Gembloux (1030 bis
1112). Der erstere bemerkt kurz zum jahre 446[5]): *Apud
Ephesum septem Dormientes, qui sub Decio multa pro Christo
tormenta passi, in spelunca quadam obdomierunt, post annos
196 expergefacti sunt, et confirmata fide resurrectionis mortuorum,
iterum obdormierunt.* Nicht viel mehr berichtet Sigebert zum
jahre 447[6]): *Apud Ephesum septem fratres a Decio imperatore
pro Christo tormentati, in spelunca se clauserunt, et facta*

---

[1]) s. ten Brink, Gesch. d. engl. Lit. I, 133 ff. — ausg. von Benj.
Thorpe (The Homilies of the Anglo-Saxon Church etc.) II, 424—26.

[2]) s. ten Brink, l. c. s. 136 f.

[3]) s. J. Schipper, Engl. Metrik, 1882, s. 60 ff.

[4]) von W. W. Skeat, Älfric's Lives of Saints, part I; s. das. p. 8.

[5]) Pertz, Mon. Germ. VII. (Script. V) p. 83.

[6]) Pertz, l. c. VIII (Script. VI) 309.

oratione ibi obdormierunt; et post annos suae dormitionis circiter 192 ore speluncae, quod imperator Decius obstruxerut, patefacto divinitus, a somno surgunt, et asserta fide nostrae resurrectionis coram Theodosio imperatore, de qua multum dubitabatur, iterum dormiunt in Christo. Obwohl beide autoren nachweislich (s. l. c. VII, 69, VIII, 275) unter anderm auch Gregor von Tours benutzt haben, so ist es doch sehr zweifelhaft, ob sie auch diese excerpte aus ihm. genommen haben, da er ja die dauer des schlafes nirgends bestimmt angiebt und ebensowenig etwas von den martern der heiligen weiss, welche Hermann sowohl wie Sigebert erwähnen. Im letzteren stimmen sie dagegen mit Rabanus und Notker überein, welche ebenfalls berichten, dass die jünglinge vor ihrer flucht viele qualen zu erdulden hatten.

Hier wäre es auch an der stelle einer bildlichen darstellung der Siebenschläfer zu gedenken, die sich auf einem, im vorigen jahrhundert dem Museum Victorium angehörigen unechten steine findet.[1] Die heiligen, als jünglinge aufgefasst, sind mit namen bezeichnet, und neben jedem ist ein marterwerkzeug eingraviert. Johannes, Constantin und Maximilian haben keulen neben sich, Malchus und Martinian führen beile, Serapion eine brennende fackel und Danesius (= Dionysius) einen balkennagel. Ich weiss nun zwar nicht, welches alter dem stein zugeschrieben werden kann, doch die namen sowohl, wie die idee ihnen jene eigentümlichen attribute zuzuerteilen deuten darauf hin, dass der künstler durch eine version zu seiner darstellung angeregt ward, welche der Rabans und Notkers sehr nahe gestanden haben muss. Wir können diese berichte daher zu einer gruppe zusammenfassen, welche auf einer abzweigung von der vulgata (aus dem 9. jahrh. etwa) als gemeinsamer grundlage beruht. Die zugehörigkeit zu dieser betätigt Sigebert überdies durch

---

[1] s. Sanctorum VII Dorm. historia ex ectypis Musei Victorii, Rom 1741, welche diesen stein ausführlich besprechen soll; mir standen jedoch nur die bemerkungen Alban Butlers hierüber (in der übers. von Godescard, nouv. éd., Paris 1848, V, 332—3) zu gebote.

den ausdruck *fratres*, und seine wie Hermanns abweichung
in der jahrzahl kann nicht schwer ins gewicht fallen, da beide
als chronisten überhaupt genauere rechnung führten (vgl. oben
s. 70). Noch eine andere bildliche darstellung in beziehung
auf die Siebenschläfer verdient hier erwähnung. Es befindet
sich dieselbe in einem oratorium der heiligen, welches
im jahre 1875 in der nähe der Via Appia unter trümmern
entdeckt worden ist. [1] Die ausschmückung dieses mit ge-
mälden ist nach dem auftrage desselben Beno de Rapiza
erfolgt, der auch in S. Clemente in Rom frescobilder gestiftet
hat. Da er im 11. jahrhundert lebte, so können wir auch die
malereien des oratoriums etwa in die zeit der obigen historiker setzen.

Eigentümlich ist nun die behandlung der legende in der
mittelhochdeutschen Kaiserchronik, die in ihrer ältesten
gestalt bis zum jahre 1147 reicht, aber später überarbeitet und
bis auf Rudolf von Habsburg fortgesetzt wurde. Sie ist schwerlich ein einheitliches werk, sondern eine zusammenstellung
kleinerer vorher gedichteter stücke. [2] Bei der erzählung von
Decius heisst es ganz kurz: Sieben jünglinge flohen vor diesem
kaiser *in eine steinne want*, woselbst sie: *zwei hundert jâr —
unde zweier minre denne viunfzic mêre — unz Thêôdosius der
hêrre* etc. leben, zu dessen zeit eine irrlehre entstand. Decius
wird jedoch für seine sünden von teufeln zerrissen. — Später,
wo von der regierung des Theodosius die rede ist, geht diese
erzählung dann weiter: unter diesem kaiser erheben sich die
anhänger des Arrius, welche die auferstehung läugnen. Sie
werden zu einem concil nach Ephesus entboten, zu dem auch
Arrius selbst vorgeladen wird. Aber die strafende hand Gottes
schlägt ihn mit einem schnellen tode, worauf die ketzer sich
bekehren. Zu derselben zeit wird dem kaiser aber gemeldet, dass
einer der Siebenschläfer, Serapion (!), zur stadt gekommen

---

[1] s. Gastaldis ausg. des Surius, Turin 1875, VII, 52.
[2] s. Wackernagel, Literaturgesch.², 219 f. — ausg. v. Maassmann
I, 494 v. 6437—6470, II, 18393—13666.

sei, um brot zu kaufen, und alle eilen ihn zu sehen. Er wird
vor den kaiser gebracht, dem er — in etwas wirrer weise —
seine geschichte erzählt. Darauf ziehen alle hinaus zum berge
Celeon; es fällt die mauer vor der höle in stücke, und die
sechs herrlichen leute erscheinen mit glänzendem antlitz und
in unversehrter kleidung. Die anwesenden fallen vor ihnen
nieder, doch Malchus (!) heisst den kaiser aufstehen und
giebt ihm gute ermahnungen. Hierauf legen sich alle 7 nieder
und entschlafen, und Theodosius lässt ein *te Deum laudamus*
singen. — Die abweichungen dieser version von der vulgata
— so die einführung des Arrius, die jahreszahl 248 [1]) — dürften
schwerlich auf einer besondern quelle beruhen, sondern sind
wahrscheinlich eigene erfindung des dichters, der seine dürftige
vorlage nach halb vergessenen reminiscenzen erweiterte, oder
beruhen auf misverständnis des chronisten.

Eine wunderbare erzählung knüpfen an die Siebenschläferlegende ein paar englische schriftsteller des 12. jahrhunderts,
die jedoch in lat. sprache schrieben. Es sind dies der theologe
Ailred von Rievaux († 1166) und der historiker Wilhelm
von Malmesbury, welcher sein jüngeres geschichtswerk, die
Historiae novellae, bis 1143 führte. [2]) Der erstere berichtet in
seiner lebensbeschreibung Eduards des Bekenners[3]) (1042
bis 65), dass, als dieser könig einst bei einem festmahle sass,
sein angesicht von seltsamer heiterkeit strahlte, während er
sonst ernsthaft zu sein pflegte. Nach dem mahle von einigen
ihm näherstehenden personen nach der ursache befragt, erzählte
er ihnen, dass er im geiste die heiligen Siebenschläfer im berge
Celion gesehen hätte, die sich von der rechten seite, auf welcher
sie viele jahre gelegen, zur linken wandten. Auf dieser würden
sie noch 70 jahre liegen, und diese zeit würde der christenheit
viel not und elend bringen. Es wurden darauf gesandte zum
kaiser von Constantinopel geschickt, damit sie sich von der

---

[1]) ähnlich nur Abulfaradsch, s. oben s. 122,

[2]) s. ten Brink, l. c. 161 u. 167.

[3]) s. AA. SS. l. c. 378, 17 ff.

wahrheit dieses gesichtes überzeugen sollten. Der kaiser liess
sie nach Ephesus befördern, und als sie die höle betraten, sahen
sie, dass die heiligen auf ihrer linken seite ruhten. Aber auch
die prophezeiung Eduards erfüllte sich, denn im Osten fielen
die Heiden über die Christen her, und im Abendlande entstanden
verwirrungen und trübsale.

Wilhelm von Malmesbury berichtet dieselbe erzählung
in seiner Geschichte der englischen Könige,[1]) setzt jedoch noch
erläuterungen zur prophezeiung hinzu. Den kaiser von Constantinopel nennt er *Manichetes*, während zu jener zeit tatsächlich Constantin VII. Monomachos regierte. Vielleicht
ist jener name eine verwechselung mit dem empörer Maniakes,
mit dem Constantin zu kämpfen hatte — doch sonst treffen
die historischen ereignisse mit seiner deutung im ganzen überein. Auch ein späterer englischer geschichtschreiber, Ralph
Higden, der um 1363 starb, erwähnt diese mythe,[2]) nennt
jedoch als kaiser *Niceta*.

Dieselbe geschichte, nur mit anderer einleitung und einzelnen varianten, erzählt nun eine alte toscanische chronik, die
von einem gewissen Amaretto Mannelli verfasst ist.[3])
„Zu jener zeit“, heisst es dort, „erschienen sieben christliche
männer in der Türkei in einer gegend, welche *Altoluogo* (?)
heisst. Als Decius die Christen verfolgte, entflohen sie in eine
höle und baten Jesus sie zu retten. Sie sanken darauf in
schlaf und schliefen 200 jahre. Als sie erwachten, ging einer
in die stadt, die zu seinem erstaunen christlich geworden war.
Darauf teilte er dies seinen genossen mit, die nun mit ihm
·herauskamen, doch von keinem erkannt wurden. Sie wurden
nun zu Theodosius geführt, der sie befragte, wie lange sie geschlafen hätten, worauf sie meinten, dass es nur eine nacht
gewesen sei. Er liess sie dann in ihre höle zurückkehren, in
der sie sich wieder schlafen legten, und zwar auf die linke

[1]) s. AA. SS. l. c. 379, 20; nach ihm Vincentius, Spec. hist. XXV,
20 u. Henr. de Hervordia, ed. Potthast, s. 103.

[2]) s. Mätzner, aengl. Sprprob. I, 2, 341. — AA. SS. l. c. 379, 20.

[3]) s. d'Ancona, Sacre Rappresentazioni, II, 350 f.

seite. Die leute der gegend erbauten nun dort eine kirche,
und jene blieben da 400 jahre. Nun war ein könig in Ungarn,
der niemals gelacht hatte. Eines tages lachte er aber sehr
laut, und als man ihn nach dem grunde fragte, sagte er, dass
er in einer vision sieben heilige männer in einer höle in der
Türkei gesehen, die 600 jahre geschlafen hätten und nur einmal erwacht wären. Dann hätten sie sich wieder auf die linke
seite niedergelegt. Er habe nun gelacht, weil er eben gesehen,
wie sie sich zur rechten kehrten. Um zu erfahren, ob die
version wahr wäre, wurden darauf gesandte zum kaiser von
Constantinopel geschickt, der die richtigkeit der tatsache
bestätigte.

Die merkwürdigsten stellen in beiden versionen dieser
erzählung sind die vorstellung, dass die schläfer nach ihrem
erwachen nicht sterben, sondern abermals in schlaf sinken; und
die, dass sie sich während dessen von einer seite zur andern
wenden: vorstellungen, welche sich, wie wir gesehen haben,
nur in mohammedanischen quellen finden. Dazu kommt noch,
dass die genannte toscanische chronik in der eigentlichen
märtyrergeschichte nichts von der vermauerung erwähnt, und
dass auch hier die jünglinge sogleich zum verhör vor Theodosius
geführt werden, worin wir ebenfalls anklänge an jene zu erkennen haben. Auch die benennung der landschaft *Altoluogo*
dürfte aus einem orientalischen namen, vielleicht *Anadoli* (Na-
tolien), der bei Beidhâwî in dieser verbindung vorkommt (Sale,
Kor. 114 p.), entstellt sein. Es ist somit nicht unwahrschein-
lich, dass diese ganze mythe aus dem Orient gekommen und
dann auf andere gegenden und personen übertragen ist, und
zwar mag dies durch den ersten kreuzzug vermittelt sein.
Denn die annahme, dass diese erzählung ihren weg aus Eng-
land nach Italien genommen habe, ist bei den im 12. jahrhundert mangelhaften literarischen beziehungen beider länder
schwerlich zulässig. Der originale bericht wird von irgend
einem ernsthaften und frommen könige gehandelt haben, der
auf diese art zum lachen gebracht wurde. Dies übertrugen
die Engländer dann auf Eduard den Bekenner, während der

italienische chronist die person unbestimmter einen könig von
Ungarn nannte. Die differenz in den jahreszahlen und der den
Engländern eigentümliche zusatz von der daran geknüpften
prophezeiung kann hierbei nichts auffälliges bieten.

Hier ist nun auch der ort von einem wunder zu berichten,
welches der mönch Reimer des Lütticher Laurentiusklosters,
der im 12. jahrh. lebte, von sich erzählt:[1] Er sei einst durch
eine krankheit arg geplagt worden, so dass er bis auf die
knochen abmagerte. Da habe ihm ein klosterbruder geraten,
die namen der Siebenschläfer auf ein stückchen pergament zu
schreiben und dies um seinen kopf zu binden. Darauf will
er eine vision gehabt haben, in welcher er die herrlichkeit des
himmels sah und unter den heiligen auch jene sieben erblickte.
Nachdem er dann noch sieben tage gelitten, sei er allmählich
erstarkt und geheilt worden.

In den anfang des dreizehnten jahrhunderts etwa gehören
dann zwei bearbeitungen der legende, welche aus der ausführlicheren mittellateinischen vulgata geschöpft sind. Die
eine derselben, die des anglonormannischen dichters Chardry,[2]

---

[1] s. AA. SS. l. c. 380.

[2] Altfr. Bibliothek I. Chardrys Josaphat, Set Dormans und Petit
Plet; Heilbronn 1879, bes. s. XV ff, XX ff., 76—123; A. Reinbrecht, die
Leg. v. d. Siebenschläfern u. der anglonom. dichter Chardri, Gött. diss.
1880, s. 19 ff. — vgl. dazu meine anz. Literaturblatt für germ. u. rom.
Phil. 1881, sp. 291 f. — Suchier, ib. sp. 260 ff., und ib. sp. 459—60. —
Suchier greift dort meine datierung des gedichtes an, die ich zu rechtfertigen suche; seine auslegung beruht jedoch auf irriger auffassung
meiner worte. Wenn ich sage, dass die agn. chronik in der Lond. hs.
der gedichte den regierungsantritt Heinrichs III. erwähnt und dann abbricht, so soll daraus nicht hervorgehen, dass in ihr fortlaufende ein-
träge gemacht wurden; sondern dass sie auf einmal als ganzes copiert
worden ist, so dass ihre abfassungszeit nach 1216 angesetzt werden muss,
beweist der sich immer gleichbleibende charakter der schrift, und ferner
der umstand, dass von Harold ab nicht viel mehr als regierungszeit und
begräbnisort der könige angegeben wird. Ist diese hs. daher nicht viel
später als der dichter, wie ich (l. c. XLVI) ausführe, so können wir
diesen mit recht in den anfang des 13. jh. setzen.

von mir vor einigen jahren herausgegeben, behandelt ihr thema im ganzen mit geschick und dramatischer lebendigkeit. Der hauptsache nach folgt sie getreu dem originale, doch in der ausführung geht ihr verfasser frei zu werke: die moralisierende einleitung (v. 1—64) und der satirische schluss (v. 1837—1898) sind seine eigene erfindung; ebenso erweitert er gern reden und gespräche und liebt detaillierte beschreibungen, so bei aufzählung der götzenbilder (v. 106 ff.) und der martern (v. 168 ff.), wie bei schilderung des feierlichen empfanges, als Theodosius in Ephesus einzieht (v. 1644 ff.) Kurz, er verstand es wohl, seine erzählung dem geschmacke seiner hörer anzupassen.

Die andere ist die schon früher citierte altnordische prosaübersetzung, von Unger in seinen *Heilagra Manna Søgur* [1]) ediert. Sie steht in einer hs. der Kopenhagener universitätsbibliothek, welche vor der mitte des 13. jahrhunderts geschrieben worden ist, [2]) so dass die abfassung derselben wohl mit Chardry gleichzeitig angesetzt werden könnte. Leider sind uns nur zwei fragmente der Siebenschläferlegende erhalten, weshalb wir über ihre beziehungen nur ein beschränktes urteil fällen können. Dennoch geht mit ziemlicher sicherheit hervor, dass ihr original dem Chardrys nicht fern gestanden habe. [3]) Wenn dies anglonorm. gedicht und die altnord. prosa gelegentlich von einander und vom gemeinsamen urtexte abweichen, oder hier und da zusätze eigener art bieten [4]), so beruht dies jedenfalls auf der willkür ihrer verfasser, bisweilen wohl auch auf auslassungen oder irrtümern ihrer direkten vorlagen: so, wenn Chardry 362 jahre statt 372 liest (v. 1005/6), was er übrigens mit der mittelengl. version gemeinsam hat. Andererseits bringt es aber auch die natur des gedichtes mit sich, dass mancherlei übergangen werden muss, anderes nur andeutungsweise er-

---

[1]) Christiania 1877, II, 236—240; s. oben s. 2.
[2]) ebd. s. VIII des als anhang angefügten vorwortes.
[3]) vgl. bes. s. 3, n. 2—4; 4, 9; 7, 2; 9, 8; 10, 2; 15, 1; 15, 4—6; 16, 2; 17, 2; 17, 6.
[4]) s. oben 5, 3; 8, 1; 9, 2; 10, 1; 11, 4; 14, 4; 16, 4; 17, 4; 18, 2; 21, 3 etc.

wähnung findet, während die altnordische prosa sich wörtlicher
an ihren lat. text anlehnen konnte. Als auffällig bei Chardry
— die an. version bricht kurz vorher ab — muss noch der
name Antipater[1]) des ephesischen proconsuls hervorgehoben
werden, welcher, abgesehen von dem araber Eutychius, hier
zum ersten male auftritt; doch wird er von nun ab den abendländischen versionen (mit ausnahme derer, welche überhaupt
kürzen) gemeinsam: wiederum ein beleg für ihre ableitung aus
ein und derselben quelle.

Dieselbe grundlage hatte daher auch diejenige bearbeitung,
aus der Vincenz von Beauvais († 1264) und Jacobus
a Voragine († 1298) schöpften, die beide, bis auf abweichungen in den lesarten wörtlich übereinstimmen. Der erstere,
ein Dominicaner und lehrer der söhne Ludwigs[2]) des Heiligen,
nahm die legende in sein bekanntes sammelwerk, das *Speculum
Historiale* (um 1254 vollendet) auf, wo sie, wie bei andern
chronisten, in zwei teile zerfällt, deren einer in verbindung mit
der geschichte des Decius[3]), deren anderer bei Theodosius II[4])
zu finden ist. Jacob, der bischof von Genua war, dagegen
fügte sie in seine weitverbreitete, oft herausgegebene und übersetzte *Legenda aurea* ein, wo sie das CI., nach andern das
XCVI. kapitel bildet.[5]) Als ihre eigentümlichkeiten sind zu
nennen: die abkürzung des ersten teils der erzählung, in
welchem nur die wichtigsten ereignisse berichtet werden, wogegen die wiedererweckung der heiligen fast mit derselben
ausführlichkeit wie in den vollständigen redaktionen dargestellt wird; ferner, dass Theodosius in trauer über die ketzerei
ein härenes gewandt anlegt (Jac. a. Vor. l. c. 436, 6; s. oben

---

[1]) s. oben s. 18, n. 2 und s. 92.
[2]) vgl. Überweg, Grundr. II, 189, 191.
[3]) Ausg. Aug. Vindel, 1474, l. X, cap. 77; druck von J. Mentellin
l. XII, cap. XLV.
[4]) Aug. Vindel. XX, cap. 31—33, — der II. bd. des Mentellin-
schen druckes lag mir nicht vor.
[5]) Ausg. von Th. Graesse, 1843, s. 435 ff.

13, 1); dass der besitzer des berges Celion nicht namentlich bezeichnet wird; dass Malchus zu seinem einkaufe *quinque solidos* mitnimmt (ib. 19), und noch manche andere punkte, in betreff welcher ich hier der kürze halber auf die noten zum texte verweise. [1]) Als bedeutendere abweichungen — von den lesarten [2]) abgesehen — sind jedoch zu erwähnen: Vincenz giebt im 31. kap. des XX. buches an, dass ein jahr nachdem Geiserich Carthago erobert hatte, die jünglinge wieder erwachen, und auf ein kurzes resumé über die frühere geschichte derselben, lässt er dann im 32. kapitel folgen: *„Post annos sue dormitionis circiter centum nonaginta duos* etc.“, während Jacob an der betreffenden stelle die üblichen 372 jahre bringt, und erst am schluss dessen chronologischen irrtum in 196 jahre verbessert.

Ferner heisst der bischof bei Vincenz richtig *Marinus* (so bei Grg. Tur. u. bei Chard.), bei Jacob *Martinus;* der proconsul bei jenem, sich genauer an das griech. wort anlehnend, *Antipatus,* bei diesem *Antipater.* Bei der betrachtung der münze des Malchus bemerkt dann der proconsul nach Jacob, dass sie über 377 jahre alt sein solle, wogegen Vincenz auch hier nur

---

[1]) s. 3, 4; 6, 6; 15, 4; 16, 1; 17, 2; 20, 7; 22, 4; 23, 3.

[2]) mit übergehung blosser umstellungen oder auslassungen von partikeln wie tamen, autem u. dgl. notiere ich hier folgende interessantere varianten: J. V. l. c. z. 5, et vinctos — V. B. *inventos;* J. V. z. 15: secretius decreverunt — V. B.: secrecius *usque ad reditum Decii* decreverunt; J. V. z. 16: sic latentes — V. B. ibi *latentibus;* J. V. z. 20 indicavit — V. B. *innotuit;* J. V. 21 cibo — V. B. *cito* (druckfehler?). J. V. z. 23 quaesiti *fuissent et* inveniri non possent — V. B. quaesiti inveniri etc. J. V. z. 24 accusati sunt, quod . . . latuissent et permanerent — V. B. acc. s. . . . . *latuisse,* et — *permanere.* J. V. z. 25 christianis fehlt vor pauperibus. — J. V. s. 436, z. 10 civis — V. B. *burgensis.* J. V. z. 26 Unde — V. B. *Inde.* z. 31. J. V. nescio talem — V. B. aliam civitatem iuxta nescio. J. V. z. 2 v. u. ut se dimitterent et panes — V. B. . . . dimitterent panes etc. — J. V. 437, 19 nach habuisse schaltet V. B. noch ein: quid vero ei nunc acciderit, se penitus ignorare. J. V. z. 21 pro te — V. B. *de te.* J. V. z. 29 jubebo — V. B. *jubeo* etc.

von 192 spricht. Endlich fehlt bei diesem der erste und der schlusssatz, in welchem Jacob die erwähnte berechnung anstellt und dabei als jahrzahl des wunders 448 angiebt.

Die nahe liegende vermutung, dass Jacob seinen vorgänger einfach abgeschrieben, wird jedoch weniger durch diese unterschiede und die in der note citierten varianten, welche ja auf willkürlichen änderungen beruhen, oder durch kopisten eingeführt sein könnten, als durch einen vergleich anderer beiden gemeinschaftlichen legenden widerlegt. Hier zeigen sich wohl auch mehrfach wörtlich übereinstimmende stellen, doch verkürzt Vincenz öfters wo Jacob ausführlicher berichtet, so dass die annahme einer gleichen vorlage diese beziehungen am besten erklären würde. Näher auf dies verhältnis einzugehen, würde mich jedoch zu weit von meinem thema ablenken.

Die *Legenda aurea* fand nun aber bald bearbeiter in verschiedenen ländern; denn, dass sie diese, und nicht etwa das *Speculum Historiale* benutzten, geht aus ihrer übereinstimmung mit ihr in den oben citierten abweichenden punkten hervor.

Unter diesen nenne ich zuerst die mitteldeutschen Siben Slafaeren, welche dem verfasser des grossen, mehr denn 100,000 verse zählenden Passionals zugeschrieben werden, der in der zweiten hälfte des 13. jahrhunderts in der gegend des Mittelrheins gelebt haben muss.[1] Dieses gedicht lehnt sich so genau wie möglich an Jacob a Voragine an und erzählt in 935 versen die legende in recht anmutiger weise. Als einzige variante von belang mag citiert werden, dass v. 364 und sonst ein paar mal Martiniân als sprecher auftritt, während die vorlage Maximian diese rolle zuerteilt: ein wechsel, der ohne zweifel auf schreib- oder lesefehler beruht.

Möglicherweise hat jedoch Hugo von Langenstein in seiner Heiligen Martina, einem geschmacklosen und über-

---

[1] Ausg. von v. Karajan, Heidelb. 1839; angez. Hall. Litt. Ztg. 1839, no. 52, 413—15; Gött. Anz. 1839 no. 64; vgl. Wackernagel, Litgesch.² 215, anm. 118, u. s. 216; Pfeiffer in Haupts Ztschr. 8, 159; ders. Münch. gel. Anz. 1851, 740; J. Haupt, Wiener Sitzungsber. LXIX. 94 ff. Fragmente s. Franz Roth, Germ. XI, 406 ff.

aus gedehnten werke (ca. 33,000 v.), das nach seiner eigenen
angabe im jahre 1293 entstand, den Vincenz von Beauvais
für die Siebenschläfer benutzt. [1]) Wenigstens deutet seine zeit-
angabe (287,62): *zwei hundert iar — und doch siben iar
minder* eher auf diesen wie auf Jacob.   Die wenigen dort
vorkommenden eigennamen sind aber teilweise entstellt (so
Maximus für *Maximianus*, *Theodisius* für *Theodosius* etc.), und
das ganze ist so kurz behandelt (in etwa 100 versen), dass man
einen sicheren schluss nicht ziehen kann.   Überdies findet man
eine sehr ähnliche wie die citierte datierung auch in chroniken,
von denen ich die des Sigbert von Gembloux bereits angeführt
habe. — Um die frage nach diesen gleich zu erledigen, bemerke ich, dass J a n s d e r E n e n k e l, ein Wiener, der *gegen*
ende des 13. jahrhunderts lebte, in seiner Reimchronik, zu
welcher er die Kaiserchronik benutzte, kurz der *siben brüder*
gedenkt[2]), wie auch, dass H e i n r i c h v o n M ü n c h e n (nach
1347), welcher sich der Chronik des bekannten E i k e v o n
R e p g a u öfters anschliesst, sie in wenigen versen erwähnt, in
denen er mit letzterem die zeit des schlafes auf 192 jahre
festsetzt. [3])

Dagegen benutzte der dichter der „S e u e n S l e p e r i s "
im südenglischen legendencyclus [4]) (ende des 13. jahrhunderts)
höchst wahrscheinlich die *Legenda aurea*.   Meine angaben über
dieselben im Chardry (s. XVII) kann ich nun durch die güte
des Herrn Dr. Horstmann, der mir einige seiner kopieen der
betreffenden hss. zu gebote stellte, noch vervollständigen.
Ausser dem *Fyerton Ms.* (1993) enthalten diese legenden noch
Vernon (fol. 46), *Ashmole* 43 (fol. 122b), *Bodleian* 779 (fol. 121),
Trinity College, Cambr., R. 3. 25 und *Cotton Jul. D* IX,[5]) von denen
mir die drei ersten als die wichtigsten vorgelegen haben. — Sie

[1]) Ausg. von A. v. Keller, Lit. Ver. Stuttgart 1856, s. 721—23,
vgl. Wackernagel, Litgesch. [2] s. 213 f.

[2]) s. Maassmann, Kaiserchronik III, 772.

[3]) Maassmann l. c. 923 — vgl. Wackernagel, Litgesch. [2] 223.

[4]) s. ten Brink, Gesch. d. engl. Lit. I, 334 ff.

[5]) vgl. über sie Carl Horstmann, aegl. Legenden, Paderborn 1875;

repräsentieren, mit einigen varianten und zusatzversen, dieselbe redaktion, welche nach dem Vernon Ms. 160 verse — sog. mittelengl. alexandriner — zählt. Auffällig ist darin besonders dass nichts von dem verhöre der jünglinge vor Decius, noch von der vermauerung der höle verlautet. Dafür heisst es aber, dass die ränder, welche diese umgaben, zusammenwuchsen. (... *þe brerdes of þe putte — to gedere weoxen aboute.*) Auch *Theodorus* und *Rufinus*, wie der proconsul *Antipater* werden übergangen. Ferner erinnert der 362jährige schlaf, wie schon erwähnt, eher an Chardry als an die *Legenda*. Im übrigen, besonders im zweiten teil, schliesst sich die erzählung aber enger an diese an, wofür ich als belege folgende merkmale anführe: Malcus nimmt *fif schilynges* mit sich; der bischof heisst *Martinus;* am ende wird als datum des wunders das jahr 448 angegeben. Diese letzteren umstände scheinen mir bedeutend genug, um die vorhin citierten abweichungen aufzuwiegen, die ja alle der art sind, dass sie leicht durch willkürliche auslassung seitens des verfassers oder durch schreibfehler erklärt werden können. Was das verwachsen der höle betrifft, so mag hier eine unvollständigkeit in der direkten lat. vorlage (einer kopie der *Legenda aurea*) durch die phantasie des dichters ausgefüllt sein. [1])

Mit grösserer bestimmtheit lässt sich dagegen die entlehnung aus Jacobus a Voragine in der schottischen bearbeitung erkennen, welche der herausgeber der ganzen sammlung, Horstmann, [2]) dem dichter J o h n B a r b o u r [3]) (ca. 1316—1395) zu-

---

ders. aegl. Leg., neue folge. Heilbronn 1881, XLIV—LVII, und die recensionen von Zupitza (Literaturzeitung 1881, XLIV—LVII, und die recensionen von Zupitza (Literaturzeitung 1881, 19, 733—85), Sweet, (Academy, 81, I, 357) u. Schröder, Anz. f. deutsch. Altertum VIII, 98—125.

[1]) Wenn es am anfange heisst: *hit was toward on hundred ser — aftur vr lord was ibore",* so dürfte der verf. diese zahl selbst durch subtraction der obigen 362 jahre von dem datum 448 gefunden haben.

[2]) C. Horstmann, Barbours des schottischen Nationaldichters Legendensammlung nebst den Fragmenten seines Trojanerkrieges. 2 bd. 1881 u. 82, I, 203—210.

[3]) s. über ihn Mätzner, aegl. Sprachproben I, 1, 371 ff.

schreibt, der besonders durch sein mit historischer sorgfalt ab-
gefasstes epos Robert the Bruce bekannt geworden ist.
Ob diese legenden aber von ihm wirklich verfasst sind, bedarf
noch eines strengeren beweises, als Horstmann erbracht hat. [1]
Doch da hier nicht der ort ist, hierauf genauer einzugehen,
so wende ich mich zur quellenfrage. Die schottischen Siebenschläfer, in 490 achtsilbigen versen geschrieben, folgen inhaltlich genau der *Legenda aurea*; denn die eigenartige einleitung
(v. 1—20), die zugesetzten schlussverse (472—76, 483—90),
und die umwandlung einer stelle (332—38) in direkte rede
können sehr wohl erfindung des dichters sein, der auch sonst
sein original frei bearbeitete. Die 377 jährige dauer des schlafes
(v. 178) dürfte durch verwechselung mit dem alter der münze
des Malchus, welches ihr vom proconsul beigelegt wird, entstanden, und die regierungszeit des Decius (v. 24—26), die
Jacob nicht erwähnt, aus anderer quelle genommen sein. Leider
übergeht der schottische bearbeiter die namen des bischofs und
des proconsuls, so dass wir über sein verhältnis zur vorlage
nicht völlige sicherheit erhalten. Doch kann dieser umstand
natürlich nicht als gegenbeweis dienen; und wenn wir ferner
in der in rede stehenden version das 30. regierungsjahr des
Theodosius als datum der wiedererweckung finden (v. 179),
welches Vincenz von Beauvais nicht ausdrücklich erwähnt, so
kann kaum ein zweifel bleiben, dass die *Legenda aurea* das
original Barbours zu den Siebenschläfern gewesen ist.

In dem 14. jahrhundert etwa ist dann auch eine lat. hs.
(Brit. Mus. Arundel 330, s. Chardry s. XIV anm. u. XVI) von
Heiligenleben entstanden, welche darunter gleichfalls einen auszug aus den VII *Dormientes* enthält. Bei der kürze dieser
version ist es nicht leicht, ihr verhältnis zu andern bestimmt
nachzuweisen, doch ist sie wahrscheinlich aus derselben vulgata
abzuleiten, aus der auch Chardry u. a. schöpften. Dies folgere
ich besonders aus den namen *Marinus* und *Antipater* (s. die
anmerkungen zu Chardrys *Set dormans* v. 1257 u. 1261), da

----

[1] vgl. die anzeige Zupitzas in der dtsch. Litztg. 1882, 13, 464 ff.

die übereinstimmung in den übrigen nicht beweisend ist. Wenn die hs. jedoch *Marcus* für *Malchus* setzt (s. anm. l. c. v. 205), so ist das offenbar ein versehen des kopisten, der sich gelegentlich auch anderswo findet (s. Graesse, Leg. aur. 435 n. 1). jedoch weitere folgerungen nicht zulässt. [1]

Auch dem als Nominalisten bekannten Guill. Durandus von St. Pourçain [2]) († 1332) verdanken wir eine kurze bearbeitung der Siebenschläferlegende in seinem *Rationale divinorum officiorum* (liber VII). [3]) Allein die eigentümliche fassung derselben scheint eher auf einer zusammenstellung nach dem gedächtnisse als auf einer bestimmten geschriebenen vorlage zu beruhen. So werden sechs von den jünglingen als herren, Marcus, der siebente, als ihr diener dargestellt. Nach ihrem „etwa 300 jährigen" schlafe wird dieser zur stadt geschickt, wo er mit „fleischern" (— nach den übrigen mit „bäckern") zusammentrifft. Kaiser waren damals Honorius und Arcadius u. s. f. Alle diese von der gewöhnlichen darstellung abweichenden angaben haben durchaus das ansehen von entstellungen in folge mangelhafter erinnerung.

Sehr genau — ich möchte sagen wörtlich — dagegen hängt sich an die *Legenda aurea* Petrus de Natalibus (episcopus Equilinus), der vor 1406 gestorben sein muss. Er berichtet sie im VII buche, kap. 51, seines *Catalogus Sanctorum*, in dessen vorrede er auch des Jacobus „de Uiragine" gedenkt. Nur der schlussatz verdient beachtung: *Dormierunt ergo sancti martyres prima dormitione 6. cal. Aug., surrexerunt uero 3.*

---

[1]) Ich bemerke hier, dass ich weitere nachforschungen nach derartigen mss. nicht angestellt habe, da dieselben nur dann für meine arbeit von nutzen sein konnten, wenn ich selbst gelegenheit gehabt hätte, sie durchzusehen. Wenn solche nach veröffentlichung dieses buches gefunden werden, so wird es jedem, der sich die mühe geben will, leicht sein ihnen die geeignete stelle anzuweisen.

[2]) s. über ihn: Überweg, Grundr. II, 219. f.

[3]) in einem alten drucke (wohl 15. jh.) der Berl. Kgl. Bibl. fol. 181b f.

idus ipsius mensis : quo die festum ipsorum solenniter recolitur : *anno dom. 448*, welcher angabe ich sonst nicht begegnet bin.

Aus einer verkürzung der ausführlichen vulgata dürfte jedoch eine m h d. p r o s a v e r s i o n aus einem P a s s i o n a l e a l l e r H e i l i g e n (papierhs. v. j. 1458) geflossen sein. [1] Sie weist zwar mancherlei verderbnis auf: so stehen dort die namen *Marciminian* für *Martinian*, und *Maximus* für *Marinus* resp. *Martinus*; statt *Theodorus* hat *Theodosius* die bleitafel beschrieben; schliesslich lässt sich der kaiser von den *Syben Hailgen Mannen* in einer vision das grab St. Pauls und St. Peters zeigen und beerdigt sie prunkvoll. Da jedoch der name des ephesischen bürgers, des eigners des berges Celion, darin, freilich aus Dalius oder Adolius zu *Taldas* entstellt, vorkommt, beweist dies zur genüge, dass der verfasser weder die *Leg. aurea* noch das *Spec. histor.*, sondern eine der vulgata näher stehende bearbeitung benutzt habe. Was ihm darin nicht ausführlich genug schien, erweiterte er nach gutdünken.

Wohl in demselben jahrhundert [2] ist ein i t a l i e n i s c h e s g e d i c h t, in 44 ottava rima-strophen geschrieben, entstanden, das sich noch anfangs dieses jahrhunderts grosser popularität erfreut zu haben scheint, da es an verschiedenen orten immer wieder neu gedruckt worden ist. [3] Am meisten nähert es sich der redaktion in der *Legenda aurea;* denn abweichungen, wie die 373 jahre des schlafes (str. 11, 13) und dass Malchus *da medico* (statt *mendico*) *si vestia di colore* sind leicht als lese- oder druckfehler erkenntlich. Auffälliger ist die darstellung, dass Theodosius selbst in die ketzerei verwickelt wird und bekehrt werden muss: doch liegt auch hier wohl nur ein misverständnis des verfassers vor.

---

[1] abgedr. Wackernagel, Leseb. I, 978.

[2] s. d'Ancona, Sacre Rappr. II, 352.

[3] mir lag, durch güte des Herrn R. Köhler, ein exemplar vor mit dem titel: *Legenda delli sette dormienti li quali dormirono anni trecento e settantatré, poi si svegliarono credendo d'aver dormito una notte.* Alla Colomba 1806. Bologna. 12mo, 12 s°

Wie aber auch andere literarische stoffe um diese zeit mit vorliebe in prosa und in volkstümlicher form bearbeitet werden, so finden wir auch derartige versionen unserer legende in verschiedenen vulgärtprachen. So existieren i t a l i e n i s c h e übertragungen [1]) derselben, wie auch eine m i t t e l e n g l i s c h e [2]); ferner treffen wir auf vollständige übersetzungen der *Legenda aurea* ins französische [3]) und englische. Die ersteren entstanden bereits im 14. jahrhundert und sind in mehreren handschriften desselben und des 15. verbreitet. Ihre autoren sind J e h a n B e l e t und J e h a n d e V i g n a y, welch letzterer seinen vorgänger zum teil benutzte Im jahre 1488 wurde dann die übersetzung dieses zu Paris gedruckt. In englischer sprache ist der druck W i l l i a m C a x t o n s aus dem jahre 1483 bekannt. Auch in einem alten deutschen druck, dem *Leben der Heyligen* von K o b e r g e r [4]), soll sich die Siebenschläferlegende befinden. Doch da keine dieser fassungen mir vor augen gekommen ist — die erst citierten sind meines wissens noch nicht veröffentlicht worden — so muss dieser hinweis für unsern zweck genügen. — Genaueres kann ich dagegen über die Sju S o v f a r e mitteilen, die mehrfach in schwedischen volksbüchern abgedruckt sind. [5]) Zwar datiert die älteste bekannte auflage erst aus dem jahre 1626, doch da diese version sich eng an die übersetzung eines J ö n s R ä f, der um 1498 lebte, anschliessen soll, mag ihre besprechung hier ihren platz erhalten. Trotz einiger auslassungen (es werden u. a. Theodorus und Rufinus übergangen, wie auch die häresie nicht erwähnung findet, und statt des Antipater haben wir kurzweg einen *borgmästaren*) ist sie leicht als eine fast wörtliche übertragung aus

---

[1]) s. d'Ancona, Sacre Rappr. II, 352.

[2]) C. Horstmann, Barlaa mund Josaphat, progr. v. Sagan 1877, s. 5; vielleicht noch eine andere nach Varnhagen, Ztschr. f. rom. Phil., V, 164.

[3]) s. P. Paris, Les Manuscripts français etc. II, 86 ff., 254 ff.; IV, 31 ff., ältester druck der Leg. doree 1476, übers. v. J. Batallier (Brunet, Man.)

[4]) s. Maassmann, Kaiserchronik III, 777.

[5]) bei P. O. Bäckström, Svenska Folckböcker, Stockholm 1848, II, 218 ff.; Översigt ib. 107 f.

der *Legenda aurea* zu erkennen. Hierfür können das *30de re-geringsår* des Theodosius und der bischof *St. Mårten* als beweisend geltend.

Unbedeutend ist im ganzen das material, welches die historiker dieser periode bezüglich der legende liefern. Zunächst wäre da Matthaeus Palmerius († 1475) zu nennen, der in seinem, die jahre 449 — 1449 umfassenden *Chronicon* [1]) der Siebenschläfer kurz nach art seiner vorgänger unter dem jahre 451, dem 39. (!) des Theodosius, gedenkt. — Die Acta Sanctorum citieren dann (l. c. 375, 2) einen Olaus Magnus, bischof von Upsala († 1558), der in seiner *Historia gentium septemtrionalium* (lib. 1, cap. 3) die geschichte der heiligen nach den oben besprochenen berichten des Paulus Diaconus und Sigebert von Gembloux erwähnt. Sein werk, das für die kulturgeschichte der nordischen völker von interesse ist, erschien in Rom (1555 u. ö.), wohin er sich bereits 1529 begeben hatte.

Nichts neues brachte auch das betr. kapitel in den *Vitis Sanctorum* des veronenser bischofs Aloys. Lipomanus († 1559), der es einfach nach Gregor v. Tours (*de glor. Mart.*) wiedergab. [2])

Ein eigentümliches buch sind dann die *Commentarii urbani* des Rafael von Volterra, die er dem papste Julius II. (1503—13) widmete. [3]) Es zerfällt dieses werk — eine art conversationslexicon — in drei teile: *Geographia, Anthropologia* (biographische nachrichten über bekannte persönlichkeiten in alphabetischer folge) und *Philologia* (naturgeschichte, philosophie, astronomie etc.), die im ganzen 38 bücher umfassen. Im 19. (l. c. s. 223), stellt der verfasser 4 gruppen von sieben heiligen zusammen, die hier wiederholt werden mögen: 1. die sieben hebräischen brüder, welche nebst ihrer mutter unter Antiochus gemartert wurden, weil sie sich weigerten schweinefleisch zu essen (s. II. Macc. kap. 7). 2. sieben brüder, die söhne der Symphorosa und des Getulius,

---

[1]) Basil., 1529, s. 94 B.
[2]) tom. III. Venet. 1554, f. 106 b.
[3]) ausg. Basileae MDXLIIII, s. 223, erste aufl. 1506.

mit namen Crescentius, Julianus, Nemesius, Primitivus, Justinus, Stacteus und Eugenius (vgl. AA. SS. Jun. VII, 224 f.), die unter Hadrian litten. 3. sieben brüder, die söhne der Felicia, unter Antonius gemartert und zu Rom beerdigt. Ihre namen waren: Januarius, Felix, Philippus, Silvanus, Alexandrinus, Vitalis und Martialis (vgl. oben s. 112 f.). 4. die heiligen Siebenschläfer, über die ein kurzer bericht, augenscheinlich der *Legenda aurea* entnommen, folgt, wobei jedoch der angeführte festtag: *III eidus Augusti* auffällig ist. — Offenbar ist die erstgenannte gruppe das original der beiden folgenden, mindestens der von der Felicia und ihren söhnen, gewesen, welche die ursprünglich jüdischen züge in christliche umwandelten.

Endlich citiere ich noch des Carlo Sigonio (1523—84) *Historiae de Occidentali Imperio*, [1]) die vom jahre 284 bis 565 reichen. Unter dem datum 446 erzählt der autor mit wenigen worten die legende, die er jedoch aus dem gedächtnisse niedergeschrieben zu haben scheint, da einzelne kleine abweichungen[2]) von der vulgata mit keiner bestimmten version zusammentreffen.

Wenn nun einzelne der bisher besprochenen mitteralterlichen bearbeitungen der Siebenschläfer mit geschick und anmut behandelt sein mögen, so lehnen sie sich doch alle, wie man aus meinen ausführungen ersehen kann, sehr genau an ihre vorlagen an und bieten — mit einziger ausnahme Chardrys — selten originelle züge. Ihren ästhetischen wert verdanken sie daher hauptsächlich der vortrefflichheit des urtextes, dem sie getreu folgen, mitunter sich knechtisch unterordnen.

Grössere selbständigkeit und freiere behandlung dieses stoffes zeigen dagegen die dramatischen bearbeitungen

---

[1]) ausg. Basileae MDLXXIX, s. 307 f.
[2]) dahin zähle ich: die 7 gelten als brüder; nachdem sie wieder erwacht sind, geht einer zur stadt etc.: *ac summis, ut aurum proderet, tormentis, afficitur*, was ich sonst nirgend gefunden habe; endlich lässt Theodosius die heiligen nach 7 tagen in der höle begraben.

desselben, welche, obwohl verschiedenen jahrhunderten angehörig, am besten im zusammenhange betrachtet werden.

Ein paar mal neu abgedruckt [1]) und auch von mir an der betreffenden stelle im Chardry [2]) besprochen ist ein ital. mysterium ,*Dei Sette Dormienti*', welches einem V a l e r i o di B o l o g n a zugeschrieben wird. [3]) Die älteste bekannte ausgabe ist ein florentiner druck aus dem jahre 1553, doch muss die dichtung noch älter sein, da schon diese sich als neue auflage (*di nuova mandata in luce*) bezeichnet.

Der hauptsache nach lehnt diese bearbeitung sich eng an die *Legenda aurea*, wofür insbesondere die schon öfters hervorgehobenen namen *Martino* und *Antipatro* sprechen, und es kann keine bedenken erregen, wenn hier die zeit des schlafes auf etwa 200 jahre angegeben wird, da ja Jacob a Voragine die zahl 196 im schlusspassus anführt. Noch weniger können ein paar unwesentlichere auslassungen (z. b. fehlen die *quinque solidi*) und weitere ausführungen im originale nur angedeuteter scenen hierbei in betracht kommen, da die natur einer dramatischen dichtung grössere freiheit verlangt. — Die *rappresentazione* wird, wie es in diesen stücken üblich ist, mit dem prolog eines engels eröffnet, worauf ein dialog zwischen *Massimiano* und *Malco* folgt, die standhaft in ihrem glauben zu sein beschliessen. Darauf befiehlt *Decio* die Christen zu verfolgen, welcher befehl von dem seneschall einem priester mitgeteilt wird. Während ein ausrufer ihn dem volke verkündet, versammeln sich die sieben brüder — denn als solche werden die heiligen dargestellt — zum gemeinsamen gebet. Ein priester veranstaltet nun vor *Decio* das opfer, unterdessen naht sich ein spion, der den kaiser auf den ungehorsam der sieben aufmerksam macht. Diese werden dann vor Decio geführt, wo Massimiano den wahren glauben bekennt. Da naht ein bote,

---

[1]) im Appendix zu seiner Storia del Teatro italiano von P. Emiliani Giudici I, 419 ff., von d'Ancona, Sacre Rappresentazioni, Fir. 1872, II, 348 ff.

[2]) s. XVII u. XVIII.

[3]) Klein, Geschichte des Dramas, IV, 232.

der dem kaiser die kunde bringt, dass *Alessandria* im aufstande
sei. Ehe Decio mit seinem heere dorthin aufbricht, ermahnt
er jene in sich zu gehen und giebt ihnen bedenkzeit bis zu
seiner rückkehr. Die jünglinge beschliessen aber, Christus
treu zu bleiben und zu fliehen, worauf sie an arme, die ein
schelmenliedchen singen, almosen verteilen.

Jene gelangen darauf zu einer höle, in welcher sie sich
niederlegen und einschlafen. Decio, als sieger zurückgekehrt,
befiehlt die sieben zu suchen, und um ihren aufenthalt zu
erfahren, werden deren vater und mutter vor ihn gebracht, die
ein offenes bekenntnis ablegen. Nun heisst der kaiser den
eingang zur höle vermauern, was unter aufsicht eines ritters
von schergen, die hierbei derbe redensarten wechseln, ausgeführt wird.

Nachdem das werk vollbracht ist, erscheinen *Teodoro* und
Ruffino, welche die schrift mit der leidensgeschichte an der
höle zurücklassen. Decio bittet Jupiter hierauf, ihn so lange
am leben zu lassen, bis er die Christen vernichtet habe. Doch
die poetische gerechtigkeit vollzieht sich an ihm: Tartaren
machen einen einfall in sein gebiet und berauben die einwohner,
deren einer hilfe flehend ihm ihr leid klaget.

Der kaiser lässt nun sein heer aufbieten und in begleitung
seines sohnes *Cesare* zieht er gegen die Tartaren zu felde. Er
gelangt nach *Baccarra*, dessen bewohner, zum kampfe er-
muntert, ihm widerstand leisten. In der schlacht fällt erst
sein sohn, worauf auch Decio. die todeswunde empfängt. —
Darauf tritt *Teodosio* mit soldaten auf, die ihn zum kaiser
ausrufen. Er giebt nun befehl, dass die christliche religion
überall eingeführt werden soll, worauf, trotz des widerspruchs
heidnischer priester, die götzenbilder zerstört werden, an deren
stelle sich das kreuz erhebt. — Doch nun erscheinen die
ketzerischen *dottori Tiburzio* und *Cirillo*, die, in maccaronischem
latein, sich verabreden, die gläubigen Christen zu ihrer ansicht
zu bekehren. Sie versuchen es mit einem gewissen *Fausto*,
der leistet ihnen jedoch widerstand und macht Teodosio davon
mitteilung. Dieser lässt theologen und philosophen versammeln,

mit denen er disputiert, und da er ihren unglauben sieht, legt er ein härenes gewand an und bittet Gott schmerzvoll, die wahrheit der auferstehung zu offenbaren. — Es erscheint hierauf ein bürger von Ephesus auf dem berge *Celion*, wo hirten, den dudelsack blasend, seine herden hüten, und auf den rat eines lässt er die mauer von der höle wegräumen, um seinen tieren schutz zu gewähren.

Die sieben enwachen nun und Malco geht als bettler verkleidet zur stadt, worauf die handlung wie üblich verläuft und somit zu keinen besonderen bemerkungen anlass giebt. Den schluss macht eine procession, welche einen frommen gesang ertönen lässt. — Die darstellung ist nicht ohne geschick, und der verfasser beweist besonders in der einführung des todes des Decius, den er aus einer geschichtsquelle entlehnt haben mag, gewiss richtigen dramatischen takt. Die niederen personen, die bettler, schergen, hirten, wie auch die ketzerischen gelehrten werden mit einem anfluge von humor behandelt, und ihre sprache ist ihrem stande angepasst, so dass wir hierin an Shakespeares art und weise erinnert werden. Doch sonst fehlt es dem ausdruck an kraft und höherem schwung, wenn auch dem verse, der in den *rappresentazioni* üblichen *ottavarima*, eine gewisse gewandtheit zugestanden werden muss.

Ganz anders verhält sich der Spanier A g u s t i n M o r e t o (1618—69) in seiner dramatisierung unserer legende,[1]) welche im XIX. bande der seltenen sammlung der *Comedias de los mejores ingenios de España* (1662) den titel *Los siete Durmientes* führt, in der quartoausgabe von 1681 aber *Los mas Dichosos Hermanos* überschrieben ist. Moreto erfindet besondere intriguen, die er mit der haupthandlung in verbindung setzt, und legt den jünglingen zum teil eigentümliche charaktere bei. Er führt motive ein, welche weit von der gewöhnlichen überlieferung entfernt liegen, und nimmt nach belieben änderungen mit der fabel vor, so dass es schwer wird, seine quelle für diese zu erkennen. Die sache wird noch mehr durch die namen der

---

[1]) vgl. über ihn Ticknor, History of Spanish Literature, II, 413 ff.

sieben märtyrer: *Dionisio, Serapion, Martino, Maximiano, Juan,*
Marcos und *Martiniano* verwirrt, für deren letzten sonst
Constantin zu stehen pflegt. Von den hauptpersonen der andern
versionen treten Theodosius und Marinus gar nicht auf,
Theodorus bleibt hier ohne seinen gefährten Rufinus und
als zeit des schlafes gelten „über 200 jahre". Die rolle des
Antipater dagegen übernimmt hier ein namenloser *corregidor*
der die botschaft vom wunder nicht an einen kaiser, sondern
an den papst sendet. Merkwürdig ist endlich der zug, dass
die, welche auf geheiss des Decius in die höle dringen sollen,
durch rauch und flammen zurückgetrieben werden, ein zug,
den wir sonst nur aus arabischen autoren[1]) kennen. — Doch
sehen wir zu, wie Moreto sich die legende zurecht gelegt hat.

Licinio, beherrscher von Macedonien und waffenbruder
des Decius, hat eine einzige Tochter, *Penelope*, welche nach
einer weissagung einst die heidnischen götter verlassen wird.
Um sie vor dem abfall zu schützen, lässt Licinio in Ephesus
einen turm erbauen, in dem sie abgeschlossen von der welt
erzogen wird -- ein motiv, das offenbar der legende von
Barlaam und Josaphat entnommen ist. Doch das Christuskind
erscheint ihr und gewinnt sie für den wahren glauben. Decius
kommt nun zur stadt, um auch dort die Christen blutig zu
verfolgen. Da wohnt aber ein vornehmer mann, *Valerio*, vater
von sieben söhnen, die zu jener zeit noch den falschen göttern
huldigen. Der älteste von ihren, *Dionisio*, wird nun vom kaiser
selbst mit Penelope, der tochter seines freundes, verlobt. Doch
in einem zwiegespräch mit Dionisio erklärt sie ihm, dass sie
bereits die braut Christi sei, worüber er tiefen schmerz
empfindet. Soweit der erste act. —

Auf befehl des Decius wird das hochzeitsfest herrlich hergerichtet, doch Dionisio ist in sorgen, und klagt *Marcos*, sein
leid. Aber auch der kaiser wird von innern schmerzen
verzehrt, denn nachdem er den heiligen Laurentius hat grausam
hinrichten lassen, wird er beständig von diesem bilde verfolgt.

---

[1]) vgl. oben s. 102 f.

Er befiehlt tanz und musik einzustellen, und, sich selbst marternd, lässt er von Dionisio, der augenzeuge der begebenheit war, den tod jenes heiligen ausführlich schildern. Der kaiser fällt darüber in ohnmacht, und als er wieder zu sich kommt, zwingt Penelope ihn im zustande der verzückung zu bekennen, dass Christus der wahre Gott sei. Durch dieses wunder werden die sieben brüder bekehrt, unter ihnen auch *Serapion*, trotz des tölpelhaften, derbkomischen wesens, das er während des ganzen stückes zur schau trägt. Doch Decius befiehlt sie zu verhaften und sie so lange zu bewachen, bis er wieder nach Ephesus zurückkehre. Die verschlossenen pforten öffnen sich aber durch göttliche macht, und die sieben entfliehen zu einer höle, um sich taufen zu lassen. Penelope bleibt zurück und wird wieder vom Christuskinde besucht, von dem sie ihr zukünftiges geschick erfährt. Die sieben brüder sind mittlerweile zur höle gelangt, und Marcos bringt ihnen kunde aus der stadt: auch Licinio sei bekehrt und seine tochter Penelope predige das Evangelium. Darauf verteilt Serapion das brod, von dem er, seinem charakter gemäss, zwei teile für sich behält. Mittlerweile naht Decius mit Valerio und andern, um die jünglinge zu strafen. Diejenigen aber, welche auf sein geheiss in die höle dringen sollen, werden durch flammen und rauch zurückgetrieben. Auch Penelope erscheint und ermahnt die märtyrer mutig stand zu halten. Da nun Decius seine bemühungen sich der sieben zu bemächtigen vereitelt sieht, befiehlt er, den eingang zur höle mit steinen zu verbauen und Penelope festzunehmen, damit sie in Macedonien, wohin ihr vater entflohen ist, vor dessen augen einen grausamen tod erleide. Zum schluss des aktes tritt dann *Teodoro* auf, der die bekannte schrift auf erz unter den steinen verbirgt.

Der dritte akt schildert die wiedererweckung. Landleute räumen die steine von der höle hinweg und die jünglinge erwachen. Dionisio und Serapion machen sich dann auf den weg, um brot zu kaufen. Der teufel aber beschliesst seine künste an ihnen zu versuchen, um ihre seelen wieder für sich zu gewinnen. Die beiden nähern sich der stadt und staunen

über die kreuze; ein soldat, der ein kartenspiel zerreisst (!),
geht zufällig vorbei und wird von ihnen befragt. Als sie die
stadt betreten, sehen sie an einer kirchentür angeschlagen,
dass heute, am feste des heiligen Laurentius, der doctor
Chrysostomos predigen werde (!). Nun erscheint der teufel in
gestalt des Decius mit einer teufelin, welche die Penelope
darstellt, und letztere teilt den beiden jünglingen mit, dass sie
wieder das Christentum abgeschworen habe und im begriff sei
sich mit Decius zu verheiraten. Doch diese list schlägt fehl,
denn die standhaften brüder verfluchen sie. Die nun etwas wirre
handlung kommt darauf hinaus, dass Dionisio und Serapion von
einem bäcker brot kaufen wollen, von diesem jedoch beschuldigt
werden falsche münze zu führen, worauf gerichtsdiener sie
verhaften und vor den richter schleppen. Dieser hat inzwischen
das erztäfelchen gefunden, und ein ketzer, welcher die auferstehung läugnet, wird nun hiedurch und durch den bericht
des Dionisio von seinem irrtum überführt, worauf das stück
schliesst.

Überblickt man das ganze des inhalts, so wird man die
bearbeitung, ungeachtet einiger schwungvollen stellen, keine
wohlgelungene nennen können. Mehrfach merkt man das
hinzielen auf rein theatralische wirkung, so das auftreten des
teufels und seiner begleiterin in der gestalt der Penelope, welches
mit dem gedanken der legende garnicht in zusammenhang
steht[1]). Die charakterzeichnung ist oberflächlich, und wenn
Serapion die rolle des *gracioso* übernehmen muss, so liegt
durchaus kein innerer grund hierzu vor: der dichter brauchte
eine komische figur und machte einen der sieben brüder dazu,
gleichgiltig, ob eine solche darstellungsart zu dem wesen der
märtyrer passte. Auch das historische colorit, welches Ticknor[2])
hervorhebt, kann ich wenig darin finden: der schmachtende

[1]) augenscheinlich ist dies nur mit rücksicht auf die schauspielerin
geschehen, welche die Penelope darzustellen hatte: ihr wäre eine partie,
welche mit dem zweiten akt aufhört, wenig willkommen gewesen.

[2]) l. c. 414, n. 2.

liebhaber Dionisio, der kartenspielende soldat, der anschlag des „doctor" Chrysostomus und noch manche andere züge sind gerade keine beweise historischer treue. Das ganze macht eher den eindruck eines religiösen spektakelstücks als den eines dramatischen kunstwerks, und vom ästhetischen standpunkte aus gebe ich dem oben besprochenen ital. spiel entschieden den vorzug; denn in seiner naïvität wirkt es harmonischer als die gekünstelte spanische komödie.

Nicht viel später als Moreto verfasste der canonicus A l e x a n d e r L u z o n d e M i l l a r e s eine gelehrte tragi-komoedie *Septem Dormientes sive vera et tractabilis mortuorum resurrectio*[1]) in lateinischen versen. Nach einer widmungsepistel und einem *argumentum* beginnt das eigentliche stück. In der ersten scene treten die sieben jünglinge auf und erörtern die frage, ob es ehrenvoll sei, vor der verfolgung des Decius sich in eine höle zu flüchten, wozu sie sich endlich auf rat des *Maximianus* entschliessen. In der zweiten erscheinen dann der dichter und *St. Athanasius* gewissermassen als chor, die im ganzen dasselbe thema, nur in allgemeinerer beziehung, verhandeln. In der dritten werden uns wieder die jünglinge in der höle vorgeführt; *Jamblichus* bringt ihnen neuigkeiten und sie entschlafen. Decius mit seinem gefolge erscheint dann in der vierten scene und malt in gewaltiger rede seine verfolgungssucht. Der zweite akt beginnt mit einem zwiegespräch zwischen *Theodorus* und *Barbus*, jenen frommen männern, welche die leidensgeschichte auf eine tafel schreiben. — In der zweiten bildet dann der dichter wieder den chor und führt den gedanken aus, dass es amt des poeten sei die taten berühmter männer der nachwelt zu überliefern. Hierauf wird zeit und ort geändert: eine Megaere erscheint mit seelen verstorbener Saducaeer bei dem schlafenden bischof von *Aegina*, den sie zur irrlehre verführt die auferstehung des fleisches zu läugnen. In der vierten scene sehen wir dann den *Adolius*, den eigentümer des berges,

---

[1]) Al. Luzon de Millares Canonici Regularis Ecclesiae B. Mariae in Viridi Valle Sept. Dorm. etc. Bruxellae 1666. 4º.

mit seinen knechten, denen er den auftrag erteilt, die höle zu öffnen. Der dritte akt wird mit einer scene eingeleitet, in welcher vier knechte bei der wegräumung der mauer mit einander zanken. Dann erwachen die jünglinge in besorgnis und Jamblichus wird nach der stadt gesandt. Die darauf folgende scene führt uns Jamblichus' staunen beim anblick des veränderten Ephesus und das zwiegespräch mit dem bäcker vor augen. In der nächsten wird er vor den bischof und proconsul geschleppt und macht seine bekannten eröffnungen. Die vierte scene stellt dann den gang nach der höle dar, doch treten nur der bischof, Jamblichus und ein diener jenes auf: Jamblichus liest die aufschrift der tafel, und der bischof fasst dann ein regelrechtes schreiben an Theodosius ab. Die letzte scene bringt endlich den kaiser mit gefolge, den bischof und die sieben jünglinge auf die bühne und der schluss erfolgt, wie wir ihn genugsam kennen[1]).

Was das versmass betrifft, dessen sich der dichterische canonicus bedient, so ist es meist der classische senar[2]), den er nicht ohne geschick handhabt. Merkwürdigerweise wählt er für den dialog zwischen dem dichter und Athanasius die mittel-

---

[1]) Den zweiten teil des buches bildet eine *Dissertatio de vera et tractabili mortuorum resurrectione inter Gregorium Magnum, Apostolicae Sedis Apocrisarium et Eutychium Episcopum Constantinopolitanum coram Tiberio Constantino Augusto,* welche, mit dem argumentum, von s. 41 bis 184 geht. Da sie aber wenig mit unserm thema zu schaffen hat, gehe ich hier nicht weiter auf sie ein. Dass das werk im jahre 1666 beendet wurde, zeigt übrigens die hinten angefügte druckerlaubnis der oberen des verfassers.

[2]) z. b. I. 1. Maximianus:

Non sic remisit odia Decianus furor
Immane quantum augescet impatiens morae
Torrentis instar quidquid iratum impetum
Sistere conatur, sternet, inveniet viam,
Aut faciet; instat magna tempestas mali,
Molitur omne quod potest, quod non potest
Truculentus animus etc.

alterliche schweifreimstrofe[1]), während er den ersteren bei
seinem abermaligen auftreten in der alcaeischen strophe[2]) reden
lässt. Die im stücke erwähnten schriften endlich sind in
prosa abgefasst.

Wie man aus den citierten namen der handelnden personen
bereits ersehen haben wird, hat der autor seinen stoff den *Vitis
Sanctorum* des Laurentius Surius entnommen, deren ausgabe im jahre 1570 begonnen wurde. Der uns beschäftigende
IV Band erschien 1573[3]), doch obwohl bald darauf (1586) neu
aufgelegt, scheint sich diese version der legende nicht eine
solche popularität erobert zu haben, wie sie die früheren,
besonders die des Jacobus a Voragine, genossen. Nur in gelehrten werken wird sie häufig citiert, doch volkstümliche
oder poetische bearbeitung hat sie, bis auf die vorige, meines
wissens nicht erfahren[4]). Denn beim volke hatten jene bereits

---

[1]) vgl. über sie J. Schipper, Engl. Metr. I, 353 ff. — Als beispiel
citiere ich den anfang:

Athanasi, in divinis
Versatissime doctrinis
Doce nos quae possimus.
An sit latebra virtuti
Quae decorè sit saluti
Et quâ nos cognoscimus.

[2]) Act. II, 2:

Virtus inertis rarò silentij
Obliviosis noctibus abditur,
Quae non inornatos sileri
Seque suosque cupit sodales;
Amat Poëtae carmine secula
Implere famâ, scripta perenniter
Vitam decusque sunt datura
Quae tulerat rapidè vetustas.

[3]) vgl. oben s. 115.

[4]) Reinbrecht, l. c. 18 f, citiert eine Histoire des sept frères Dormans Extraite de S. Gregoire de Tours et de Simeon Metaphraste
par M. Goliavme Gazet d'Arras, in der Histoire de la Vie, mort, pas-
sion, et miracles des saints etc. desselben autors, Rouen 1610, die mir
jedoch nicht vorgelegen hat.

festen fuss gefasst; es begnügte sich mit wiederabdrücken älterer bücher, so dass die notwendigkeit neuer veröffentlichungen nicht vorhanden war. Überdies wurde dass interesse für legenden zum teil durch die reformation geschädigt, zum andern teil brachte der nun auftretende skepticismus der römisch-katholischen kirche in bezug auf die Siebenschläfer den glauben an sie in miskredit.

Es stand der tag dieser heiligen im volksbewustsein jedoch so fest, dass selbst in protestantischen kalendern ihrer gedacht wird. In Deutschland behielt man aber den 27 J u n i nach dem vorgang der martyrologien des Rabanus und Notker (s. o. s. 111—12) bei, und unter diesem datum erwähnt A n d r e a s H o n d o r f f, pfarrherr zu Dröyssig, in seinem 1513 erschienenen *Calendarium Sanctorum et Historiarum*, welches er dem kurfürsten Joachim Friedrich widmete, kurz die legende der Siebenschläfer. [1] Die darstellung ist jedoch so knapp, dass man ihren ursprung nicht mit sicherheit nachweisen kann. Die namen der sieben jünglinge sind wie bei Gregor von Tours u. a., auch der berg Celius wird angeführt. Hondorff citiert zum schluss V i n c e n t i u s und H e i n r i c u s de E r f o r d i a[2]), ebenso N i c e p h o r u s. Doch der letzte passus ist jedenfalls der *Legenda aurea* entnommen, da sich dieselbe zeitberechnung darin findet. Merkwürdig ist endlich für diesen tag der hinweis auf das 7. buch der Genesis, welches bekanntlich von der sintflut handelt: ohne zweifel steht dies mit dem schon früher erwähnten volksglauben in verbindung, dass, wenn es am Siebenschläfertage regnet, die nächste periode (man spricht meist von 7 wochen) ebenfalls regnerisch sein soll.

Nicht lange darauf (1576) veröffentlichte C a s p a r G o l d w u r m einen mit zahlreichen holzschnitten gezierten *Kirchen-Calender* [3]),

---

[1]) s. das. s. 149.

[2]) der schon oben, (158, 1) citierte H e n r i c u s de H e r v o r d i a († 1370) dessen *Liber de rebus memorabilioribus sive Chronica*, mit ˙fehlendem anfang (von 687 an) von Potthast, Göttg. 1859, ediert ist; s. das. s. 108.

[3]) in Frankfurt am Mayn verlegt; s. das. s. 168. — Wenn Karajan, Sib. Slaf. XI, und nach ihm Maassmann, Kchrk. III, 776, 4, desselben

in dem er unter demselben datum von unserer legende handelt. Nachdem er kurz deren inhalt berichtet hat, fährt er jedoch fort: *Und wiewol dergleichen geschicht mehr gefunden werden / als davon Plinius vnnd M. Damascenus gläublich schreiben / jedoch halte ich / dass Gott dar mit anzeigen wollen / dass er wol ein zeitlang wider aller Tyrannen wüten vn̄ toben / lasse sein heiliges wort / vnd desselbigen Diener / verborgen vnd verschlossen ligen in guter ruhe / vnd ohne allen gebrechen / biss der Teuffel die Tyrannen hinweg führet / vnd Gott seiner kirchen frieden verschaffet / so kempt sein Wort wider herfür / vnd wirkt gewaltiglich. Davon habe ich weiter meldung gethan in meinem Mirakelbuch / so aussgangen ist im tausendt / fünffhundert / sieben und fünfftzigsten jar.* Es ist diese stelle interessant als erster beleg einer allegorischen deutung der legende, die dem wenig später direkt ausgesprochenen zweifel an ihrer wahrheit vorangeht.

Ehe ich hierauf eingehe, habe ich noch kurz ein drittes werk zu citieren, welches den tag der heiligen auf den Juni festsetzt. Es ist dies Matthaeus Dressers[1]) *Liber de festis et praecipuis anni partibus* etc., das im Januar 1584 zu Leipzig vollendet und in demselben jahre gedruckt ist. Eine ganz kurze darstellung unserer legende steht daselbst fol. 79b f. zwischen dem 22. und 24. Juni, doch ohne bestimmtes eigenes datum eingeschoben. In einer späteren ausgabe (Lemgoviae 1737)[2]) wird der schlaf der sieben von 251 bis 446 datiert, und als belege finden wir Cedrenus, Nicephorus und die *Historia lombardica* (ein anderer titel für die *Legenda aurea*) angezogen[3]).

---

verfassers *Calendarium romanum* citieren, so scheint mir dies ein irrtum zu sein.

[1]) nach v. Karajan (l. c. s. XIV) war er professor in Erfurt.

[2]) in Clausingii Juris Publici Romanorum Fasc. IV. etc. s. 453 f., wo der autor Dreser heisst, und der 27. Juni als festtag genannt wird.

[3]) auch citiert v. Karajan (l. c. XIV) noch einen tübinger Professor Thumm, der anfang des 17. jhs. die legende in einem buche „*de festis diebus*" etc. erwähnt haben soll; vgl. auch Curiositäten IX, 123 note.

VII. Kapitel.

Die Legende unter der Kritik des 16. -18. Jahrhunderts.

Bestimmte gründe gegen die glaubwürdigkeit der legende brachte zuerst Caesar Baronius (geb. 1538 zu Sora, 1596 cardinal, † 1607) in seinem 1589 erschienenen *Martyrologium* vor[1]). In seinen bemerkungen zum 27 Juli stellt er zunächst zwei deutungen des schlafes der sieben märtyrer einander gegenüber, deren erste von der biblischen redeweise ausgeht, welche den tod euphemistisch schlaf nenne. Die gebeine der heiligen seien unter Theodosius gefunden worden, und da sie gewissermassen wieder zum dasein zurückkehrten, habe man nicht vom tode, sondern vom schlafe jener gesprochen. Die andere deutung ist die eigentliche, doch scheint Baronius der ersteren den vorzug zu geben[2]). Nachdem er mehrere der uns bekannten autoren (Metaphrast Nicephorus, Cedrenus, Gregor, Sigebert, Warnefried) angezogen, und auf die fabel von Epimenides bei Plinius und Apuleius hingewiesen hat, erhebt er gegen die echtheit der legende folgende bedenken: 1) Wenn das wunder der wiedererweckung geschehen sein soll, um eine häresie zu widerlegen, welche die auferstehung läugnete, so ist dieser grund hinfällig, da zur zeit des jüngern Theodosius, unter dessen regierung es stattgefunden haben soll, keine solche

---

[1]) ausg. Antwerp. 1613, p. 312 f., Paris 1645 s. 292. s. AA. SS. l. c. 386 f.

[2]) vgl. AA. SS. l. c. 383, 37.

irrlehre nachweisbar existierte. 2. Wie können märtyrer wieder
erweckt werden, welche, wie die legende berichtet, tatsächlich
nicht einmal gestorben waren? 3. Von den autoren, welche zur
zeit des wunders lebten, tut keiner desselben erwähnung.
4. Wenn mit Stephanus, der nach Metaphrast damals bischof
von Ephesus gewesen sein soll, der historische bischof gemeint
ist, welcher zur zeit der räubersynode den dortigen sitz einnahm,
so steht er in so schlechtem rufe, dass die heiligen ihn hätten
verachten müssen. Vorsichtig schliesst Baronius jedoch, dass
er sich nicht anmassen wolle, über diese sache ein entscheidendes
urteil zu fällen. In seinen *Annales ecclesiastici*[1]) rechnet er aber
in einer bemerkung zum jahre 853 die Siebenschläferlegende
ausdrücklich zu andern fabelhaften überlieferungen.

Die angeführten einwände hat später der schon mehrfach
erwähnte gelehrte orientalist Assemani[2]) zu entkräften
gesucht, und bei denen ad 1, 3 und 4 genannten ist es ihm auch
leicht gelungen, da er den Baronius noch unbekannten Jacob
von Sarug als ungefähren zeitgenossen citieren und *Stephanus*
als falsche lesart des sog. Metaphrast nachweisen konnte. No. 2.
bleibt aber trotz seiner gegengründe bestehen: hier hat Baronius
richtig die dem christlichen glauben fremde vorstellung von
einem vieljährigen schlaf, welche früherere jahrhunderte naïv
gläubig dahin nahmen, herausgefunden. Obwohl einige redaktoren
hier eine art von wirklichem tode substituiert haben, so beweist
doch die schon frühzeitig geltende benennung „Siebenschläfer",
dass dieser gedanke nicht der ursprüngliche gewesen ist.

Vom medicinischen standpunkte aus beurteilt die legende
der arzt Jos. Quercetain in seinem *Diaeteticon Polyhistori-
con*[3]). Im X kapitel handelt er vom schlafe, spricht über dessen
nutzen und citiert beispiele aus der geschichte von schlafsucht
und schlaflosigkeit (so Alexander den Gr., Aristoteles u. a.).

---

[1]) AA. SS. 1. c. 386, 48.
[2]) Bibl. Orient I, 336 ff.; vgl. AA. SS. 1. c. 386 f.
[3]) dem landgrafen Moritz von Hessen gewidmet, 1607, 207 f. —
Maassmann, 1. c. 777, citiert eine Pariser ausg. von 1606, bl. 130b.

Dann erwähnt er des Epimenides (nach Plinius und Apollonius) und der Siebenschläfer, deren geschichte er kurz nach der *Legenda aurea* berichtet. Besonders betont er hierbei den umstand, dass jene, ehe sie in den schlaf sanken, speise zu sich nahmen. Doch schliesst er damit, dass er diese und ähnliche erzählungen für unglaubwürdige erfindungen halte.

Der auffassung des Baronius folgten dann fast alle autoren, welche im 17. und 18. jahrhundert über die legende gehandelt haben.

Ich nenne zuerst Dan. Wilh. M o l l e r, der im jahre 1694 eine *Disputatio circularis de septem Dormientibus* veröffentlichte. Da ich dieselbe nicht selbst einsehen konnte, so muss ich mich auf die angaben Reinbrechts in seiner dissertation beschränken. Nach ihm soll die nur sechs seiten umfassende arbeit bereits manche notiz über alte texte der legende enthalten (s. 4). Wenn jedoch Reinbrecht die von Moller vertretene ansicht über die bildliche deutung des schlafes als originale zu fassen geneigt scheint (s. 5), so täte er mit rücksicht auf die eben citierten äusserungen des Caspar Goldwurm und des Baronius diesem zu viel ehre an. Hervorzuheben wär nur noch, dass Moller der localisierung der heiligen nach M a r s e i l l e gedenkt, woselbst ihre leiber noch zu seiner zeit zu St. Victor gezeigt worden sein sollen. (s. Reinbrecht l. c. 13). Kurz darauf erschien der III band von T i l l e m o n t s (Louis-Sébastien le Nain de T., 1637—98) *Mémoires pour servir à l'histoire ecclésiastique des six premiers siècles*, in welchem der verfasser mit denselben gründen wie Baronius, auf den er sich meist beruft, die glaubwürdigkeit der überlieferung angreift[1] und die widersprüche der verschiedenen schriftsteller in ihren historischen angaben darlegt. Auch Adrien B a i l l e t (1649—1706) steht in seinen *Vies des Saints*, welche zuerst 1701 herauskamen[2], auf demselben standpunkte bei der besprechung unserer legende. Er citiert

---

[1] Bruxelles 1699 vol. III, p. 2, s. 197 ff. und ib. 426—28, vgl. auch AA. SS. l. c. 387, 54.

[2] Nouvelle Édition, Paris 1739, V, 374—75.

dabei, ausser Baronius, Gregor von Tours, Usuard, Manasses, Theophanes[1]), Cedrenus, Photius, Metaphrastes und Tillemont.

Inzwischen breiteten sich die studien in den orientalischen sprachen aus — es erschienen ausgaben und übersetzungen, so die deutsche übertragung des *Qorân* von Schweigern 1616, *Gulistan* lat. und persisch von Gentius 1651, dasselbe werk deutsch von Olearius 1654, Pocockes *Annales Arabici* 1658, Ludolfs *Historia Aethiopica* und der *Commentarius* dazu 1691, d'Herbelots *Bibliothèque Orientale* 1697 u. a. Die uns interessierenden publicationen habe ich meist bei der besprechung der von ihnen behandelten autoren für unsern zweck hinreichend ausführlich erwähnt, nur d'Herbelots artikel *Ashab Kahaf ou Kehef, les compagnons de la caverne* (s. 139) wäre hier nachzuholen. Doch sind seine notizen neben den andern von mir angezogenen commentaren von geringer bedeutung. Merkwürdigerweise spricht er von einem 140jährigen schlafe und nennt den hölenberg *Cavous*. Als arab. sprichwort citiert er: *Il ne jetteroit un os au chien des sept dormans.* — Vom 18. jahrhundert an beginnt man daher sich in den abhandlungen über unsere legende mit den orientalischen literaturen zu beschäftigen, so Joach. Chr. B e n i c k e in seiner dissertation: *Φοββςον ϑαυμα de septem dormientibus, germanice Sieben Schläffern, ex veterum quorundam narratione post duo fere secula demum excitatis*, Leipzig 1702[2]), welche mir zwar nicht selbst vorgelegen hat; doch habe ich eine schrift benutzen können, welche nach H. Varnhagens angabe eine wörtliche übersetzung jener ist. Der titel derselben lautet: *Curieuse und Lesenswürdige Geschichte von den sogenannten Sieben Schläffern welche von der Regierung des Kaysers Decii, biss auf Theodosium bey 200 jahren sollen geschlaffen haben. Aus den besten scribenten sonderlich aber aus Herrn M. Reineccii und Herrn Abt Schmidts[3]) Academischen Abhandlungen ge-*

---

[1]) s. oben s. 110, 1.

[2]) s. Reinbrecht, l. c., u. Varnhagen, Ztschr. f. rom. Phil. V, 162.

[3]) über die bedeutung dieser namen vgl. Varnhagen l. c. 162. — Was den abt Schmidt betrifft, so citiert Schröckh (l. c. 211) einen

zogen[1]). Benicke — denn ihn müssen wie hier nach obigem als
autor bezeichnen — legt in dieser arbeit zeugnis von viel umfassen-
deren studien als seine vorgänger ab; er führt eine weit grössere
zahl von profanen wie kirchenschriftstellern an, doch sind auch
ihm noch die syrischen und abendländischen redaktionen in den
vulgärsprachen unbekannt geblieben. Der gang seiner untersuchung ist in kurzem folgender: Nach einigen bemerkungen
über tod und schlaf bei den alten, über Endymion und
Epimenides, geht der verfasser auf den brief Gregors v. Tours an
Sulpicius, den er für unecht hält, auf dessen darstellung in
seiner schrift de Gloria Martyrum und auf Warnefrieds version
über. Er bespricht dann einige arabische bearbeitungen und
erzählt darauf die legende ausführlich nach Gregor. Zum schluss
vergleicht er die späteren berichte über sie bei byzantinischen,
lateinischen und orientalischen chronisten in bezug auf namen,
zahlen und andere umstände. Dass Benicke übrigens als
protestant die ganze erzählung für eine fabel hält, darf um so
weniger erstaunen, da streng gläubige katholiken sie nicht anders
behandeln. — Aus eigener lectüre kann ich leider nichts über
das mitteilen, was die *Nova literaria maris Baltici* des jahres 1705
über unsere legende enthalten, sondern muss mich hier auf einen
hinweis v. Hammers in den Curiositäten (IX, 113 n.) beschränken.

Im jahre 1713 veröffentlichte dann Renaudot eine
Historia patriarcharum Alexandrinorum, in welcher er auch
kurz mehrere orientalische autoren aufzählt, welche die Siebenschläfer in ihren werken erwähnen[2]). Einen wesentlicheren
fortschritt bezeichnen jedoch die bemerkungen Assemanis in
seiner 1719—28 erschienenen *Bibliotheca orientalis Clementino-*

Joh. Andr. Schmidt als autor einer *Hist. eccles. sec. III fabulis maculata*,
welches werk mir nicht zugänglich war. Doch hat mir *Joh. Andr.
Schmidti Abbatis Mariae-Vallensis Compendium Hist. eccles.* vorgelegen,
in dessen II. bd. (Helmstadii 1704, s. 117) kurz die 7 *dormientes* genannt werden.

[1]) Franckfurt und Leipzig 1723, 4 o, 22. s.

[2]) verl. in Paris, s. 38f. u. 107; abgedruckt in den AA. SS. 381, 29;
s. ob. 142.

vaticana, die zuerst auf die syrischen texte des Jacob von Sarug
und des Dionysius Telmaharensis hinweisen und ihre eigentümlichkeiten hervorheben [1]. Auch über diese versionen habe ich
vorhin genugsam gehandelt, so dass es hier der angabe von
einzelheiten nicht bedarf. — Die gründlichste arbeit über die
Siebenschläfer ist hingegen die des jesuitenpaters Guil. Cuper
im VI bande des Julius jener umfangreichen *Acta Sanctorum*,
die von Bolland begonnen wurden. Es erschien derselbe im
jahre 1729 und ist der nachmaligen kaiserin Maria Theresia
gewidmet [2]. Cuper hat es nicht allein verstanden, die arbeiten
seiner vorgänger geschickt zu verwerten, sondern fördert auch
materialien zu tage, welche bisher unbeachtet geblieben waren,
wobei er sich in beziehung auf syrische texte der beihülfe eines
andern jesuiten, Peter Benedetti, bedienen konnte. Da die
resultate seiner arbeit einen nicht unwesentlichen bestandteil
meiner eigenen bilden, und ich demgemäss ihn oft zu citieren
hatte, so liegt es mir hier nur ob, den gang seiner darstellungsweise kurz zu skizzieren. Der erste abschnitt handelt über die
bei Paul Warnefried und im pseudo-gregorischen briefe erwähnten
Siebenschläfer, und ferner über die von verschiedenen autoren
angegebenen zahlen und namen der heiligen (375—76). Der
zweite bespricht deren kirchliche verehrung bei den völkern,
welche sie anerkennen, auf grund gottesdienstlicher schriften
(— 378). Im dritten (— 380) werden dann die wunder, welche
sie bewirkt haben sollen, betrachtet, und im vierten (— 382)
kürzere versionen der legende ausführlich mitgeteilt. Im fünften
wendet sich Cuper zur untersuchung einiger nebenumstände
der mythe, insbesondere der bedeutung und der zeitdauer des
schlafes (— 384). Darauf werden die wichtigsten texte, gedruckte
sowohl, wie handschriftlich überlieferte, bezüglich ihres wertes
verglichen (— 386), und endlich (— 387) behandelt unser autor
die streitfrage über die echtheit der legende, wobei insbesondere

---

[1] vgl. oben s. 81 und 113.
[2] der neue von Carnandet, Paris u. Rom 1868, besorgte abdruck
ist leider arg durch druckfehler entstellt.

die ansichten des Baronius und Tillemonts einerseits und die
des Assemani andererseits einander gegenübergestellt werden.
Cuper unterlässt es aber, seine eigene meinung bestimmt aus-
zusprechen, steht jedoch im ganzen auf der seite des letzteren.
— Hierauf beginnen die abdrücke der hauptversionen, des Jacob
von Sarug, Gregors von Tours und des sog. Metaphrastes, denen
erklärende bemerkungen und lesarten beigefügt werden (bis 396).
— Dem charakter der Acta Sanctorum gemäss legt diese
abhandlung besonderen nachdruck auf kirchenschriftsteller, so
dass weltlichen chronisten weniger beachtung geschenkt wird.
Die orientalischen versionen muhamedanischer autoren werden
kurz oder mit verachtung behandelt, indes abendländische
bearbeitungen, die nicht lateinisch geschrieben sind, und
abhandlungen protestantischer gelehrter gar nicht erwähnung
finden. Ebensowenig gedenkt Cuper altgriechischer und
römischer mythen über langen schlaf. Während also sein
commentar in theologischer beziehung nahezu erschöpfend für
seine zeit ist, hat er für die untersuchung der legende
vom philologischen standpunkte aus nur wenig getan. Diese
arbeit blieb dem kommenden jahrhundert vorbehalten.

Trotz der bemühungen Assemanis, welche in Cuper einen,
allerdings nur lauen, verteidiger fanden, die legende in ihrem
ursprünglichen sinne zu rechtfertigen, blieb im 18. jahrhundert,
und zum teil auch im folgenden, jene meinung die herschende,
dass der lange schlaf nur eine umdeutung des todes sei. So
wird diese auch von dem verfasser der im jahre 1741 zu Rom
bei Pagliarini [1]) gedruckten schrift *Sanctorum septem Dormientium
historia, ex ectypis musei Victorii expressa* vertreten. Leider habe
ich dieselbe mir nicht verschaffen können, und muss mich mit
demjenigen begnügen, was andere darüber berichtet haben.
Ebensowenig bin ich im stande, sicheres über den namen des
autors anzugeben, als welchen d'Ancona [2]) V e t t o r i, Reinbrecht [3])

---

[1]) warum nennt Reinbrecht ihn Pagliariniano?
[2]) Sacre Rappr. II, 350.
[3]) l. c. s. 4.

Fr. Nic. Rudolfus nennt. Der interesanteste teil dieser arbeit ist jedoch die besprechung eines unechten im „Museum Victorium" bewahrten steins mit einer bildlichen darstellung der heiligen, von der ich bereits oben (s. 155) ausführlich gehandelt habe.

Den bericht darüber habe ich jedoch dem bekannten werke Alban Butlers (1710—1773) *The Lives of the Fathers, Martyrs and other Principal Saints* entnommen, welches bald nach der eben citierten schrift (1745—80) zu erscheinen begann. Was ausserdem in demselben über unsere legende gesagt wird, ist unbedeutend und zum teil irrig. Es werden die namen nur nach Gregor von Tours angeführt, worauf es heisst, dass sie im jahre 250 vor dem proconsul zu Ephesus bekehrt (!), dann von Decius vermauert und unter Theodosius im jahre 479 (!) wieder entdeckt wurden. Dass der verf. sich dann in der auffassung des schlafes auf seiten der andern kritiker stellt, bedarf kaum der erwähnung, wohl aber der zusatz, dass die reliquien der heiligen gleich nach ihrer wiederauffindung nach Marseille in die kirche St. Victors gebracht worden seien, wo noch jetzt (d. h. zur zeit des verf. und des übersetzers Godescard) eine grosse steinkiste gezeigt wird, welche zum transport derselben gedient haben soll. (vgl. oben s. 186)

Gleichfalls von geringer bedeutung soll nach Reinbrecht (l. c. 4) die abhandlung G. Biedermanns *Fabulosa de septem Dormientibus Historia* (Freiburg 1752) sein, welche wegen ihrer geringen ausdehnung schon der vorhin citierten arbeit Benickes nachsteht.

Joh. Math. Schröckh (1733—1808) lieferte dann in seiner umfangreichen Kirchengeschichte [1] zwar eine sehr gründliche darstellung der Christenverfolgung unter Decius, schliesst sich jedoch bei der besprechung der Siebenschläferlegende [2] zu genau an seine vorgänger, besonders an Tillemont an, um etwas neues zu tage zu fördern. Nur der hinweis auf den ausdruck

---

[1] I. aufl. 1768—1803, II. 1772—1825, bd. IV 191 ff.
[2] ib. 210 ff.

κοιμητήριον zur erklärung des doppelsinnigkeit des wortes „schlaf" findet sich zum ersten male bei ihm.

Nach dieser langen reihe von gelehrten abhandlungen, welche die legende einseitig vom theologisch-kritischen standpunkte behandelten und in fruchtlosen untersuchungen die frage nach ihrem ursprung nur durch herbeischaffung grösseren materials gefördert haben, ist es eine wahre erfrischung, einem urteile zu begegnen, welches einen tieferen sinn in ihr erkennt. Der grosse englische historiker E d w a r d G i b b o n ist der erste gelehrte der neueren zeit, der von der anmut der legende selbst angezogen wird und sie wert erachtet in seiner *History of the Decline and Fall of the Roman Empire* (1776—88) einen platz zu erhalten. [1]) Nachdem er ihren inhalt nach Surius angegeben und über ihre weite verbreitung im Morgenlande wie im Abendlande gesprochen hat, fährt er fort: „Dieser allgemeine glaube, der so recht die gemeinsame empfindung des menschengeschlechtes ausdrückt, kann wohl dem innern werte der fabel zugeschrieben werden. 'Wir schreiten unmerklich von der jugend zum alter fort, ohne den allmählichen, aber steten wechsel der menschlichen dinge zu beachten, und selbst in unserer grösseren erfahrung in der geschichte ist die vorstellung gewöhnlich, die entferntesten umwälzungen durch eine beständige reihe von ursachen und wirkungen miteinander zu verbinden. Doch wenn der zeitraum zwischen zwei bemerkenswerten epochen augenblicklich vernichtet werden könnte; wenn es möglich wäre, nach einem zweihundertjährigen schlafe den augen des zuschauers, dem der eindruck der alten noch lebhaft und frisch vor der seele steht, die neue welt zu entfalten, so würden seine überraschung und seine betrachtungen einen anmutigen vorwurf für einen philosophischen roman liefern. Die zeit könnte nicht vorteilhafter gewählt werden als in den beiden jahrhunderten, welche zwischen der regierung des Decius und der des jüngeren Theodosius liegt" u. s. w.

Wenn Gibbon auch in diesen reflexionen noch nicht den

---

[1]) gegen ende des XXXIII kapitels; ausg. Leipzig 1821, VI, 27—31.

mythischen hintergrund der legende klar erkennt, so ahnt doch sein unbefangener forschergeist bereits den wahren ursprung derselben.

Wie nun Gibbon unter den gelehrten in der auffassung der Siebenschläferlegende gewissermassen eine neue periode inauguriert, so könnte man Lessing unter den dichtern als denjenigen bezeichnen, der sie zuerst wieder einer anspielung würdigt. In seinem Nathan, in der 4. scene des 4. aktes, lässt er nämlich Saladin zum Tempelherrn in freundlichem vorwurfe sagen:

> — — — — *Sieh' ich könnte*
> *Dich fragen: wo du denn die ganze zeit*
> *Gesteckt? in welcher höle du geschlafen?* etc.

VIII. Kapitel.

Die Siebenschläferlegende in der Literatur des 19. Jahrhunderts.

Doch so lange eine gedankenlose nachahmung der antike, ein holer heroismus kunst und literatur beherrschten; so lange man auf alles volkstümliche und auf alle mittelalterlichen überlieferungen mit verachtung herabzublicken pflegte: so lange konnte keine lust an mythen aufkommen, welche nicht durch klassische autoren sanctioniert waren. Erst nachdem Herder für das volkslied bahn gebrochen, nachdem die romantiker zur eingehenderen beschäftigung mit heimischen und fremden sagen angeregt und das verständnis für den naiven glauben früherer zeiten geweckt hatten, begann man auch die Siebenschläfer-legende mit neigung und liebe zu behandeln.

Den reigen eröffnet hier kein geringerer als Goethe, der die legende als vorletztes gedicht ins *Buch des Paradieses* seines *Westöstlichen Divans* aufnahm. Den stoff entlehnte er aus der von Rich aus dem arabischen übersetzten und in den Fund-gruben des Orients[1] veröffentlichten version, welche bereits eingehend oben (143 ff.) besprochen ist. Er begann die arbeit zu Jena ende Dezember 1814 und vollendete sie im Mai des folgenden jahres zu Wiesbaden.[2] Doch wie meisterhaft be-

---

[1] bd. III, 347 ff., der 1813 erschien.
[2] vgl. v. Loeper, Goethes Werke IV, 221 ff. Düntzer, Goethes Westöstl. Div. s. 420 ff.

handelt er die erzählung, mit welchem geschick weiss er das
wesentliche aus dem ins ungefüge ausgesponnenen originale
auszuscheiden und in eine knappe, edle form zu fügen! Und
ist nicht, dass unser dichtermeister von diesem stoffe angezogen
ward, der beste beweis für seine poetische schönheit?

Dass auch Rückert einige verse über die Siebenschläfer
schrieb,[1] habe ich bereits früher erwähnt, aber auch hier ist
es eine orientalische überlieferung, die den dichter angeregt hat.

Die christliche form unserer sage ward von Kosegarten,
der sie recht anmutig nach Jacobus a Voragine erzählt, in
seinen 1816 erschienenen *Legenden*[2] wieder belebt, und fand
nicht lange nachher dichterische und musikalische behandlung.
Prof. L. Giesebrecht verfasste ein oratorium *Die Siebenschläfer*,
welches von C. Löwe 1833 componiert und dem damaligen
kronprinzen Friedrich Wilhelm gewidmet ward.[3] Die singen-
den personen sind darin folgende: *Antipater*, proconsul von
Ephesus (tenor); *Honoria*, seine gemahlin (sopran); *Martinus*,
bischof von Ephesus (bass), *Malchus, Serapion* (sopran), *Johannes*
(alt), *Constantin, Dionysius* (tenor), *Marcianus, Maximianus* (bass).
Dazu kommen noch chöre von hirten, priestern, kriegern und
der des ephesischen volkes. Die erste scene wird in das gebirge Celion verlegt, wo hirten, unter der leitung der Honoria
und des Antipater, damit beschäftigt sind eine vermauerte höle
zu öffnen. Nach einem chor der hirten, berichtet Antipater
in einem duett mit seiner gattin und in einem darauf folgenden recitativ nebst arie, wie vor 190 jahren sieben brüder dort
verschlossen worden, worauf Honoria die höle mit ihren frauen
schmückt. Im innern derselben ertönt plötzlich der gesang der
sieben brüder, welche den 90. psalm anstimmen. Die leute
draussen meinen jedoch die priester in der ferne zu hören und
verlassen die scene. Nun treten die brüder aus der höle, und
Malchus wird auserlesen, in der stadt speise einzukaufen, worauf

---

[1] im Damentaschenbuch von 1822, s. 139; s. oben s. 142.
[2] bd. II, 145—56.
[3] erschienen 1835 bei Schott in Mainz als opus 46 des componisten

ein gebet der neuerweckten die erste abteilung endet. Die zweite versetzt uns auf das forum zu Ephesus. Bischof und priester nahen mit geweihten fahnen, welche sie den kriegern übergeben, die bereit sind, gegen das anrückende heer der Perser zu felde zu ziehen, denn es gilt den christlichen glauben zu verteidigen. Nun tritt Malchus staunend auf; er will brot kaufen, doch wegen der seltsamen münze, die er mit sich führt, glaubt das volk, dass er einen schatz gefunden habe, und bringt ihn vor Antipater. Beim verhöre wird dann entdeckt, dass der proconsul ein nachkomme des Malchus sei. Die letzten zweifel über die wahrheit dieses wunders löst dann der bischof.

Die dritte und letzte abteilung führt uns wieder nach dem berge Celion, wo die sechs zurückgebliebenen brüder ein sextett anstimmen. Darauf kehrt Honoria mit ihren frauen zurück, um die höle zu schmücken, und alle staunen beim anblick der heiligen männer. Nun nahen Antipater, Martinus und Malchus mit dem chor der Epheser, und man will die brüder im triumph nach der stadt geleiten. Doch diese erklären, in der höle bleiben zu wollen, nachdem sie dem volke als vorboten der auferstehung erschienen sind. Sie entschlafen darauf und werden vom volke wieder in die höle zurückgetragen. — Man wird aus dieser darstellung leicht ersehen, dass der stoff hauptsächlich aus der *Legenda aurea*, vielleicht nach Kosegartens übersetzung, genommen ist, worauf die namen hinweisen[1]; ausserdem hat wohl auch die orientalische version der legende in den Fundgruben auf diese dichtung eingewirkt, da der ursprung des umstandes, dass Malchus' nachkommen nach seinem mehrhundertjährigen schlafe noch leben, nicht leicht anders erklärt werden könnte. Wenn Giesebrecht sonst mancherlei ändert, zusetzt und weglässt, so ist dies offenbar mit rücksicht auf den zweck seiner bearbeitung geschehen,

---

[1]) Die abweichende form *Marcianus* kommt nämlich auch in einigen ausgaben des Jacobus a Voragine vor.

namentlich verdankt gewis Honoria ihre existenz nur einem
musikalischen bedürfnisse. Wenn der poetische teil des oratoriums, das knappe behandlung erheischt, nicht ohne geschick
durchgeführt ist, so früge es sich, welchen wert der musikalische
habe. Hierüber kann ich nun, da ich nicht die übung habe
beim lesen einer partitur mir ein klares bild von der ton-
schöpfung zu machen und einer aufführung nicht beiwohnen
konnte, kein eigenes urteil fällen. Doch versichern mich kenner,
dass dies werk einst, und mit recht, beliebt gewesen sei.

Wir hätten uns nunmehr wieder mit einigen wissenschaft-
lichen abhandlungen der legende zu beschäftigen, doch da es
nicht meine absicht sein kann, an dieser stelle eine vollständige
bibliographie hierüber zu veröffentlichen, beschränke ich mich
darauf, nur diejenigen schriften nochmals im zusammenhange
zu besprechen, in welchen eingehendere studien über die
legende niedergelegt sind. Dagegen übergehe ich hier einfache
textabdrücke und ausgaben, weil es für diese genügt, an der
stelle genannt zu werden, welche der besprechung des betreffenden autors oder schriftwerkes gewidmet ist. — Die erste bedeutendere abhandlung, die wir zu nennen haben, ist die von C. J. L.
I k e n seiner übersetzung des *Tutinameh* beigegebene: „Über die
legende von den sieben schläfern[1]). Es mag eigentümlich
scheinen, wie er bei der veröffentlichung eines derartigen werkes
dazu gelangt ist dieses thema zu behandeln. Doch in der
fünften erzählung jener persischen dichtung wird ein baum
erwähnt, in welchen eine aus holz geschnitzte und von Gott
belebte frau hineinlief, als sieben männer sich um ihren besitz stritten, worauf der baum sich wieder verschloss. Dieses
märchen erinnerte nun Iken an die hölenschläfer, auf die ausserdem an einer stelle des älteren Tuti-Nameh angespielt wird.
In folge dessen verdanken wir ihm die erste vergleichende
populäre darstellung der verschiedenen versionen unserer legende,
welche bisher nur in gelehrten und meist lateinisch geschriebenen
werken untersucht worden war. Freilich bringt er nicht viel

---

[1]) Stuttgart 1822, s. 288—311.

neues zu dem bekannten material hinzu, und seine angaben
sind nicht immer genau, doch beschränkt er sich nicht auf
blosse citate, sondern berichtet ausführlicher den inhalt der
wichtigsten überlieferungen und fügt sogar eine von Kosegarten
gefertigte übersetzung der 18. Sure des Qorân (v. 1—27) hinzu.
Überdies zieht er reisebeschreibungen, die über Ephesus handeln,
zur illustration der örtlichkeit an und ist der erste, welcher klar
den gedanken ausspricht, dass antike sagen, wie die von
Epimenides und den hölen bewohnenden gottheiten, in einem
gewissen zusammenhange mit der christlich - moslemitischen
legende stehen.

Wenig beachtung (nur Massmann citiert sie) hat eine
abhandlung v. Hammers: „Erklärung des Wortes *Graal*"
(Vulpius' Curiositäten, Weimar 1821, s. 118 ff.) gefunden, die,
obwohl eigentlich einem unserm zwecke fern stehenden thema
gewidmet, doch einige auch für die Siebenschläfer interessante
notizen liefert. [1])

Weitere nachricht über die verehrung dieser heiligen im
Morgenlande brachte dann M. Reinaud in seinem werke:
*Description des Monumens Muselmans du Cabinet de M. le
Duc de Blacas* (Paris 1828). [2]) Er beschreibt in demselben kostbare steine und geräte, welche mit inschriften in den orientalischen sprachen versehen sind, und schickt der eigentlichen
untersuchung erklärungen über die von den Moslemin verehrten mythischen und historischen persönlichkeiten voraus,
bei welcher gelegenheit er auch von den Siebenschläfern handelt.
Später kommt er noch einmal auf sie bei der besprechung
eines mit ihrem namen versehenen siegels zurück.

Auch Ch. Wurm führt in seinem 1834 erschienenen
Commentar zu Goethes west-östlichen Divan hauptsächlich orientalische überlieferungen zur erläuterung an, von denen einige
bis dahin nicht allgemein bekannt waren. Th. v. Karajan
schickt dann seiner ausgabe der mhd. *Siben Slafaeren* (Heidel-

---

[1]) s. oben 65, 6; 101, 5; 138; 139, 4; 188.
[2]) I, 84 ff. u. II, 59 ff.

berg 1839) [1]) eine einleitung voran, in der er zuerst von den sprachlichen eigentümlichkeiten des gedichtes handelt, und dann ein résumé über die ihm bekannte einschlägige literatur giebt. Zum ersten mal weist er auf Chardrys *Set Dormans* hin, deren existenz durch den abbé de la Rue[2]) inzwischen bekannt geworden war, ebenso auf Reinauds eben citierte bemerkungen, wie auf Caylus aus dem persischen übertragene redaktion, und bringt ältere schriften, wie die Mollers und Benickes, wieder in erinnerung. Die irrtümer, welche Karajan hier begeht, sind bereits früher von mir berichtigt worden.

Diese literaturangaben wiederholte dann P. O. Bäckström kurz in den vorbemerkungen zu den *Sju Sofvare* seiner *Svenska Folckböcker* [3]), vermehrte sie jedoch um ein verzeichnis der noch in weiteren kreisen unbekannten häufigen auflagen der schwedischen volkstümlichen übersetzung unserer legende.

Ferd. Wüstenfeld lieferte in einer anmerkung zu seiner ausgabe von Makrizis *Geschichte der Kopten* [4]) gleichfalls durch hinweis auf diesen autor und auf Edrisi und Kazwíni einen interessanten beitrag zur orientalischen legende. In den jahren 1849—54 gab F. H. Massmann die umfangreiche *Kaiserchronik* heraus, in der er zur stelle [5]), welche über die Siebenschläfer handelt, die bis dahin bekannten literaturnachweise wiederabdruckt, sie jedoch um einige neue notizen, besonders über andere sagen vom langen schlaf, vermehrt.

Nur unbedeutende zusätze zu unserer kenntnis von der legende bei den Arabern brachte sodann die studie A. P. Pihans,

---

[1]) s. oben s. 164.

[2]) Archaeologia, Lond. 1800; Essais historiques sur les Bardes etc., Caen 1834 — das nähere über diese literatur s. meine ausgabe, s. VI f.

[3]) bd. II, 217 f. Stockholm 1848. Översigt etc. ebd. s. 107 f.; s. oben s. 170 f.

[4]) aus den hss. zu Gotha und Wien mit übersetzg. u. anmerk. bd. III. der kgl. Gesellsch. d. Wissensch. zu Göttingen. 1845. s. oben s. 137 u. 39.

[5]) III. 776 ff. s. oben s. 156 f.

die ursprünglich im Junihefte von 1857 der *Revue de l'Orient,
de l'Algérie et des Colonies*[1]) erschien.

Erwähnung mag hier auch finden, dass K. R. Hagenbach
in seiner Kirchengeschichte[2]) aus allen märtyrergeschichten
jener zeit allein der Siebenschläferlegende ausführlicher gedenkt, dass er jedoch in der auffassung und ausdeutung noch
auf dem standpunkte der theologen des vorigen jahrhunderts
steht. Auch ein neudruck der legende nach Gregor und Metaphrast wurde um diese zeit (1858) in den *Vies des Saints
d'après Lipoman* von Martin, *frère de l'ordre des Minimes*, veröffentlicht. Da mir das buch nicht in die hände gekommen ist,
muss hier die bemerkung genügen, dass der verf. von seinen
quellen durch zahlreiche zusätze abweichen soll, wie Reinbrecht
in seiner gleich zu erwähnenden dissertation (s. 19) angiebt.

Nur auf die angabe weniger quellen beschränkt sich der
artikel „Siebenschläfer" in Herzogs Realencyclopädie[3]),
doch treffend ist das dort ausgesprochene urteil über die be-
liebte deutung durch verwechselung von schlaf und tod: es
lässt sich in der tat nicht absehen, wie die in jener zeit so
gewöhnliche auffindung von überresten von (wirklichen oder
vermeintlichen) märtyrern eine so ungewöhnliche mythe erzeugen
konnte. Aber eine bessere deutung wird in dem artikel nicht
versucht — er schliesst: die legende muss also ohne erklärung
belassen werden.

Auch der versuch Schauers in A. Geigers jüdischer
Zeitschrift[4]), der legende einen ursprung aus jüdischer tradition
zu vindicieren, ist nicht glücklicher — ich habe schon oben
(s. 57 f.) das unbefriedigende desselben dargetan.

Interessante nachweise in ausführlicher inhaltsangabe zu

---

[1]) Étude critique et philologique sur le voyage nocturne de Mahomet
et sur la légende des Sept Dormans. 4⁰. 12 s.

[2]) bd. I der neuen gesammtausgabe, Lpz. 1869, s. 191 f.

[3]) bd. XIV, 353; Gotha 1861. — dass Gregor seinen text aus dem
griechischen genommen, ist wohl nur ein lapsus calami.

[4]) bd. V, 39—44, Breslau 1867.

der mythe vom langen schlaf, wobei auch die Siebenschläferlegende berücksichtigt wird, gab dann 1872 W. Hertz in seinem
buche: *die deutsche Sage im Elsass* (263—77.). Ich habe aus
dieser fleissigen arbeit mancherlei oben im II. kapitel benutzt (s.
30—40). Zwar keine eigenen gedanken über die lösung der frage
nach dem ursprunge der legende finden sich in Alessan-
dro d'Anconas vorbemerkungen zu seinem abdruck der
Rappresentazione dei Sette Dormienti [1]), doch genügen seine
kurzen referate über die wichtigsten laut gewordenen ansichten
anderer, um den leser von der sachlage in kenntnis zu setzen.
d'Ancona bietet, ausser der wiederholung schon bekannter
literaturangaben, ferner mehrere nachweise bis dahin noch
übersehener schriften, von denen ich besonders die über ital.
versionen und Moretos drama hervorheben will [2]). Erschöpfend
sind jedoch auch seine notizen nicht.

S. Baring-Gould, handelte dann in seinen *Curious
Myths of the Middle Ages* (London 1872) [3]) gleichfalls über
unsere legende (s. 93 ff), und erwähnt unter anderm die schon
vorhin (s. 157 ff.) besprochene erzählung von könig Eduard dem
Bekenner aus William von Malmesbury. Ferner citiert er ein
modern englisches gedicht über diesen stoff, welches von einem
dr. Neale verfasst ist, mir jedoch nicht vorgelegen hat. Ein
paar beachtenswerte notizen enthalten dann die erklärungen v.
Loepers zu seiner Goetheausgabe, besonders über morgen-
ländische autoren, von denen ich hier noch diese reproduzieren
möchte: „Die orientalischen dichter verstehen generalisierend
unter den schläfern der grotte die in ihrer begeisterung Gott
schauenden dichter und propheten."

Vor kurzem fand dann die legende abermals dichterische
behandlung. In seinem buche: *Stoffe und Entwürfe zur Dar-*

---

[1]) Firenze 1872, II 348 ff.

[2]) Mir nicht zugänglich waren folgende von ihm erwähnte bücher:
Douhet, *Dictionnaire des légendes* (col 1140), Maury, *Essai sur les
légendes* (p. 63), Wiener, *Sippurim* (pag. 145) u. a.

[3]) Da ich mir das buch nicht selbst beschaffen konnte, beschränke
ich mich auf mitteilungen, die mir R. Köhler gütigst gemacht hat.

stellung deutscher Volksart[1]) giebt nämlich Albert Freibe
eine übersetzung der von Karajan publicierten Siben Slafaeren in nhd. versen, die fast wörtlich, tunlichst mit bei-
behaltung derselben reime, dem originale folgt. Sie giebt treffend
den charakter der mhd. bearbeitung wieder und kann somit
denen empfohlen werden, welche sich ohne mühe in die denk-
und redeweise früherer jahrhunderte hinein finden wollen.

Wenn ich in meiner einleitung zu Chardrys *Set Dormans* nicht viel neues über die sonstige verbreitung der legende
gesagt und eine eingehende forschung nach ihrem ursprung
nicht angestellt habe, so wird das bei einem herausgeber für
entschuldbar gelten können, der nur insoweit andere versionen
zum vergleiche heranziehen durfte, als es sich um die quelle
des von ihm edierten dichters handelte. Trotz der beschränkten
untersuchung halte ich jedoch auch heute noch das dort gefundene
resultat aufrecht, obwohl ich bei nachträglicher prüfung einige
ungenauigkeiten in meinen hierhin bezüglichen citaten entdeckt
habe. Da dieselben jedoch mittelbar durch meine anmerkungen
zum texte des ersten kapitels berichtigt sind, ist es kaum
nötig sie hier einzeln hervorzuheben[2]).

Ein jahr darauf[3]) erschien August Reinbrechts dissertation *die Legende von den sieben Schläfern und der anglo-nor-
mannische Dichter Chardri*, welche ich kurz in dem Literatur-
blatte für germanische und romanische Philologie (1881, sp. 290 f.)
besprochen habe. Ich unterliess es damals jedoch alle einzelheiten
nachzuprüfen und muss jetzt leider feststellen, dass die angaben
Reinbrechts unzuverlässig, zuweilen geradezu falsch sind[4]).
Obwohl er einiges neue material zur allgemeinen kenntnis
bringt, so bezeichnet seine schrift doch keinen wesentlichen
fortschritt auf diesem gebiete, da von eigener forschung in derselben kaum die rede sein kann.

---

[1]) Gütersloh 1878, I, 391—415.
[2]) Ch. bem. v. 190 s. oben 5, 3; v. 507 ob. 8, 6; v. 988 ob. 15;
v. 1170 ob. 17, 1; v. 1670 ob. 22, 1; v. 1704 ob. 22, 4.
[3]) Göttingen 1880, s. 39.
[4]) s. z. b. oben s. 56, 1; 110, 1.

Eine anzahl bibliographischer nachträge lieferte zu dieser dissertation dann H. Varnhagen in seiner anzeige derselben in der Zeitschrift für romanische Philologie (V, 162 ff), welche ich mehrmals anzuziehen gelegenheit gehabt habe.

Doch ein ganz neues element in die forschung nach dem ursprung der legende brachte Erwin Rohdes abhandlung *Ueber die sardischen Neunschläfer* im 35. bande des Rheinischen Museums, der zuerst auf die betreffende anspielung bei Aristoteles hinwies, eine anzahl verwandter griechicher und anderer mythen damit in verbindung setzte und die vermutung aussprach, dass die sage von schlafenden heroen von den Phöniciern herzuleiten sei.

Wenn ich nun in der vorliegenden schrift auch bestrebt gewesen bin das thema, welches so viele, und darunter nicht unbedeutende, geister angeregt und beschäftigt hat, in möglichst abschliessender weise zu behandeln, so verhehle ich mir dennoch nicht, dass manche meiner ausführungen erst der bestätigung durch philologisch genauer edierte texte bedürfen als mir zu gebote standen; dass die auffindung oder publication gewisser, mir nur dem titel nach bekannter handschriften oder druckwerke hie und da mein urteil ändern würde; dass ich einzelne versionen der legende übersehen haben kann. — Doch, trotz etwaiger modificationen in den angedeuteten fällen, hoffe ich, dass der von mir dargestellte entwickelungsgang der hauptsache nach zustimmung finden wird. —

Nachträge.

Zu s. 24 f. Erst während des druckes ging mir bd. XXXVII. des Rhein. Mus. zu, in welchem E. Rohde einen zusatz (s. 465 ff.) zu dem l. c. angezogenen aufsatz veröffentlicht. Es handelt sich hauptsächlich um eine stelle in Tertullians *de anima* (kap. 49), die er wahrscheinlich dem Soranus entnommen hat. Er sagt an derselben, dass Aristoteles einen sardischen heros erwähne, in dessen tempel die heilung suchenden schläfer keine visionen empfiengen. Diese eigentümliche nachricht basiert, wie R. dartut, ohne zweifel auf misverständnis der oben ausgehobenen stelle des Aristoteles. Dennoch soll aus dieser hervorgehen, wie R. auch früher ausgeführt hat, dass Aristoteles überhaupt nicht an incubation, sondern an eine sage gedacht habe. — Ich kann mich dieser auffassung nicht völlig anschliessen, da, wenn auch auf eine bestimmte mythe angespielt wird, diese, im vergleich mit anderen dahin gehörigen griechischen sagen, sehr wohl erst aus der vorstellung von der incubation hervorgegangen sein könnte. Dass der schlaf bei Aristoteles, wie Rohde meint, ein traumloser gewesen sein müsse, scheint mir ebensowenig notwendig; denn wenn die schläfer hier bei ihrem erwachen nichts von der dazwischen liegenden zeit verspüren, so bedenke man, dass solche leute in den deutschen und andern sagen während des aufenthaltes bei den unterirdischen sogar etwas tatsächlich erleben und dennoch nicht das verfliessen der zeit merken. Jene tempelschläfer glaubten offenbar nur wenige augenblicke geträumt zu haben, indes in wirklichkeit tage oder noch längere zeiträume vergangen waren. — Ich glaube also bei meiner deutung, besonders mit rücksicht auf die späteren folgerungen, stehen bleiben zu dürfen. — Übrigens denkt auch Rhode bei dem „heros" des Tertullian an Iolaus (465,2), der diesem oder seinem gewährsmanne bei umwandlung des ursprünglichen plurals vorgeschwebt haben könnte.

zu s. 41. R. Köhler citiert in dem in note 1 erwähnten beitrag zur Ztschr. f. dtsch. Phil., der mir auch erst während des druckes bekannt wurde, ausser den obigen dahin bezüglichen versionen: eine wiener hdschrift (a. 1459—60), deren inhalt A. Mussafia in seiner abhandlung: Über die quelle des afrz. Dolopathos (Wien 1865, 14—16) mitteilt; eine erzählung in O. Sutermeisters kinder- und hausmärchen der Schweiz (Aarau 1873, no. 13); ein kärntner märchen in d. ztschr. Carinthia, 1866, 2, s. 48; ein tschechisches lied von Theofilus (s. Sitzungsberichte der phil.-hist. Classe der kais. Acad. der Wissensch. XXXIX, 332). — Zum schluss stellt Köhler dann eine genauere veröffentlichung der von Vulpius nur unvollkommen herausgegebenen legende nebst einer untersuchung der verwandten dichtungen in aussicht.

zu s. 90,25. Die bezeichnung *viri* findet sich auch in der übertragung des Surius; doch da diese erst ganz späten datums ist, konnte sie füglich hier unerwähnt bleiben.

zu s. 105. Die in der note angez. stelle aus Kazwíni soll nicht etwa beweisen, dass die vermutete verwechselung wirklich bei den Arabern stattgefunden habe, sondern soll nur darlegen, dass bei diesem volke die mythischen vorstellungen von den Pleiaden und Hyaden sich tatsächlich mit griechischen ideen mengten.

zu s. 137, z. 5. die AA. SS. haben dies citat aus Renaudot (s. o. 188).

zu s. 137, z. 13 ff. Aus Kazwíni (übers. v. Ethé I, 149) möchte ich noch anführen, dass der Siebenschläfertag bei den Arabern auf den 4. tag des monats D'u'lka'da fällt; bei den Syrern (s. ebd. 153) trifft er auf den 4. tag des monats Tis'rín elawwal (=October). — Die hier beschriebene örtlichkeit deutet auf irgend ein altes felsengrab, deren mehrere in der bezeichneten gegend Prokesch (s. Denkwürdigkeiten u. Erinnerungen aus dem Orient III, 19, 67 ff). gesehen hat. Auch seine beschreibung von Brussa (ebd. 85.) bietet manche beziehungen: die stadt liegt am fusse des mächtig aufsteigenden Olympus und hat zahlreiche den Moslemin heilige gräber. —

zu s. 139, z. 4 (vgl. 70,5): dieselbe deutung auch bei Kazwíni, 1. c. 173 unten.

zu s. 142, z. 12; aus Renaudot (s. s. 188).

Register.

Koch, Die Siebenschläferlegende. 14

Druckfehler.

Es sind mir leider einige kleine inconsequenzen in der orthographie, interpunktion etc. erst während des druckes aufgefallen; sie alle hier zu verbessern würde zu viel raum wegnehmen. Überdies glaube ich, dass die meisten darüber weglesen werden, ohne sie zu merken, und die, denen sie auffallen, kann ich versichern, dass ich mich eben so über sie ärgere wie sie selbst. — Ich gebe daher hier nur eine correctur der gröberen druckfehler. Man lese:

1, n. 1: Consp. rei Syr. lit; 18, n. 2, z. 3 letzterem; 19, 4 z. 2 Beidhâwî (ebenso 35, 2); 19, n. 6, z. 1 subjiciendus; 27, n. 1, Apollonius (Dyscolus?); 28, l. z. eine; 32, überschrift: götter 32, n. 1: Witzschel; 33, n. 5, Massmann (ebenso: 37,2; 82, n., 165 nn.; 170,4; 182,3; 198); 36, z. 15 beschenken; 50, vorl. z. Al'athîr; 59, z. 24 Ya'hlos; 68, n. 1 Ḳutaiba, ib. n. 2, Kazwîni, Semelets; 69, n. z. 3 δί; 76, z. 13 einer ketzerei; 93, z. 27, Theodorus; 94, z. 18 Probatus; 105, z. 22 Ka'b; 109, z. 19, 110, z. 20, 112, z. 25 martyrologien; 110, n. 2, 115, n. 2 Herzog; 119, z. 26 das; 123, z. 11 Ḳutaiba; 133, z. 5, 1307; 133, z. 7 ich es aus; 149, n. 4 name; 151, überschr.: einfluss; 151, n. 1, Ch. Wurm; ib. n. 3: l. c. I, 92 ff.; 159, z. 12 bestätigte."; 160, z. 6, Reiner, lütticher; 161, z. 14, kopenhagener; 163, z. 9, résumé; 164, z. 11, öfters, wo; 165, z. 11, Sigebert; ib., z. 26, Egerton; 166, n. z. 2: zu streichen; ib., n. 1 zer; 170, z. 20, Sofvare; ib., n. 2, Barlaam und; 176, z. 29, akt. —